BIBLIOTHÈQUE D'INSTRUCTION ET D'ÉDUCATION DU CITOYEN

LA
Vie Scolaire

PROPAGANDE LAÏQUE. — TROIS ÉDUCATEURS
QUELQUES ALLOCUTIONS. — LA LUTTE SCOLAIRE. — L'ÉCOLE POUR LA VIE
AUTOUR DES PETITES CAVÉ. — CHEZ LES APPRENTIS
NOTES ET IMPRESSIONS

PAR

ÉDOUARD PETIT

INSPECTEUR GÉNÉRAL DE L'INSTRUCTION PUBLIQUE

PARIS
LIBRAIRIE D'ÉDUCATION NATIONALE
11, RUE SOUFFLOT, 11

Tous droits réservés.

PARIS

IMPRIMERIE A. PICARD & KAAN

192, Rue de Tolbiac

La Vie Scolaire

BIBLIOTHÈQUE D'INSTRUCTION ET D'ÉDUCATION DU CITOYEN

LA
Vie Scolaire

PROPAGANDE LAÏQUE. — TROIS ÉDUCATEURS
QUELQUES ALLOCUTIONS. — LA LUTTE SCOLAIRE. — L'ÉCOLE POUR LA VIE
AUTOUR DES PETITES CAVÉ. — CHEZ LES APPRENTIS
NOTES ET IMPRESSIONS

PAR

ÉDOUARD PETIT
INSPECTEUR GÉNÉRAL DE L'INSTRUCTION PUBLIQUE

PARIS
LIBRAIRIE D'ÉDUCATION NATIONALE
11, RUE SOUFFLOT, 11

Tous droits réservés.

AVANT-PROPOS

La Vie scolaire est une réunion d'essais, d'études pédagogiques, parus dans des Revues, et d'articles publiés dans la presse quotidienne où enfin l'on donne asile aux questions d'enseignement.

Un lien existe entre ces pages suscitées par l'actualité pédagogique. Elles procèdent toutes de la même inspiration. Elles se réclament de la doctrine solidariste qui ne demeure pas théorique, mais s'affirme en multiples et complexes applications. Elles ont pour objet de répandre, de vulgariser, parmi l'enfance et l'adolescence, l'esprit d'entr'aide, d'association organisée. Ce qui imprime en outre à ces fragments, en apparence divers, une réelle unité, c'est qu'ils font connaître l'école publique qui, dans une démocratie, doit être la chose publique, exposée aux regards, discutée, confrontée avec la vie économique et sociale. Plus l'opinion s'intéressera à l'instruction, et plus l'instituteur pourra compter sur des auxiliaires avertis, collaborant à sa tâche, prolongeant l'influence de son action. L'école ne vaut vraiment que par le concours que lui prêtent les pères et les mères, surveillant sa fréquentation, curieux des progrès que réalisent leurs filles et leurs fils, apportant le concours de la famille à la classe et à son lendemain.

Les innovations ingénieuses qui sont nées autour de l'école ou bien que l'on attend d'elle, les expériences que tente l'école s'adaptant à la vie, on les trouvera indiquées au jour le jour dans *la Vie scolaire*, comme dans les ouvrages précédents : *Alentour de l'Ecole*, *l'Ecole moderne*, *l'Ecole de demain*.

A les connaître, on verra quelle somme de travail, quel

dévouement inlassable, instituteurs et institutrices, ceux que M. Ferdinand Buisson appelait un jour : « les éternels conspirateurs pour le bien public, » dépensent au service des générations ascendantes. Et l'on pourra faire justice des calomnies dont on abreuve des milliers de braves gens qui, dans un siècle de scepticisme, ont foi dans un idéal.

Sans doute certains menus faits, certaines ébauches d'organisation, que l'on signale à l'attention, pourront paraître, à première vue, sans grande importance, et l'on se demandera pourquoi nous avons tenté de les dérober à la « morte mort » qui frappe toutes les improvisations enfouies dans les gazettes, et aussitôt oubliées que parcourues.

C'est que nous estimons que tel détail, insignifiant à première vue à l'heure actuelle, apparaîtra comme utile bientôt.

L'école influe sur les mœurs, sur l'orientation politique. On ne lui fait pas assez sa part et sa place dans l'évolution d'un peuple. Les recherches, les découvertes, les nouveautés où elle se risque, ont leur répercussion sur la mentalité, sur les gestes de ceux qui seront la Cité de demain. Il importe autant de les fixer que de faire le récit de ce que l'on appelle des « journées » enregistrées par les Manuels à l'usage des classes. Car les causes sont à noter plus encore que les effets. La vie scolaire d'une nation prépare sa vie historique.

Un jour viendra où dans les humbles manifestations, qui passent aujourd'hui inaperçues, de l'éducation populaire, un historien cherchera, plus encore que dans des manifestes électoraux ou bien dans des textes de loi, l'explication d'événements élaborés lentement par les leçons des maîtres dans la maison d'école.

C'est l'excuse et la justification de l'audace qui nous pousse depuis tant d'années à mettre en marge de Rapports officiels, des anecdotes, des commentaires, de simples notes où quelqu'un peut-être trouvera à se documenter.

EDOUARD PETIT.

La Vie Scolaire

LE BILAN
DE L'ÉDUCATION POPULAIRE [1]

En avril 1891, sous la présidence de Jean Macé, dont le nom et le souvenir planent au-dessus de tous nos travaux, la Ligue française de l'Enseignement, qui jusque-là s'était surtout intéressée à l'école, tourna son activité vers l'école prolongée. Jean Macé et ses collaborateurs estimèrent, et avec raison, que le progrès général exigeait une reprise des études à l'âge de l'adolescence, à l'heure où l'assimilation est vraiment profitable, où le cerveau s'ouvre aux idées générales, où le jeune homme, aux prises avec les difficultés de la vie, sent la nécessité de s'instruire.

D'ailleurs, dans une démocratie soucieuse de ses destinées, n'y avait-il pas un intérêt capital à façonner, par un enseignement à la fois instructif et éducatif, ces générations ascendantes qu'attendent la discipline de la vie militaire et les responsabilités de la vie civique et sociale ? Et la parole de Carnot ne demeurait-elle pas vraie, et ne réclamait-elle pas son application : « Il faut l'éducation du peuple pour la conservation de la liberté. »

(1) Communication faite au XXVI⁰ congrès de la Ligue française de l'Enseignement, à la séance plénière du 2 août 1906, à Angers.

En avril 1894, la Ligue de l'Enseignement lance un appel à l'initiative privée en faveur de l'école prolongée. On y peut lire :

« Aujourd'hui, partageant les légitimes anxiétés de tous les bons Français, la Ligue sent l'urgence... de mener à bien un projet qui est le prolongement même de son œuvre.

« Elle voudrait, de l'école jusqu'à l'entrée au régiment, assurer à l'adulte les connaissances acquises pendant l'enfance, diriger son perfectionnement dans le sens professionnel, enfin munir le jeune homme, trop tôt livré à lui-même, des solides principes qui sont indispensables aux citoyens d'une libre démocratie. »

Tout un plan, tout un programme d'action pratique suit la déclaration. On y parle des cours, des conférences, des associations, des patronages. On y prévoit quels seront les collaborateurs.

La même année, du 2 au 5 août, le 14e congrès national de la Ligue française de l'Enseignement, tenu à Nantes, prolonge l'écho de l'appel : MM. Léon Bourgeois et Ferdinand Buisson, alors directeur de l'Enseignement primaire, insistent sur « l'entreprise qui est immense, mais dont la grandeur n'égale pas encore la nécessité ».

***

Depuis que cet appel a retenti dans le pays, douze années se sont écoulées.

De congrès en congrès, de Nantes à Biarritz, chaque point du programme tracé au début a été précisé. D'hiver en hiver, une campagne post-scolaire a été livrée et par les professionnels et par les volontaires de l'éducation populaire. Un prodigieux effort de propagande, victorieuse et obscure, dont on ne soupçonne ni l'intensité, ni la persistance en dehors des milieux où l'action s'est concentrée, a uni dans un même élan de générosité intellectuelle et morale des milliers d'hommes et femmes d'école, d'hommes et femmes d'œuvres laïques.

Il importe, entre amis de l'instruction populaire, entre compagnons de labeur, de se demander à quels résultats précis on est arrivé, ce qu'a produit « l'action nécessaire ». Des questions se posent qui appellent de nettes réponses : Où en est-on ? Quelles sont les points faibles ? Quels sont les gains ? Y a-t-il perte ou bien manque, et où, et pourquoi ? Qu'a-t-il été fait ? Que reste-t-il à faire, et par qui ?

Cet examen, cette revue, nous devons l'effectuer. De longs développements n'y sont pas nécessaires. Il suffit, œuvre par œuvre, d'indiquer avec précision le point de départ, le point d'arrivée, de signaler sincèrement les lacunes et imperfections que votre activité, que votre dévouement combleront.

Peut-être un exposé fait en plein jour sera-t-il invoqué par nos adversaires contre nous, mais il est dans nos traditions, dans nos habitudes d'esprit de mettre de la clarté, de la vérité dans les paroles et dans les actes.

D'ailleurs à connaître la situation réelle des œuvres soit d'enseignement, soit de solidarité, on saura quelle tactique adopter, quelles décisions utiles prendre et, de façon méthodique, on pourra réaliser les améliorations et progrès qui s'imposent.

.*.

Et d'abord les cours d'adolescents et d'adultes ? Qu'ont-ils donné ? Ont-ils répondu aux espérances qu'on fondait sur eux ?

Le succès numérique est indéniable.

En 1894, le chiffre des cours d'adultes qui s'était élevé, sous Victor Duruy à 28 586, tombe à 7 322.

En 1905-1906, il dépasse le total de 47 000 (1).

(1), En 1906-1907 : 48 248.

Mais qu'y a-t-il sous la « splendeur de statistique » ? Quel est le rendement du travail collectif ?

Il ne nous paraît pas démontré que les 47 000 cours soient tenus partout avec une fortune égale et avec une égale conscience. On nous avertit charitablement, et nous croyons et savons qu'un certain nombre de classes du soir sont ouvertes ou plutôt entr'ouvertes pour que des professeurs intermittents puissent bénéficier d'un supplément de vacances.

Qu'il y ait, dans la masse, dans le bloc, du déchet, cela n'est pas contestable. Il y aurait naïveté ou bien excès d'optimisme à le nier.

Que reste-t-il de solide ? Voici.

Le cours d'adultes a surtout réussi en tant que cours de revision, de perfectionnement. Il est fréquenté, à la ville et au village, par l'élite de l'enseignement primaire qui y reçoit un complément d'instruction surtout pratique et qui s'y forme à la vie civique.

Sans doute cette élite pourrait être plus nombreuse. Mais c'est elle qui propage les idées reçues à l'école, c'est elle qui exerce une influence émancipatrice, surtout dans les milieux ruraux.

Cinq, six adolescents viennent à la veillée de l'instituteur. C'est peu pour l'effort qu'il fait. Mais qu'il ne se décourage pas. Son œuvre est bonne. Sa parole porte. L'action suivra.

Au vrai, ce qu'il faut dans une démocratie c'est qu'aucun enfant du peuple ne puisse dire que sur un point quelconque du territoire il n'a pu recevoir sa part de lumière intellectuelle, faute d'un professeur du peuple. Or, en 1906, quiconque, après l'école, veut s'instruire peut s'instruire.

C'est l'actif du bilan. Le passif est à connaître.

*
* *

Les cours spéciaux et professionnels abondent, organisés soit par des Sociétés, soit par des municipalités, des syndicats patronaux ou bien ouvriers. Mais la clientèle ne s'y rend pas comme elle ferait si l'atelier était joint à la classe, le laboratoire à l'école, si surtout les leçons étaient données le jour, et non le soir, après le dur surmenage de séances prolongées à l'usine.

En 1906, la question de l'apprentissage attend sa solution comme en 1894. L'enseignement technique, populaire, réclame d'urgence une organisation pratique dans le sens qu'ont indiqué les travaux de MM. René Leblanc, Baudrillard, Rocheron et de la commission spéciale instituée par la Ligue. Il y va d'un intérêt national.

Et les illettrés ? — Car il y a des illettrés, on en compte environ 13 000 sur un contingent de 323 000 hommes, — oui 13 000, malgré la loi sur l'obligation scolaire. Et les illettrés ? Se rendent-ils au cours d'adultes ?

Le fait peut paraître paradoxal. Mais il est. Ceux qui ont le plus besoin de venir à l'école, faute de l'avoir fréquentée aux années d'enfance, y vont le moins volontiers. Est-ce fausse honte ? Est-ce impossibilité matérielle ? Est-ce, dans l'ouest, obéissance aux ordres des hobereaux, des gros fermiers qui boycottent la classe du soir, lieu de perdition où l'on fait la clarté dans les intelligences ? Les illettrés hésitent à s'asseoir sur les bancs à côté des certifiés qui sont plus jeunes qu'eux.

Mais, par compensation, le cours d'adultes les saisit dès l'entrée au régiment. Dans chaque ville de garnison, le régiment se rend à l'école où les instituteurs apprennent, en deux saisons, aux conscrits, les petites lettres et les éléments du calcul. Le résultat est tardif, mais il est acquis.

Par malheur — c'est ce que l'on ne voit pas — la médaille a son revers. Les femmes illettrées qui sont légion, — mais légion non incorporée, — échappent trop à la prise du cours d'adultes et demeurent dans l'ignorance où trop d'intérêts s'ingénient à les retenir.

L'effort est donc à porter sur l'instruction élémentaire de la femme illettrée, sur l'instruction professionnelle des apprentis. Et il faut que le lendemain de l'école livre moins d'illettrés au régiment.

Or, il en livrera moins :

1º Si l'école est vraiment l'école instruisant effectivement tous les enfants de la nation, si l'obligation scolaire n'est pas trop souvent lettre morte et si l'abstentéisme est aboli par les mœurs, pratiquement, comme il est interdit par les lois, théoriquement ;

2º Si à la période d'improvisation succède pour l'école prolongée une période d'organisation méthodique qui évite surmenage et découragement chez les enseignants et transforme un mouvement qui pourrait être passager en institution durable.

*
* *

La Conférence a contribué à donner sa vitalité au cours d'adultes. Elle est, pour le paysan, le journal parlé, raisonné. Elle remplace la veillée d'autrefois. Elle fait diversion à la monotonie de l'existence au village. Elle instruit et, grâce à la « lanterne magique », elle amuse. Elle est l'instrument de la vulgarisation, par excellence. Elle détruit combien d'erreurs et de préjugés ! Elle propage combien de vérités !

En 1894, quelques centaines de conférences étaient données dans les préaux d'école.

En 1900, on en a fait plus de 125 000.

En 1906, la courbe descend, 90 000 conférences ont eu lieu.

Y a-t-il recul de la parole publique ? La propagande orale diminue-t-elle ?

Nos adversaires croient à un fléchissement. Ils l'annoncent bruyamment. Ils signalent, comme l'a dit M. le chanoine Gerbier au congrès général des conférences, des « symptômes de lassitude ». Ils disent que « la lanterne pâlit ». Ils font courir le bruit que dans les préaux d'école les éducateurs nationaux instituent la « grève des conférences ». Ils éprouvent une joie sans bornes à imprimer dans le compte rendu de leur réunion, des anecdotes dans le genre de celle-ci qu'ils vont colportant pour se persuader à eux-mêmes que les enseignants se refusent à enseigner le peuple : « Dans une commune on fit des avances à l'instituteur pour avoir des réunions et des conférences d'adultes. Il consulta des confrères avant de s'engager, mais tous lui dirent : « Malheureux, refusez, vous créeriez un « précédent, un principe. » Il paraît que des rires prolongés ont suivi la révélation.

En réalité, la prédication laïque ne s'arrête pas. Il y a simplement évolution du genre. La conférence lue perd ce que gagne la lecture telle que l'a instituée le bon poète Maurice Bouchor. Lectures d'histoire, de géographie, de poésie, lectures dramatiques, scientifiques, remplacent la causerie, mettent la foule en contact avec la pensée des grands écrivains. Et les idées se répandent, la lumière se diffuse grâce au Verbe affirmé, le soir, à la veillée populaire par les instituteurs, lecteurs volontaires qu'on s'habitue trop à laisser seuls à la tâche.

Et la conférence, de l'école passe dans l'armée, où l'appareil à projections triomphe, en attendant que la lecture fasse une victorieuse entrée.

*
* *

Les œuvres sociales, les œuvres de solidarité qui, de façon plus spéciale ont été popularisées par la Ligue de l'Enseignement, par des propagandistes comme MM. Cavé, Robelin, Rocheron, Chaufour, Berquier, et combien d'autres, par le comité des dames sous les actives présidences de Mmes Jules Ferry et Ferdinand Dreyfus, par la commission des patronages, dont s'occupe avec une ténacité si heureuse M. Étienne Jacquin, quelle a été leur destinée, que donnent-elles, que promettent-elles ?

La mutualité scolaire réunissait en 1894-95, 10 000 enfants environ.

En 1906, elle compte, à la date actuelle, 705 000 adhérents (1). Elle fait économiser 4 millions environ par an, distribue près de 800 000 francs au titre de journées de maladie, par un geste de fraternité qui rapproche écolières et écoliers. Plus de 50 millions ont été épargnés grâce à elle en un quart de siècle, tant par le fonds commun que par les livrets individuels. Et elle apparaît comme la préface nécessaire de la loi sur les retraites ouvrières dont les paliers d'échéance seront d'autant plus rapprochés, les pensions d'autant plus fortes que l'avance pécuniaire prise aux années d'enfance et d'adolescence sera plus importante.

C'est ce que l'on voit. Mais ce que l'on ne voit pas, c'est :

1º Que le poids de la perception, de la comptabilité, des rendements de comptes retombe tout entier sur l'instituteur dont le succès même de l'œuvre accroît et le labeur et les responsabilités, et que partout il devient nécessaire de rétribuer au moins les trésoriers de groupements cantonaux à qui incombe une tâche de jour en jour grandissante ;

2º Qu'il faut mener même campagne méthodique et ardente pour obtenir la persistance dans l'effort, pour développer le sens de la persévérance que pour gagner l'adhésion initiale ;

3º Que l'on n'a franchi que le quart à peine de l'étape : 705 000 enfants constituent certes un contingent respectable. Mais n'oublions pas que l'on nombre 4 millions et demi d'enfants dans les écoles ;

4º Que les lycées et collèges — et entre autres tous ceux de Paris — sont à gagner ;

5º Que dans les neuf dixièmes des communes les écolières mutualistes ne peuvent se faire inscrire

(1) En 1907 : 725 000.

dans des sociétés, soit mixtes, soit de femmes, faute d'en découvrir, et qu'il est urgent de fonder la mutualité féminine, par l'intermédiaire des associations et des patronages, sous peine d'enfermer les adolescentes mutualistes dans une impasse;

Que si le fameux pont mutualiste est jeté entre les mutuelles de l'école et les mutuelles d'adultes, encore faut-il que tout péage soit supprimé, toute attente ou tout stage aboli à l'entrée, car le passage pourrait être déserté.

*
* *

De signaler la poussée effectuée par les associations d'anciennes et d'anciens élèves et les patronages, c'est tâche inutile. Car les Ligueurs suivent avec un intérêt passionné la courbe ascendante que décrivent ces œuvres de jeunesse laïque en qui ils mettent si justement tant d'espoirs.

Il y a lieu pourtant, en ce qui concerne les « Petites A », de rapprocher deux chiffres.

Au début en 1894-1895, on en comptait 51. En 1906, le total s'élève à 6 223.

Sur beaucoup de points ce sont de vraies écoles d'éducation sociale, de vraies écoles de citoyens. Elles constituent les cadres de la jeune démocratie qui apprend à s'organiser, qui, par l'élection des comités et des bureaux, la discussion et la gestion des affaires intérieures, la répartition des secours, la pratique de l'entr'aide intelligemment assurée, préparent les « étudiants populaires » à la connaissance de leurs devoirs et à la défense de leurs droits.

Mais il leur convient de se mettre en garde contre l'abus des fêtes, des concerts aux programmes douteux.

De plus en plus elles trouveront avantage à se tourner vers l'instruction mutuelle, vers les institutions solidaristes, vers la coopération. Elles devront aussi, après s'être inspirées des conseils, des directions données par institutrices et instituteurs, éviter à leurs éducateurs un surcroît de peine, leur laisser plein repos aux après-midi des jeudis et des dimanches, faire avec sagesse le libre apprentissage de la liberté.

Quant aux patronages on ne peut laisser ignorer que si, de 34, ils sont montés, en douze ans, au total de 2 328 (1), ils ont eu en face d'eux la concurrence serrée et méthodique de 3 588 patronages confessionnels, qu'ils exigent une participation plus étroite, plus active de l'initiative privée à la tenue des séances dans des locaux extérieurs à l'école, car le patronage, ainsi qu'il a été dit au congrès de Biarritz, doit être une aide, non une charge pour les institutrices et les instituteurs. Or, la charge existe et, sur nombre de points, l'on attend l'aide.

*
* *

L'ombre au tableau, en effet, consiste en ce fait que depuis douze ans le poids du travail est surtout retombé sur les éducateurs nationaux. Depuis l'hiver de 1894, ils se sont donné tout entiers à leur apostolat, d'abord au nombre de 10 000, puis de 30 000, puis de 70 000.

Sans doute, dans les villes, les vaillantes sociétés d'instruction populaire, leur ont prêté un concours effectif.

Mais à la campagne, dans 26 000 communes rurales, ils ont assumé travail, frais d'éclairage, de chauffage, pour assurer la seconde instruction, la seconde éducation de leurs anciens disciples. Ils ont prodigué temps, santé, dévouement, soutenus par l'ardeur de leur foi sociale. Ils ont, au témoignage même d'un adversaire, « accompli des merveilles de générosité intellectuelle et morale (2) ».

(1) En 1907 : 2 364 dont 1 366 pour les garçons, 998 pour les écolières et jeunes filles.
(2 Goyau.

Après cette expérience de douze années il devient urgent et nécessaire de combler une double lacune, d'effectuer une double réparation — si l'on veut éviter une crise provoquée par des sacrifices pécuniaires disproportionnés aux ressources des « éducateurs nationaux » et par un surmenage qu'il serait inhumain et impolitique de laisser se prolonger un plus long-temps.

* *
*

Et d'abord le parti scolaire laïque ne peut pas, au Parlement, ne pas achever de donner son budget à l'éducation populaire qui a fait lentement et sûrement ses preuves.

Car dans l'écolier de douze ans qu'on lui confiait en 1894, elle a façonné l'électeur, le citoyen qui, le 6 et le 20 mai 1906, a su manifester la netteté de ses convictions démocratiques. Elle a appuyé de faits indéniables cette vérité politique : le lendemain de l'école est le lendemain de la République.

De 20 000 francs — car c'est avec 20 000 francs de subvention par an, qu'on se lança au début, non sans quelque folie et quelque présomption, mais sous l'impulsion de notre grand Ferdinand Buisson, dans le hasard de l'aventure, — de 20 000 francs, par étapes successives, péniblement franchies, le budget est passé à 600 000 francs (1).

Le million de l'éducation populaire qui est la prime d'assurance nécessaire à la sauvegarde des 200 millions que coûte l'enseignement primaire, le million de l'éducation populaire, il est à souhaiter qu'on le salue bientôt... et qu'on le revoie.

Mais avec lui, doit être assuré le maintien des dix-sept cent mille francs de subventions municipales qui, péniblement, depuis douze ans, ont été conquises. Car les deux crédits consentis par l'État et par les

______

(1, 610 000 francs en 1907.

communes s'harmonisent, se complètent et doivent s'étayer pour une œuvre à la fois d'intérêt général et d'intérêt régional, à la fois nationale et décentralisatrice.

Et il importe, aujourd'hui que les libres collectivités : délégations cantonales, caisses des écoles, commissions scolaires, à qui M. Poincaré, ministre de l'Instruction publique, adressait en juillet 1905 un éloquent appel, que les 3 500 cercles ou sociétés se réclamant de la Ligue, que les milliers d'adhérents répandus sur tout le territoire de la France revendiquent leur part d'action, de dévouement.

Nos adversaires qu'effraient les résultats de l'immense labeur fourni depuis 1894 pour répandre l'idéal démocratique, espèrent que la lassitude succédera à un élan, à une poussée qui se sont trop longtemps maintenus à leur gré.

Ne leur donnons pas la joie de constater, non pas un recul, mais même un arrêt dans la marche. Remplaçons résolument les compagnons de route que la fatigue forcerait à modérer leur entrain.

Le professorat du peuple a de quoi tenter ceux qui ont eu le privilège de s'instruire et à qui incombe le privilège d'instruire les autres.

A l'exercer ils trouveront des joies saines et robustes, qui les payeront de peines consenties pour l'utilité générale, car, ainsi que le disait celui dont récemment la France scolaire et républicaine célébrait la mémoire, Félix Pécaut, ils contribueront à former « une âme commune, l'âme du pays... celle des petits et des grands, des ouvriers et des patrons, des gens de science et des gens de labeur manuel, une âme bien française et bien humaine ».

D'ailleurs la continuité méthodique de « l'action nécessaire » est imposée par les circonstances, surtout après la victoire.

Depuis quelque temps la réaction pressentait l'importance de l'organisation post-scolaire. Elle prévoyait que des générations éprises de liberté, de réformes, grandissaient, formées, par les patronages, par les associations, foyers d'action civique et sociale. Mais le pressentiment n'excitait qu'une émulation théorique et qu'une ébauche de gestes, sauf en ce qui touche les patronages.

Le résultat des élections de 1906 a eu pour effet de corriger l'erreur des tacticiens et politiques du parti fidéiste, qui avaient engagé la lutte sur le terrain religieux, abandonnant le terrain éducatif !

Aujourd'hui, ils comprennent la faute commise par eux et se ressaisissent.

Aussi, après avoir tenu, en juin dernier, une « Journée » dite « des patronages », ils ont résolu de porter tout leur effort du côté des « œuvres de jeunesse » ; ils lancent un appel qui mérite d'appeler l'attention du parti républicain.

C'est le programme de demain, le plan d'action que va mettre en pratique, dès la rentrée, l'*Association pour la défense des écoles catholiques*, dont le comité directeur est composé de MM. d'Haussonville, de l'Académie française ; de Mackau, député ; de Lamarzelle, sénateur ; de Ramel, député.

Après avoir rappelé que l'association, depuis quatre ans, a contribué au fonctionnement ou bien à la réouverture de 4 043 écoles, les signataires de l'appel s'écrient :

« Les difficultés du présent et les menaces de l'avenir, qu'aggrave encore la crise de la séparation de l'Église et de l'État, nous sont un avertissement que l'école libre ne doit pas être notre seul moyen d'action, et qu'il faut organiser les œuvres extra-scolaires et post-scolaires.

« Par leur constitution et par leur fonctionnement, les œuvres extra-scolaires échappent, en effet, aux attaques qui pourraient être dirigées contre la liberté de l'enseignement.

« La préoccupation constante de notre association doit donc être, sans interrompre toutefois ce qu'elle fait depuis quatre ans pour le maintien des écoles libres, de multiplier les fondations d'œuvres extra-scolaires et post-scolaires. »

C'est le devoir et le droit de l' « Association » de se défendre.

Mais c'est le droit et le devoir du parti scolaire laïque de maintenir, d'étendre ses positions. Il y aurait danger à croire que la tâche est terminée. Elle est à peine à son début. Et elle sera toujours à poursuivre, toujours à recommencer.

La République est toujours à enseigner. La République réclame des éducateurs volontaires.

LA QUESTION
DES PATRONAGES LAÏQUES [1]

I

Le conseil général de la Ligue française de l'Enseignement et le comité du Cercle parisien ont résolu d'appeler l'attention du parti scolaire et républicain, au congrès de Biarritz, sur la question des patronages (2). Ils la jugent d'importance capitale au point de vue politique, depuis qu'est opérée la séparation

1) Communication faite à la séance d'ouverture du congrès de Biarritz (septembre 1905).

(2. Le conseil général a nommé une commission de *Patronage démocratique de la Jeunesse française* dont voici le bureau :

Président : M. A. Dessoye ; *Vice-présidents :* MM. Étienne Jacquin, Maurice Muret ; *Secrétaire général :* M. Léon Robelin ; *Secrétaires :* MM. Blondel, Trenard.

Présidente : Mme E. Jules Ferry ; *Vice-présidentes :* Mmes Édouard Petit, Lombard ; *Secrétaires :* Mmes Chomel, Mlle Grignan.

Commission des ressources : Mme Gompel, MM. Barès et Van Brock.

Commission du contentieux : MM. Beurdeley, Bordier, Demombynes, Ferdinand Dreyfus, Camille Barthélemy.

des Eglises et de l'Etat. Ils ont estimé qu'il fallait en discuter, dresser un plan méthodique de campagne, prendre des résolutions précises pour répondre par une contre-organisation laïque à l'organisation fidéiste qui a pour double point d'appui : l'association paroissiale et l'association des pères et des mères de famille. Ils désirent que l'on soit prêt à affronter avec succès une concurrence adroite et savante que les circonstances annoncent comme redoutable. Il leur apparaît qu'il est nécessaire et urgent de tirer parti de la loi sur les associations comme on a su le faire, en face, légalement.

Je remercie bien vivement mes collègues de m'avoir réservé le grand, mais périlleux honneur de résumer dans une communication suivie de vœux, les idées qui pourront servir de cadre où la discussion trouvera à se mouvoir.

Ne vous attendez ni à de la théorie, ni à de la doctrine. Je voudrais, dans cette communication, me placer uniquement sur le terrain des faits, des réalités, surtout des possibilités. Nous sommes entre personnes qui s'inspirent d'un même idéal, qui ont la même foi laïque et sociale. Nous désirons faire œuvre utile et nous devons employer pratiquement le temps très court que nous passerons ensemble dans des existences très brèves. Nous avons l'intention d'agir, et mon vœu le plus cher est qu'après la séance d'aujourd'hui l'action suive la parole. Car une manifestation oratoire qui ne consiste qu'en phraséologie et en déclamation et ne s'extériorise pas en travail précis, qui ne tourne pas au profit de la Cité et de la République, n'est que vanité futile, que passe-temps vide et indigne de citoyens épris de bien public.

II

LE NOM. — ...J'ai à vous entretenir du patronage scolaire,

Mais, qu'est-ce qu'un patronage ?

Et d'abord, le nom.

Au vrai, la dénomination vous satisfait-elle ? J'avoue que je l'accepte ou plutôt que je la subis, par crainte de forger un néologisme bizarre, de consonance rocailleuse, qui fut proposé dans un congrès d'enseignement. On avait émis l'idée de substituer à patronage : *frérage*. Car patronage sent l'autorité, le commandement, la protection forcée, avec quelque chose de hautain, avec un air de supériorité solennellement affichée. Mais *frérage* est impossible. Il est hirsute. Il fraternise avec certain institut qui n'a ou plutôt qui n'eut rien de commun avec une institution laïque. Peut-être viendra-t-on à *fraternité*, terme que je me permets humblement d'introduire. Au moyen âge n'appelait-on pas des *amitiés* nombre de groupements corporatifs ?

Les *fraternités laïques !* Le titre sonnerait bien. Le mot dirait nettement ce que la chose comporte d'humain, de bon, de tendre, de vraiment amical et fraternel. Mais l'expression de « *fraternité* » sera-t-elle reçue, aura-t-elle droit de cité ? En attendant que la douce et fière appellation triomphe, force est bien de se contenter de : *patronage*.

III

QU'EST-CE QU'UN PATRONAGE ? — Après l'enseigne, la maison. Qu'est-elle au juste ?

A étiquette obscure, marchandise mal définie et confusion dans l'esprit de la clientèle.

Il faut distinguer le patronage scolaire de ce qu'il n'est pas.

Il n'est pas un patronage spécialisé à une catégorie de patronnés par des bienfaiteurs faisant surtout œuvre charitable : patronages d'orphelins, d'abandonnés, d'apprentis, de libérés, de repenties, etc.

Il n'est pas un comité de patronage, comme on en institue, et à raison, autour des écoles maternelles, des lycées ou collèges de jeunes filles et qui est une manière de conseil de perfectionnement.

Le patronage scolaire — la fraternité, si vous voulez, ou encore la fraternelle — est un groupement d'amis de l'instruction, mettant en commun compétences et dévouement, confondant âges, rangs, fortunes, qui se proposent, comme objet, de fortifier l'influence éducatrice de l'instituteur et de la famille, d'apporter aux débutants, aide matérielle, intellectuelle et morale, de préparer à la vie professionnelle et sociale l'enfance et l'adolescence ouvrière et rurale, d'abord pendant la période de la scolarité, puis de l'école... au ménage, ou bien de l'école... au régiment. Les directeurs, directrices, surveillantes et surveillants, les anciennes ou anciens élèves exercent une action directe, effective, par leur présence, sur les pupilles confiés à leurs soins, aux jours et heures où il est nécessaire que l'œuvre fonctionne avec une méthodique régularité.

IV

Pourquoi des patronages? — Raisons sociales. — Est-il utile d'insister sur les services que peut rendre le patronage scolaire ainsi entendu (1) ?

Nul n'ignore que les écolières, les écoliers, dont les parents sont retenus au bureau, à l'atelier, à l'usine, sont, ou condamnés à la triste solitude du foyer déserté par force, ou portés à vagabonder aux après-midi des jeudis, des dimanches et sont exposés aux tentations malsaines de la rue. Et la rue, avec ses

(1) *L'Ecole républicaine et le Patronage féminin*, par Ferdinand Dreyfus (1 vol. in-18 : 1 fr., Edouard Cornély).

L'Education populaire, par Max Turmann (2ᵉ édit., 1 vol. in-18 : 3 fr. 50, V. Lecoffre).

L'Ecole d'aujourd'hui, par Georges Goyau (1 vol. in-18 : 3 fr. 50, Perrin).

suggestions mauvaises, détruit l'œuvre de préservation morale que tente l'école.

Oh, je sais bien l'objection qu'on va m'opposer, qui se fait jour dans l'esprit de nombre d'entre vous : « Mais la famille n'a-t-elle aucun rôle à jouer? Prenez garde. Vous allez habituer les parents à se désintéresser des enfants. Vous allez renforcer la tendance qu'ils n'ont déjà que trop à se décharger sur la Société de la tâche éducatrice qui leur incombe.

« Vous désunissez, vous désagrégez la famille légale et naturelle en lui substituant le patronage, famille civique et artificielle. »

Eh oui ! cela serait vrai si les fillettes, si les garçons que réclame le patronage pour les protéger et les élever, appartenaient tous à des familles ayant la possibilité matérielle de les surveiller, de les garantir contre les dangers qui les guettent dans les agglomérations urbaines.

Le patronage est inutile, il est même mauvais, quand l'écolière, l'écolier, l'adolescent, la jeune fille, ont un père, une mère, de tendresse et de fermeté averties, en état de se consacrer à eux, soucieux quand, de part et d'autre, a lieu la trêve du travail, de les récréer, de les instruire, de former leurs caractères. L'argument que vous m'opposez en pensée est très puissant; il est irréfutable s'il s'agit de groupes familiaux cimentés par une étroite intimité où chacun vit pour tous, où l'employé, l'ouvrier, donnent leurs heures de repos à la maisonnée, s'y appliquent à la culture intellectuelle et morale d'eux-mêmes et des chers êtres qui grandissent autour d'eux. Cette élite n'a pas besoin qu'on la conseille, qu'on la guide. Elle fait tout son devoir et mieux, certes, qu'on ne le ferait pour elle.

Mais, il faut bien en convenir, la majorité des enfants et des adolescents aussi, n'a point part à ce bonheur, n'est point admise à cette fête. La misère, les nécessités du labeur quotidien, combien d'autres

causes dont beaucoup sont attristantes, éloignent le
père, la mère, du froid, de l'étroit logis où l'enfance,
où l'adolescence ne peuvent être emprisonnées conti-
nuellement.

Ce garçon qui est libre tout son jeudi, tout son
dimanche ; cette jeune fille qui souffre de son isolement, où se réfugieront-ils, où obtiendront-ils foyer
réchauffant, atmosphère de réconfort et d'amitié,
sinon au patronage, à la maison de bon accueil, à la
maison de solidarité qui s'ouvre devant eux, où on les
invite à pénétrer et où ils savent qu'on n'entreprendra
rien sur leurs consciences.

C'est pour eux qu'est fondé le patronage, à eux
qu'il s'adresse. C'est cette clientèle dolente et faible
qu'il a pour fonction de divertir, de perfectionner en
son savoir, de former à la vie d'association, c'est elle
qu'il doit aider, qu'il doit induire à s'entr'aider. Et
cette clientèle est nombreuse. Elle est légion dans les
quartiers populeux des villes, dans les faubourgs de
tristesse et de misère, où si souvent l'abandon moral
se double de l'abandon matériel, où si souvent le père
n'est pas absent, mais manque, où il faut à tout prix
sauver l'enfance et l'adolescence de cet ennemi : l'ennui suivi de cet autre ennemi qui est pire, le vice
aux lamentables lendemains.

V

RAISONS POLITIQUES ET PHILOSOPHIQUES. — Et si le
sentiment exige qu'on se penche vers ces délaissés,
la raison, revendiquant ses droits, ordonne impé-
rieusement qu'on les arrache aux influences fidéistes
qui, sous couleur de charité, de protection, de sauve-
tage, de toutes parts les attirent, les enserrent,
s'acharnent à les courber sous une domination intéressée.

L'Eglise, l'Eglise enseignante et militante a compris, depuis plus d'un siècle, le merveilleux parti qu'elle pouvait tirer des patronages confessionnels pour la prise de possession des âmes et l'affermissement de sa puissance.

Elle a commencé son œuvre de propagande à Marseille, en 1799, où l'abbé Allemand fonda le premier patronage congréganiste. Sa devise était : « Faire jouer pour faire prier. »

La devise est la même au début du xxe siècle qu'en 1799. Mais au jeu et à la prière a été ajoutée une prédication incessante et méthodique de fanatisme et de colère contre les idées de justice, de vérité, de vraie liberté, contre les principes de la Révolution, contre les Droits de l'homme et du citoyen, contre la République. Et, au nom du *Syllabus,* le « jeu » récréatif des réunions fraternelles prépare au jeu tragique des luttes fratricides.

Les patronages congréganistes qui, au début, étaient entreprises aumônières et pieuses, sont devenus, sous le manteau de la religion subtilement éducatrice et charitable, foyers de réaction, centres de résistance et d'attaque. Ces œuvres de paix doucereuse sont œuvres de guerre acharnée. Au lieu d'y enseigner l'union et la fraternité, on y prêche la discorde, la haine. Je tiens les patronages congréganistes pour les plus actives et les plus formidables machines de combat que l'Eglise ait dressées contre les institutions démocratiques. C'est là qu'elle tâche à façonner la « jeunesse plébéienne », — selon son expression, — à la pétrir dans le moule du passé ; c'est là qu'elle forme à nier le progrès, à s'opposer aux idées émancipatrices, promesse et espérance des lendemains meilleurs. C'est en ces jeunes troupes, en ces éphèbes habilement disciplinés et obéissant à un mot d'ordre, qu'elle place ses espérances. Aussi tente-t-elle un énergique, un suprême effort en faveur des patronages.

La religion n'est qu'un prétexte à la politique.

En 1891, à la date même qui marquait la Renaissance de l'éducation populaire encore à son début, le pape Léon XIII disait au supérieur général des Frères des écoles chrétiennes : « L'œuvre des patronages est capitale. En instruisant les enfants dans leurs écoles, les Frères n'ont fait que la première partie de leur besogne. La seconde est aussi importante, plus importante encore, s'il est possible. Il faut, à moins d'impossibilité absolue, que dans toute maison d'école existe, comme corollaire indispensable, un patronage de jeunes gens. »

Ce n'est pas seulement l'élève, l'ancien élève de l'école congréganiste qu'on veut attirer.

C'est encore et surtout l'élève, l'ancien élève de l'école laïque.

VI

LE PLAN D'ACTION FIDÉISTE. — Le but, c'est de ressaisir les enfants, les adolescents qui passent par l'école laïque. Comme le dit avec une nette franchise, l'un des apôtres de l'œuvre, l'abbé Naudet :

« Il ne faut pas que les catholiques croient avoir rempli leur devoir social en déclamant contre les écoles laïques. Il y a mieux à faire, c'est de compléter, de corriger, s'il y a lieu, par des patronages l'éducation qu'on y reçoit. »

Corriger est significatif. Corriger en dit long. L'Eglise excelle dans ces corrections.

C'était ce que l'on pensait, ce que l'on écrivait hier. Aujourd'hui, stimulée par la loi sur les associations, l'Eglise jette hardiment le masque. Elle montre son plan à découvert. Elle déclare engager la lutte contre l'enseignement de l'Etat, en s'appuyant sur les patronages confessionnels.

Dans une revue qui a pour titre : *Le Patronage*, publiée par la commission centrale de la rue Coëtlogon qui dirige, subventionne les œuvres post-scolaires congréganistes, on lit (septembre 1902) :

« On peut fermer une école, expulser les sœurs, l'école a un local, les sœurs ont un costume, mais on ne supprime pas une association d'individus... Or, nos patronages sont des associations... Et ces associations vont être la grande œuvre de demain ; elles sont déjà l'œuvre d'aujourd'hui. C'est une œuvre qui, jusqu'à un certain point, peut remplacer l'école. »

Dans l'assemblée régionale de Saint-Étienne (décembre 1902), le vœu général suivant a été adopté : « Qu'un groupement de jeunes, sous n'importe quelle forme, mais surtout un patronage, soit fondé dans toute paroisse où il n'en existe pas encore. »

Conseils isolés, directions éparses ont été condensés dans une brochure de propagande éditée par la *Société générale d'Éducation et d'Enseignement*, qui est composée comme on le sait d'hommes politiques, de jurisconsultes, et qui exerce une magistrature d'idée et de fait sur les écoles libres.

La brochure, parue en septembre 1903 et répandue à des milliers d'exemplaires, est une manière de guide, de manuel, qui a pour titre *Œuvres extra-scolaires* et qui contient le programme d'action proposé au parti fidéiste. Les rédacteurs anonymes de l'appel recommandent les institutions complémentaires de l'école : garderies, ouvroirs, cours professionnels, conférences, et, cela va de soi, patronages, car, écrivent-ils : « Ils jouissent, au point de vue légal, d'une liberté presque complète ; leur création comporte beaucoup moins de dépenses et de risques que la reconstitution des écoles.

« On n'en saurait donc trop recommander l'organisation aux catholiques dévoués qui sont disposés à lutter pour le développement et la conservation de la foi dans l'âme de l'enfant. »

Au vrai, les conseillers, les directeurs de la résistance politico-scolaire annoncent l'intention de *substituer, sur tous les points menacés, le patronage libre à l'école libre.* Leur raisonnement ne manque pas d'adresse. Il peut se résumer ainsi : « Les écoles coûtent cher. Que l'État les prenne à sa charge. Le budget en souffrira. Les patronages sont entretenus à moindre frais. En face de chaque école laïque nous placerons un patronage congréganiste.

« Nulle autorisation à demander. Nul diplôme à produire. Nul contrôle à subir. Enseignez, mesdames les institutrices, messieurs les instituteurs, la morale, l'instruction civique, l'histoire, comme vous l'entendrez. Le soir, à la sortie des classes, les jeudis, les dimanches après midi, nous saurons bien, par des causeries appropriées, contre-balancer l'influence de vos idées. Nous ferons meilleure besogne, plus sûre, plus profonde, prolongée un plus long temps par le patronage que par l'école même.

« Économie de temps, d'argent, de personnel, de forces et aussi de construction, location, d'aménagement : le patronage nous donne tout cela. »

VII

LE « MOUVEMENT TOURNANT ». — Le Congrès, qui s'est tenu à Paris, à l'Institut catholique du 25 au 29 octobre 1903, sous la présidence du recteur Péchenard et de nombreux évêques et « hommes d'œuvres », a fourni aux partisans de « l'enveloppement », du « mouvement tournant », l'occasion de préciser leur tactique. Le patronage sert de centre à toute l'organisation qui rayonne autour de lui. Les vœux ont trait à l'avenir professionnel des pupilles, à l'introduction de la mutualité scolaire dans les patronages, à l'organisation des sports, de la gymnastique.

On doit retenir des résolutions adoptées :

« Que les œuvres post-scolaires catholiques existantes soient développées de manière à lutter efficacement contre les œuvres post-scolaires antireligieuses ;

« Que, là même où n'existent pas encore d'œuvres

post-scolaires antireligieuses, on se hâte de créer des œuvres post-scolaires catholiques, afin de s'assurer une avance sérieuse, en vue de l'éventualité de la création de groupes similaires purement laïques.

« Que chaque patronage ait une section d'anciens et d'anciennes et que les amicales profitent largement des avantages de la loi du 1er juillet 1901. »

Dans toute assemblée, dans toute réunion, dans tout congrès soit des Jeunesses catholiques, soit des patronages, depuis deux ans, il s'agit, de façon expresse, de l'action post-scolaire. L'on s'occupe de substituer à l'influence des patronages laïques celle des patronages confessionnels. Les travaux publiés par les théoriciens et les directeurs de « l'institution chrétienne » tendent uniquement à ce but. « Le patronage suffit, les œuvres de jeunesse suffisent, sans la liberté de l'enseignement, » écrit l'un d'eux dans la conclusion d'un retentissant article (1).

Dans le huitième congrès (10e journée des patronages, 28, 29 novembre 1901), l'on a résolu, d'après un plan méthodique, d'introduire dans les patronages la mutualité, la lecture à haute voix, et l'on a décidé de développer les associations d'anciens élèves, de les fédérer, à l'imitation de ce qui se fait autour des établissements de l'Etat.

Comment ne pas signaler aussi l'ouverture, pendant l'hiver de 1904, d'une manière d'école pratique, d'école normale d'apprentissage dans la chapelle souterraine de Saint-Augustin, où les abbés Lenfant et G. Schœfer, dans une série de conférences, ont traité de « la manière de diriger les patronages », devant un auditoire de jeunes filles et de femmes du monde ainsi formées à l'apostolat social ? Les sujets abordés ont été les suivants : « Qu'est-ce qu'un patronage ? Patronnées et directrices. — Le dévouement suffit-il ? La méthode et l'autorité. — L'esprit du patronage. — Comment gar-

---

(1) *Réforme sociale*, 1er décembre 1904. Article de l'abbé Gossard.

der et faire agir les grandes ? Les attraits du patronage. — Tableau d'une journée de patronage.

Les conférences d'application ont été réunies en une brochure de propagande par l'abbé Georges Schœfer, sous ce titre : *Comment diriger nos patronages de jeunes filles* (1) ? Il y est dit nettement : « Le patronage est une œuvre de défense. L'école libre a vécu ou cessera bientôt de vivre. Nous sommes en face de l'école sans Dieu ! Or, le patronage.... est devenu provisoirement le seul moyen dont nous disposons pour sauver la foi de nos enfants, et en eux, la foi des générations futures. »

Dériver l'ardeur combative des femmes bien pensantes, leur amour de prosélytisme vers la tenue des patronages considérés comme œuvres de salut et de foi, sceller l'alliance de la mondanité pieuse et du clergé élégant et avisé en parvenant à mener en commun une campagne intéressée pour la mainmise de la démocratie chrétienne sur les générations qui montent : tel est l'ordre, telle est la règle et la marche.

Dans la plupart des villes, les vicaires, — dans les villages, les curés, — aidés des « tertiaires » ou bien des femmes, des jeunes filles inscrites à une confrérie — s'occupent spécialement des patronages, les inspirent, les plient sous leur souple et habile autorité.

Au congrès des patronages, tenu le 26 octobre 1903, les vœux suivants ont été transmis à l'autorité épiscopale « avec les sentiments de la plus profonde et respectueuse soumission » :

« 1er *vœu :* Que partout où cela sera possible, le ou les prêtres, directeurs ou aumôniers des patronages seront déchargés de la partie du service paroissial qui pourrait nuire à leur ministère dans l'œuvre.

« 2e *vœu :* Qu'une plus grande stabilité soit assurée dans le personnel ecclésiastique chargé de la direction des patronages. »

____

(1) Broch. Victor Lecoffre, 1905.

On le voit nettement. Le service du culte devient
l'accessoire. Le service du patronage, œuvre de combat, est l'essentiel de la tâche. Demain verra de belles
luttes : on nous les promet.

VIII

Un exemple : patronage substitué a l'école. — Et
les actes répondent aux paroles, aux intentions, l'application suit point par point l'énoncé du programme.

Partout où la réouverture de l'école libre rencontre
des obstacles, le patronage libre est instauré à la
place. C'est la forme nouvelle que revêt le combat livré par les tenants du passé aux partisans de l'avenir.

On en pourrait citer des exemples par centaines.

J'en choisis un typique que j'emprunte au bulletin
paroissial *l'Echo de Saint-Thomas,* de Reims (juin
1903). Comment la métamorphose s'opère des écoles
en patronages, on le saisira sur le vif dans une grande
ville.

Les sœurs en sont parties le 24 mai. Aussitôt on a
transmis aux familles un avis qui est de significative
netteté. Il y est dit :

« La fermeture des écoles chrétiennes n'entraînera
pas la suspension de nos œuvres de persévérance...
Les salles de l'école de la rue..., complètement démé-
nagées, viennent d'être louées au comité des écoles
pour être transformées en salles de catéchisme, de
couture et de jeu, qui seront mises à la disposition de
toutes les petites filles, les jeudis et les dimanches.

« Des dames, des jeunes filles de bonne volonté, des
catéchistes volontaires, auxquelles se joindront nos
anciennes religieuses, s'occuperont des petites filles,
soit pour la couture, soit pour le catéchisme, soit pour
les jeux, et ainsi cette journée du jeudi, qui crée tant
de soucis aux mères, sera parfaitement employée.

« Il y aura aussi des leçons de cuisine pratique, où
les enfants les plus sérieuses seront initiées aux soins

du ménage, en préparant elles-mêmes sur place leur petit dîner.

« Le jeudi matin sera employé tout entier à la couture.

« Toutes les petites filles — qu'elles aillent soit à l'externat, soit aux écoles communales — pourront venir à ces réunions — tout à fait gratuites — mais une fois inscrites, elles devront y assister régulièrement, autant que possible. On recevra les enfants à partir de neuf ans.

« Le dimanche, le patronage sera ouvert après les vêpres des enfants, vers 2 heures, et toutes les petites filles pourront y venir comme le jeudi et y rester jusqu'à 6 heures du soir. »

IX

J'ai choisi cet exemple entre cent pour montrer quelle « suite » le parti prêtre commence à donner à la loi sur les associations, à la loi sur les congrégations.

Quel sera le lendemain de la loi sur la séparation des Églises et de l'État, on le prévoit aussi clairement.

Le fidéisme ne pourra soutenir un double effort financier, et pour l'église payante et pour l'école payante. L'école laïque recevra les élèves pour lesquels l'association cultuelle ou bien paroissiale renoncera peu à peu à soutenir l'école, car il faudra soutenir la cure avant tout.

Mais si l'on est obligé de fermer l'école libre qui coûte cher, la prise sur l'âme enfantine sera exercée par l'école prolongée, par le patronage confessionnel qui sont entretenus sans grands débours, et que le dévouement, l'ardeur combative feront durer, même en temps de disette pécuniaire.

C'est la tactique que les événements, que la logique et la nécessité imposent à nos adversaires.

Garderies, ouvroirs, œuvres de jeunesse, patrona-

ges, cercles de jeunes gens protégés, soit par l'asso-
tion cultuelle ou paroissiale, soit par l'association des
pères de famille, vont tendre à remplacer l'école, à se
substituer à son action.

On ne saurait trop le répéter : en face de l'école
d'État, des œuvres laïques, l'association sous toutes
ses formes succède à la congrégation, et fait succéder à l'école libre les institutions annexes de l'école.

De l'évolution qui s'opère avec une extrême souplesse, avec une patience qui n'exclut pas la rapidité,
veut-on des preuves probantes ? Veut-on se rendre
compte de l'activité qu'ont provoquée les congrès catholiques de Lyon (septembre 1904), de Lille (décembre), qui, à Paris, ont passé inaperçus, et dont l'importance politique et sociale a échappé totalement à
l'attention distraite des politiques de métier?

Il n'est que d'ouvrir l'*Officiel*. Chaque jour, aux
avis de déclaration exigés par la loi apparaissent les
traces du travail qui, en vertu d'un mot d'ordre, s'exé-
cute aux villes comme aux villages, dans tout le pays.

Je me borne à transcrire quelques déclarations...
de guerre inscrites dans le seul mois de décembre
1904.

Objet, nature des groupements sont parfois réellement indiqués, parfois entourés d'énigmatiques vocables. Presque partout le siège social est l'ancienne
école de frères. En général, pères et mères de famille
sont syndiqués et seuls en cause, sans que le clergé
ait l'air d'intervenir.

Voici donc des textes pris parmi combien d'autres :

« *4 décembre*. — Association des pères de famille de
Neuviale (Tarn-et-Garonne) : création et administration d'écoles.

« Association scolaire des familles de Voreppe
(Isère) : administration d'institutions d'éducation et
d'enseignement de principes religieux, telles que crè-
ches, écoles, cours d'adultes, cours d'enseignement

professionnel, patronages, cercles d'études, bibliothèques, et, en général, toutes les œuvres complémentaires de l'école.

« Association des familles de Pontarlier : création et administration d'écoles et d'institutions annexes. »

« *9 décembre*. — Union catholique et libérale de la Michaille : fortifier la foi religieuse de ses membres et contribuer à leur formation par l'encouragement d'un mutuel exemple et par l'étude ; coordonner leur action unie et disciplinée par le rétablissement de l'ordre social chrétien ; créer entre eux des relations de camaraderie qui leur permettront de s'entr'aider (Bellegarde, Ain). »

« *11 décembre*. — Association des familles de la commune de Dardilly (Nièvre) : création et administration d'écoles.

« Association des familles : école primaire libre de Saint-Charles-Martaud (Saint-Étienne), institution libre d'enseignement et d'œuvres post-scolaires ;

« Société des Amis de l'enseignement libre (Joliette, Marseille) : création et administration d'écoles et institutions annexes. »

« *15 décembre*. — Association des familles pour l'enseignement libre (Blain, Loire-Inférieure).

« Société d'éducation chrétienne et de patronages populaires de Nogent-le-Rotrou (Eure-et-Loir). »

J'arrête la liste, qui s'allongerait démesurément.

Je m'en voudrais pourtant de ne pas recueillir cette « déclaration », en date du 20 décembre :

« Association d'éducation chrétienne de la jeunesse de Sare. Objet : pourvoir à l'instruction et à l'éducation de la jeunesse en fondant des écoles privées *laïques* (Sare, Basses-Pyrénées). »

* *

LES CULTUELLES SCOLAIRES. — Elles sont, ces Associations de morale, des « Cultuelles scolaires ».

Le pape ne les déconseille pas, celles-là. Il les couvre de sa protection.

Le clergé, qui se refuse aux Cultuelles d'église, pousse à la fondation de Cultuelles d'école. Il comprend que par elles il continue à exercer une forte emprise sur l'enfance, sur l'adolescence. Il voit en elles, et dans les institutions greffées sur elles, la dernière sauvegarde de la foi.

La tactique à suivre a été nettement définie dans le congrès catholique de Lille présidé par M. de Poncheville, et dont le résumé des travaux vient d'être donné par le *Bulletin de la Société générale d'éducation.*

On y voit que l'on a recommandé l'extension des soirées agricoles « comme moyen de grouper dans une forme éminemment utile et nouvelle la jeunesse paysanne, pour l'instruire et la moraliser ».

Les « sociétés catholiques de gymnastique » sont spécialement recommandées.

Les patronages sont signalés comme nécessaires, comme remplaçant les écoles libres, là où l'on ne peut soutenir la lutte sur le terrain scolaire, comme les renforçant là où l'on ne peut tenir encore.

Ce que peut une de ces pseudo-cultuelles, une de ces associations familiales, un de ces comités d'action, qui s'emploient à « promouvoir l'éducation du peuple » — comme on dit dans le langage familier à nos rivaux — un article du chanoine Combes, « directeur diocésain des œuvres ouvrières » à Carcassonne, le montre en perfection.

Le chanoine Combes, dans la revue *le Patronage des jeunes filles,* énumère avec complaisance, et non sans une juste fierté, les résultats obtenus par l'Association de Jeanne-d'Arc dans la vieille cité de la Narbonnaise :

« Le patronage, écrit-il, les cours professionnels ou d'apprentissage, les corporations forment un tout complet, qui est l'œuvre même de l'Association de Jeanne-d'Arc.

« Le patronage est le noviciat du cours d'apprentissage, et le cours d'apprentissage est celui de la corporation. Le patronage est le commencement, le cours d'apprentissage est le milieu, et la corporation le couronnement. »

C'est exposé sans ambages. La maison à triple étage que l'on veut construire, on la montre aux regards.

Mais il semble que l'association, qui a recruté un très grand nombre de jeunes filles pieuses, riches, comme « zélatrices », comme répétitrices des cours, comme professeurs volontaires, s'intéresse surtout au patronage. Et ce patronage, voici ce que, depuis plus de dix ans, il fait, de façon systématique :

« Le patronage, écrit le chanoine Combes, réunit *les enfants des écoles laïques seulement*, parce que les enfants des écoles libres sont assez instruites, et élevées par des religieuses dont le dévouement est connu de tous et dont l'éloge n'est plus à faire. Prendre leurs enfants au patronage serait affirmer que les religieuses ne font pas leur devoir... »

On ne peut persifler plus agréablement. Et ce que dit le chanoine Combes est vrai ailleurs qu'à Carcassonne.

Elle serait interminable, la liste des villes où l'enfant va à l'école laïque — et au patronage confessionnel — ce qui explique la lenteur des progrès réalisés par l'idée républicaine sur tant de points du territoire !

.·.

LA LUTTE SCOLAIRE. — Au vrai, écoles du jour et du soir, écoles prolongées, patronages, collèges libres, enseignement primaire, post-scolaire et secondaire, passent, accrus, fortifiés, des Congrégations aux Associations. Toutes les forces d'argent se coalisent, se concentrent autour des maisons d'instruction et d'éducation et de leurs annexes. Quiconque veut combattre la République souscrit une action, entre dans un groupement familial, politico-scolaire. C'est la forme nouvelle qu'adopte la tactique des messieurs prêtres et des hommes et femmes d'œuvres. C'est, paraît-il, faire œuvre pie. C'est certainement faire œuvre adroite (1).

Et déjà, l'Eglise, à l'heure actuelle, met en ligne 3 000 groupements post-scolaires à l'usage des écoles, libres et surtout des écoles laïques : patronages paroissiaux dans les villes, patronages ruraux, œuvres de jeunesse, cercles, etc... A la fin de l'Empire il y en avait deux cents ! Et il faut s'attendre à ce que bientôt dix mille patronages congréganistes s'étendent comme un réseau aux mailles serrées sur la « France noire ».

C'est autour des patronages que se livrera le prochain combat entre l'Eglise enseignante, dégagée de tout lien envers l'Etat, maîtresse de ses mouvements, étayée par des associations fortement constituées, et l'Etat enseignant appuyé sur des collectivités qui, je l'espère, sauront agir avec méthode et avec suite. A supposer que demain toutes les écoles congréganistes fussent fermées, la bataille ne serait pas encore gagnée par le parti républicain scolaire et laïque. Debout resteront les patronages, en pleine possession de leurs droits, et je crains plus dix patronages que cent écoles, car par l'histoire écrite, la conférence, le théâtre — et quel théâtre — par le livre, la revue, la « bonne presse », on peut agir, sans contrôle, sans retenue aussi, sur l'âme de l'enfant et de l'adolescent.

X

REGARD SUR LES PATRONAGES FIDÉISTES DE GARÇONS. A LA VILLE (1). — Pénétrons dans ces patronages de combat. Et d'abord chez les garçons.

(1) Dans les villes, la situation est franchement mauvaise, et il n'y a d'autres patronages que ceux qui sont organisés au profit de l'en-

S'agit-il d'une organisation urbaine ?

Parfois on a toute une maison louée ou donnée par un ou plusieurs fidèles dont la générosité est stimulée activement par le clergé. Le plus souvent, dans un local scolaire, deux pièces affectées aux séances. Un billard, des jeux, une scène démontable sont toujours utilisés. Lectures, causeries, exercices de piété, représentations alternent avec les récréations qui varient avec les saisons. Des distributions de gâteaux, de cigares, de boissons, d'images pieuses ont lieu régulièrement. Processions, pèlerinages combinés avec des concours de tir, de gymnastique, sont préparés de longue date dans les réunions et sont l'objet de comptes rendus, de rapports imprimés dans des bulletins spéciaux qui en prolongent l'influence.

Parmi les conférences, celles qui ont trait à l'histoire sont le plus en honneur. Déjà dans les manuels à l'usage des écoles libres que si souvent le Conseil supérieur de l'Instruction publique se voit obligé d'interdire, les faits relatifs à la Réforme, à la Révolution, à la période contemporaine, sont travestis, tournés en dérision ou bien noircis à dessein. Mais l' « histoire orale », l' « histoire parlée », à l'usage des patronages, comment la surveiller en ses écarts, comment la saisir répandant erreurs et mensonges, savamment dits et distillés, dont on tire vanité par cynisme de parti, par esprit de passion sectaire? Aussi les émules, les disciples du père Loriquet, qui n'ont rien à redouter du pouvoir civil, s'en donnent-ils à cœur joie de dauber :

« La Révolution, ses hommes et ses œuvres. »

seignement congréganiste. A Blois et Vendôme, on détourne nos propres élèves. « Ils les ont bien autant que nous, » dit un mémoire de Vendôme, où deux patronages paroissiaux les rabattent sur le patronage catholique. Le parti républicain assiste, impuissant et inerte, à ces défections qui menacent son propre avenir. « L'argent et les sympathies des familles riches vont à nos adversaires. » Rapport de M. R. Périé, inspecteur d'Académie du Loir-et-Cher (*Bulletin de l'Enseignement primaire*).

Alors que dans les patronages laïques, dans les associations d'anciens élèves des écoles de l'Etat républicain, on se croit tenu d'observer strictement l'article des statuts spécifiant que « toute discussion politique et religieuse est interdite », on ne se fait pas faute, dans les clubs... non... dans les patronages confessionnels, tout en criant à la persécution, d'attaquer impunément les institutions républicaines, de ridiculiser et d'outrager quiconque n'est pas assez patriote pour se courber sous le joug romain.

Plus que la conférence, le théâtre sert à la formation ou plutôt à la déformation mentale de la jeune France qui se divertit sous la sainte garde de l'Eglise pieusement et lourdement organisatrice de spectacles dramatiques. Une littérature théâtrale spéciale sévit sur les patronages congréganistes. Elle a ses producteurs attitrés. Tout ce que les mystères, la vie des Saints offrent de niaiseries, mises au rebut par les vrais écrivains, fournit matière à des actes en prose, en vers, débités devant les familles assemblées. Les détails pittoresques, les traits de mœurs, qui feraient beauté, sont soigneusement écartés. Les « tranches » servies aux parents sous forme de scènes sont expurgées, édulcorées, soumises à une préparation savamment somnifère. Il va de soi que, selon les us chers aux jésuites, dans les patronages de garçons on n'admet aucune fillette pour donner la réplique aux Eliacins de la diction. C'est le triomphe du travesti si immoral, sous couleur de moralité. Le scrupule est poussé si loin que les chefs-d'œuvre de Molière, de Corneille, de Racine, selon qu'ils sont interprétés dans un cercle de jeunes filles ou bien d'adolescents voient leurs héroïnes ou bien leurs héros changer de sexe au gré des adaptateurs cléricaux. Bergerat serait stupéfait de constater à quel tripatouillage la censure post-scolaire et ecclésiastique se livre avec une si extraordinaire impudicité dans la pudeur.

XI

Regard sur les patronages fidéistes de garçons, au village. — Au village, l'organisation varie un peu, mais l'esprit qui domine l'œuvre ne diffère pas ; les visées des promoteurs sont les mêmes.

A la tête du patronage rural est le curé. Le lieu de réunion est le plus souvent l'école libre. Jeux et divertissements, plus intimes, car on est moins nombreux, tiennent la place prépondérante. Sur le patronage se greffe une association de piété en l'honneur du Saint-Sacrement, de saint Joseph ou des patrons de l'œuvre : « Cette modeste association, écrit l'abbé Le Comte (1), aura pour effet direct la sanctification de ses membres par la prière et l'apostolat mutuel, et elle servira d'instrument au pasteur pour maintenir les processions et autres manifestations religieuses dans la paroisse. » Comme moyens d'action, le patronage rural a la musique, le billard, les consommations. L'appât de récompenses assure l'assiduité à la messe, aux vêpres, aux séances du groupement. Des cachets sont remis aux enfants et adolescents qui se distinguent par la continuité de leur présence aux offices, aux réunions dominicales, et ces cachets servent de numéraire pour acheter des lots à des enchères trimestrielles ou bi-annuelles. Voilà comment s'entretient matériellement la ferveur spirituelle ! Voilà comment se monnaie le zèle des jeunes pupilles !

L'abbé Le Comte, qui abonde en recommandations pratiques et minutieuses sur la fondation, sur la tenue des patronages ruraux, cite certains d'entre eux comme types, comme exemplaires du genre.

______

(1) *Petit manuel pour la fondation et la direction des patronages ruraux et œuvres de campagne*, par l'abbé Le Comte, 1 vol. in-32, chez Martin (Châlons-sur-Marne, p. 49 et 57.

Entrons à sa suite dans deux patronages modèles du diocèse de Reims.

« A Autry, écrit l'évêque Juillet dans un rapport que cite l'abbé Le Comte, le patronage est divisé en deux parties : les grands de quinze ans et au-dessus, les petits de onze à quinze ans. C'est dans la division des grands que résident la vraie force et la prospérité du patronage. Les réunions qui avaient commencé au presbytère, ont lieu maintenant dans un local indépendant. Des jeux, des chants, une fanfare, des promenades en été occupent le temps sans fatigue et sans ennui. Les parents sont satisfaits, la jeunesse édifiante, et la paroisse se renouvelle par une assistance plus nombreuse aux offices. Les parents viennent entendre chanter leurs enfants ; le curé en profite pour les ramener à leurs devoirs. On a vu un certain nombre de jeunes gens rester au patronage jusqu'à vingt-cinq ans. »

« A Balan, continue l'évêque Juillet, M. le curé trouve les enfants parfaitement disposés à venir : des jeunes de dix-huit à vingt ans, excellents chrétiens, acceptent d'être ses auxiliaires et se chargent de la surveillance ; une personne notable et indépendante veut bien être le président de l'œuvre dont M. le curé garde pleinement la direction ; un local avec jardin pour récréations est loué, et le patronage marche à merveille. Des familles riches ont fait la dépense. »

« A Mahon, M. le curé s'est adressé, non aux enfants, mais à des jeunes gens de vingt à vingt-cinq ans, et a formé un petit groupe ; ce groupe s'est fait apôtre par la diffusion de la *Croix* ; le nombre a augmenté et on a pu établir la confrérie de Notre-Dame de l'Usine, qui amène quatre-vingts à cent hommes à la communion générale de Pâques : c'est un beau résultat. Ces hommes affirment hautement leur foi chrétienne, et contribuent largement à la transformation de la paroisse. »

La « diffusion de la *Croix* »! On a remarqué ces

mots jetés négligemment dans la prose épiscopale et qui en disent long sur la propagande politique que l'Église opère dans les patronages. Et avec la *Croix*, avec leurs suppléments illustrés on distribue le *Pèlerin*, l'*Atelier*, les *Almanachs* religioso-agricoles et combatifs, les tracts tendancieux, édités rue Coëtlogon, rue de Grenelle, rue Bayard et aussi des quotidiens, messagers de haine... Et cela se fait le plus souvent dans des locaux scolaires, et la presque totalité de lecteurs n'est pas majeure ! C'est ainsi qu'on entend la neutralité, c'est ainsi qu'on l'observe dans les patronages confessionnels, sociétés dites de bienfaisance et de préservation morale. Et leurs promoteurs crient à l'intolérance tout en s'en faisant les « zélateurs », — pour employer leur langage spécial. De quelles imprécations ne poursuivraient-ils pas un instituteur, directeur de patronage laïque, qui mettrait sur les tables de la salle de lecture des journaux se réclamant de la libre pensée, des organes ou radicaux ou socialistes ! Mais, en face on a ce que l'on appelle la bonne presse, et l'on s'en sert pour la bonne cause.

XII

DANS LES PATRONAGES FIDÉISTES DE FILLES. — Les patronages de jeunes filles, comme les patronages de garçons, sont institués pour tenir en échec ou bien pour neutraliser l'influence de l'école laïque.

Jeux, spectacles où l'on donne des drames et des comédies à thèse, cours d'enseignement ménager, travaux d'ouvroirs, « dans des ateliers chrétiens », promenades, visites aux églises, retraites, confessions, prédications : tels sont les exercices qui se succèdent dans les patronages féminins congréganistes.

A la ville, le curé, le vicaire seront les inspirateurs, les « directeurs » invisibles mais présents à l'œuvre. Car ils sont, ainsi que le demande l'évêque de Châlons, « des stratégistes prévoyants, organisateurs agissants ». Ce sont eux qui, en chaire, battent le rappel des fonds, ce sont eux qui, pour réunir ressources et adhésions, font remettre — selon le conseil de la revue *le Patronage* — « les lettres par un porteur sûr, non pas à monsieur, qui pourrait flairer la manœuvre cléricale (*sic*), mais à madame ». Ce sont eux qui, par le sermon, par la conférence, par les mille liens dont ils enserrent la femme, agiront sur l'âme des affiliées, à qui l'on persuadera qu'elles remplissent une mission sainte. Ils savent se mettre au second plan, disparaître à propos. Ils retiennent pour eux les exercices de piété, mais ils se reposent pour le détail des récréations, des occupations instructives sur des volontaires, sur des jeunes filles et femmes du monde bien pensant qui associent la tenue du patronage aux commentaires du catéchisme. Ils ont comme collaboratrices, aveuglément passionnées pour l'action, les « *tertiaires*, religieuses par le cœur, laïques par l'habit, trait d'union entre l'Église et l'école ».

Mais à la campagne, à côté de ces troupes auxiliaires, toute une organisation fonctionne, méthodiquement établie. L'*Œuvre des Sœurs* assure la continuité de l'effort.

L'*Œuvre des Sœurs* a été préconisée par l'évêque Juillet, au congrès diocésain de Reims en août 1892. Ce tacticien de l'éducation populaire congréganiste a vu, et très justement, dans l'*Œuvre des Sœurs* l'institution mobile, souple, résistante, adaptée précieusement à la lutte contre l'école laïque partout où il est impossible de fonder une école libre : « Cette œuvre, dit-il, consiste à appeler dans la paroisse deux ou trois religieuses, dont la mission est de soigner les patronages de filles, le dimanche... » — « Elle a l'avantage sur les écoles libres de n'exiger aucune formalité administrative, aucun local à dimensions déterminées, aucun brevet ; elle ne relève d'aucune direction ou inspection que celle du curé. C'est cette

Œuvre des Sœurs qui remplacera le plus souvent nos écoles congréganistes laïcisées, et c'est sur elle que nous fondons les meilleures espérances. »

Ainsi, toujours même plan, même mot d'ordre pour organiser le « mouvement tournant », l'enveloppement, qu'il s'agisse de filles ou de garçons. Il s'agit d'édifier le patronage confessionnel vis-à-vis de l'école laïque pour lui disputer sa clientèle.

Et aussi, toujours même violation systématique de ce qui doit être le statut même de l'école et de son lendemain : la neutralité politique, toujours même passion d'intolérance, même fougue de factieuse combativité.

A ne pas franchir le seuil de la maison qui a pour enseigne la religion, à lire seulement quelques aveux échappés aux pupilles et à leurs directeurs de conscience, on saisit sur le vif l'intention, l'idée maîtresse. Les réticences, les sous-entendus sont pour la forme. La charité, la piété, le salut des âmes servent de façade, mais l'édifice est citadelle constamment armée, qui a pour assise à peine dissimulée : l'ambition, l'orgueil de la domination.

Feuilletez les publications spéciales qui sont répandues à flots dans les patronages féminins, vous y ferez des constatations qui ne laissent place à aucun doute. Chants, poésies ne sont composés que pour maintenir les femmes, les mères de demain, celles qui élèveront l'enfance, dans une atmosphère de préjugés et d'erreurs, que pour les détourner de la science tenue à péché, que pour les mettre en défiance contre la raison. Parfois, malgré la consigne ecclésiastique qui est de faire le silence sur les réunions des patronages féminins, on dévoile par maladresse, par espoir mal déguisé de victoire prochaine, les mystères dont s'entourent les œuvres dites d'éducation et de salut. Et alors on lit dans l'officieuse et presque officielle revue *le Patronage*, un appel comme celui-ci, révélation d'un singulier état d'âme. Le 8 mai 1898, date

des élections législatives, coïncidait avec la fête de
Jeanne d'Arc. Ce jour, le *Patronage* insérait le filet
suivant :

« Sans prétendre, ce qui serait ridicule, mêler nos
jeunes filles à la politique, nous pouvons leur demander de faire, ce jour-là, la sainte communion et de
prier Jeanne la libératrice de bouter hors un ennemi
plus redoutable à la France que l'Anglais, et qui, en
s'acharnant contre la foi, menace l'âme de la patrie.»

On ne mêle pas ouvertement les jeunes filles à la
politique, mais on les y associe mentalement. Quelle
comédie, vraiment, et que tout cela est pitoyable, —
pitoyable et inquiétant !

XIII

L'ACTION LAÏQUE. — LES FORCES LAÏQUES. — Mais en
face des forces que l'Église, dans la plénitude de ses
droits et avec une précise entente de ses devoirs, a
suscitées, quelles sont les forces dont dispose la
société laïque ?

Je laisse de côté les cours d'adultes, les sociétés
d'instruction populaire, les groupements de conférenciers, les associations d'anciennes et d'anciens
élèves qui jouent un rôle très important certes, et qui
ira en se fortifiant et s'élargissant, mais un rôle d'ordre différent, un rôle d'enseignement ou bien d'aide
mutuelle, de la sortie de l'école... à l'entrée au régiment, au ménage, non de protection morale et sociale
à l'égard des enfants encore d'âge scolaire ou bien
des tout adolescents qui ont besoin d'appui, des
conseils encourageants, aux rudes débuts de la vie.

Je ne retiens que les patronages — soit scolaires, soit
municipaux, soit libres — s'inspirant de l'idéal laïque.

Force est bien de reconnaître que si, pour toutes les
formes et modalités qu'affecte l'éducation populaire,
le parti rationaliste l'emporte sur le parti fidéiste,

celui-ci est mieux organisé, mieux outillé pour le fonctionnement spécial des patronages.

Sans doute, de 34 patronages laïques qui existaient en 1894-95, l'on a passé en 1902-1903 à 1 663, en 1903-1904 à 2 125, en 1904-1905 à 2 316, dont 1 356 pour les garçons, 960 pour les filles.

Mais on ne saurait trop répéter que les seuls patronages féminins congréganistes sont au nombre de 1800 — et qu'avec les cercles, les œuvres de jeunesse, les patronages de garçons, les groupements confessionnels de pupilles s'élèvent au total de 3 000 ! Et nous ne comptons pas près de 4 000 œuvres de persévérance qui sont autant de patronages.

L'ŒUVRE DE LA LIGUE DE L'ENSEIGNEMENT. LE COMITÉ DES DAMES. — Un effort s'impose donc pour le parti scolaire et républicain. Dès 1894-1895, il a été revendiqué, entrepris par la *Ligue française de l'Enseignement* à qui l'on doit d'avoir compris la nécessité de la tâche, de s'y être donnée tout entière. C'est grâce à la Ligue que les patronages laïques ont été signalés, recommandés, soutenus d'une aide à la fois morale et effective.

Le 24 novembre 1894, la Ligue française de l'Enseignement constituait une commission des patronages qui se proposait comme objet de vulgariser le patronage démocratique de la jeunesse, avant, pendant et après l'école.

En 1901, était fondé le comité des dames présidé par Mme Ferry qui, d'accord avec la *Coopération* féminine, a rendu d'incessants services aux patronages féminins, leur a prodigué visites et encouragements, a contribué à y introduire : enseignement ménager, œuvre du trousseau, mutualité de l'adolescence. Le comité a imprimé une vigoureuse impulsion à la propagande.

De quel esprit il est imprégné, l'appel aux cercles de province le fait connaître. Voici comment s'exprime Mlle Dugard, professeur au lycée Molière qui l'a rédigé. Elle dit en parlant du comité : « Le comité des dames a pour mission d'examiner les problèmes relatifs à l'éducation de la jeune fille, à sa culture ménagère, professionnelle, etc., de fortifier les patronages, associations et œuvres diverses qui relèvent de l'École, et de grouper autour d'elles les sympathies prêtes à les soutenir.

« Mais il est évident que ce nouveau comité, si actif qu'on le suppose, ne saurait à lui seul satisfaire à la tâche. Pour qu'elle soit vraiment remplie, il faudrait qu'auprès de chacun des cercles de la Ligue il se formât un comité de dames qui travaillerait, de concert avec le comité général, à seconder les écoles publiques et à prolonger leur influence.

« Lorsque l'on songe, d'une part, à l'utilité de cette œuvre, et, de l'autre, aux loisirs que la vie de province fait à beaucoup de femmes, aux forces qui y restent immobilisées et seraient heureuses qu'on leur ouvrît une voie, on ne peut mettre en doute que le projet de former un tel comité ne soit bien accueilli et qu'il suffise d'appeler les bonnes volontés pour les voir accourir. »

L'appel ajoute : « Il parut au comité qu'engager le dévouement féminin à se tourner vers ces œuvres était, en même temps qu'un devoir d'équité vis-à-vis des jeunes filles de nos écoles, un acte de justice à l'égard des femmes elles-mêmes, qui ne doivent pas être frustrées d'un droit incontestable, le droit de partager les efforts de l'homme pour créer un ordre meilleur. Trop longtemps, soit par une conception trop étroite de leur rôle, soit par l'habitude traditionnelle de voir leur bienfaisance s'orienter vers d'autres horizons que ceux de la démocratie, les femmes ont été laissées à l'écart du mouvement de solidarité qui transforme le vieux monde ; éloignement regrettable, non seulement parce qu'il prive les unes d'une aide nécessaire et les autres du plaisir d'être utiles, mais parce que l'on aime et ne comprend les choses que lans la mesure où l'on s'y donne, et que les femmes, surtout celles qui ont la vie si facile, ne sentiront jamais la grandeur des fins que veut l'esprit moderne, si elles ne travaillent pas à les réaliser. »

XIV

Le patronage démocratique de la jeunesse. — Pour doubler l'effort du comité des dames qui limitait forcément son action à la diffusion des patronages féminins, la Ligue française de l'Enseignement, se rendant compte qu'il fallait, dans une heure de crise ou plutôt d'évolution religieuse et sociale, faire preuve d'une nette et méthodique énergie, établir aux yeux et des Ligueurs et des adversaires de la puissante fédération, qu'elle entendait s'intéresser spécialement à la question des patronages, a reconstitué en 1901-1905, la *commission du patronage démocratique*. Elle l'a élargi et fortifié en y faisant entrer des collaboratrices, et ce *comité mixte* a donné harmonie, unité à « l'action nécessaire ».

Un appel a été adressé aux 3 500 sociétés dont le faisceau constitue la Ligue française de l'Enseignement, pour leur indiquer la voie à suivre, le devoir à remplir.

« Dans nombre de communes, y est-il dit, — quand ne se rouvrent pas, sous une forme nouvelle les anciennes écoles congréganistes, — ceux qui se réclament de l'esprit confessionnel fondent des patronages en face de l'école publique pour y attirer les enfants en dehors des heures de classes ; ils espèrent ainsi reprendre par l'éducation, la jeunesse que nous avons soustraite à leur instruction, et détruire, par un travail incessant, tout l'effet des leçons du maître laïque.

« C'est leur droit : c'est notre devoir à nous d'opposer l'initiative privée laïque à l'initiative confessionnelle...

« ... Elle a pris conscience de sa force qu'elle emploie aujourd'hui à créer, à multiplier les personnages scolaires laïques ; n'abandonnons pas aux entreprises de l'esprit confessionnel, ce terrain sur lequel il ne tarderait pas à reconstituer le péril, que nous avons dénoncé, pour l'unité morale et sociale de la France.

« Depuis 1895, plus de 2 000 patronages laïques ont été fondés ; il faut que, dans un avenir prochain, chaque groupe scolaire de France soit doté d'un patronage effectif constituant pour tous les enfants de l'école sans distinction de croyance ni d'opinion, un conseil d'amis éclairés dont la protection affectueuse leur facilite l'accès de la vie.

« Nous faisons appel avec confiance à tous les membres de la Ligue dont, en tant de circonstances, nous avons apprécié la puissante initiative ; nous attendons d'eux un concours actif, une propagande énergique, un de ces élans de dévouement par lesquels naissent et se soutiennent les grandes causes. »

L'appel qui porte la signature de Mme Jules Ferry et de M. Ferdinand Buisson a été entendu. Des comités de propagande se sont formés en vingt villes, dans les cercles mêmes de la Ligue, notamment à Reims, Dijon, Marseille, Rennes, Caen, etc. Des conférenciers vulgarisent, à l'heure actuelle, la « question des patronages ».

L'activité de la commission s'est manifestée en outre par le lancement d'une tombola de 100 000 francs dont le produit, grâce à une ingénieuse combinaison, va aux souscripteurs eux-mêmes.

La commission a rendu enfin aux patronages le signalé service de publier, en réponse à un certain nombre de vœux émis par des congrès (Caen, 1901 ; Amiens, 1904), un *Catalogue* de comédies, saynètes, monologues, destinés aux fêtes, avec un avertissement dû à M. Frédéric Trenard. C'est un guide pour les amateurs de représentations théâtrales, où la gaieté sait demeurer saine et de bonne tenue. La commission a fait paraître également un *Catalogue de fournitures pour jeu et récréation.* Grâce au comité des dames et de la coopération féminine d'une part, à la commission des patronages de l'autre, l'on peut affirmer qu'en 1905-1906, l'élan sera imprimé tant en province qu'à Paris pour le maintien des organisations existantes et pour la fondation d'institutions similaires (1).

XV

LES TROIS TYPES DE PATRONAGE LAÏQUE. — Mais que fait-on, que doit-on faire dans les patronages laïques ?

Comment l'expérience conseille-t-elle de les organiser ? Quelle doctrine convient-il de leur proposer, sur quels collaborateurs sont-ils en droit de compter ? Autant de questions qui appellent la discussion et qui peuvent être éclairés par l'observation.

Les patronages laïques qui ont surgi si brusquement depuis dix ans, sont de types très différents, car il leur faut s'adapter aux besoins, aux habitudes du milieu scolaire et social.

On peut pourtant les ranger en trois catégories principales.

Le patronage est souvent un comité soit de dames (Lyon, Draguignan, Charleville, Le Puy, Angoulême, etc.), soit d'amis de l'éducation laïque, qui concentrent les ressources obtenues par des dons, quêtes, cotisations et jouent le rôle d'une caisse des écoles aux larges attributions. Il fonde des cantines, distribue des prix, des vêtements, des fournitures gratuites, des livrets de caisse d'épargne ou bien de mutualité, organise un arbre de Noël, une fête de l'adolescence, subventionne les bibliothèques, etc., vient en aide sous toutes les formes à l'instruction et à l'éducation laïque scolaire et post-scolaire, qui a tant à lutter contre la concurrence des écoles libres et des œuvres

____

(1) La Ligue de l'Enseignement adresse gratuitement ces *Catalogues* sur demande, accompagnée d'un timbre de 0,05 pour le port.

de jeunesse soutenus, on le sait, par de puissants comités.

Le patronage se propose parfois un but spécial, unique surtout en ce qui concerne les jeunes filles. C'est un ouvroir, un vestiaire où l'on travaille en commun. Les vestiaires du XXe arrondissement organisés par des associations d'anciennes élèves et où l'on travaille de concert à la transformation de bas hors d'usage en jupes et en tricots, sont des types à imiter. Un des modèles du genre est dans le même arrondissement l'*Œuvre du Trousseau*, qui de Paris se propage en province. Elle a pour objet d'enseigner pratiquement aux jeunes filles l'économie et l'amour du travail et d'éveiller en elles le sentiment de la solidarité sociale. Moyennant un versement de 10 ou 15 centimes par semaine de neuf à dix-huit ans, pendant une période de neuf années, les adhérentes se constituent dans d'excellentes conditions, un trousseau qui leur sera livré au moment de leur mariage ou de leur établissement. Les pièces en sont confectionnées par elles dans ces réunions hebdomadaires. Les adhérentes sont partagées en deux sections : 1° section de neuf à treize ans ; 2° section de treize à dix-huit ans.

Le patronage est enfin aussi un groupement plus étroit — dames patronnesses, patrons, — qui, le jeudi, surtout le dimanche, ouvre une sorte de classe de garde, de récréation et d'instruction moralisatrice, ici aux enfants, là aux adolescents qui ont formé ou bien qui forment la clientèle soit d'une seule école, soit d'un ensemble d'écoles, dans un quartier déterminé. Des « semainières » — car l'œuvre est surtout féminine — s'y succèdent, présidant aux causeries, aux jeux, en hiver, aux promenades quand vient la saison d'été. Le comité ne néglige pas le placement, se met en rapport avec les chefs des maisons de commerce ou bien d'industrie qui reçoivent les pupilles. C'est le type parisien, le type des grandes villes, organisé par arrondissement, même par école avec dames patronnesses et patrons locaux ; car le patronage général ne pourrait exercer qu'une action banale et imprécise.

C'est le troisième type de patronage qui est le plus usité et aussi le plus pratique, car il permet de profiter des ressources et moyens d'action qu'utilisent les deux autres. Il peut avoir un comité de patronage. Il peut adopter telle ou telle œuvre spéciale qui trouvera sa place dans l'emploi du temps. C'est la forme qui a généralement la préférence et qu'il est le plus utile de vulgariser.

XVI

Dans les patronages laïques de garçons. — Mais ce patronage direct, comment peut-on l'organiser? Quelques détails techniques sont à donner.

Et d'abord : le patronage de garçons.

Au village, dans les bourgs, dans les petites villes, il sera unique. Il aura, la plupart du temps, au moins au début, pour siège social, pour lieu de réunions : l'école.

Dans les grands centres, il est expédient de fonder des patronages, par quartiers. On pourra même en établir dans les arrondissements de villes très importantes, par écoles ou par groupes d'écoles.

Une cour et un préau couvert pour les récréations, et en outre deux salles sont indispensables : l'une pour les jeux, le théâtre, etc., l'autre pour la lecture, le travail.

Grâce à l'usage des cloisons mobiles, une pièce peut être divisée en deux quand il n'y a pas de fête, assemblée générale, etc.

Il résulte d'essais répétés qu'il y a lieu de diviser les pupilles en deux groupes : les enfants d'âge scolaire, qui sont les plus nombreux, qui constituent la clientèle véritable, et les demi-adolescents qui ont déjà quitté l'école.

Ils n'ont pas mêmes goûts, ils ne peuvent être divertis et instruits de même façon. Le langage qu'on doit leur tenir est différent.

On ne saurait trop recommander d'établir un horaire d'hiver et un horaire d'été assez souple pour faire place à l'imprévu, à la nouveauté utile, et assez minutieux pour que le temps soit utilement et agréablement rempli.

Un registre de présence, une petite feuille à remettre aux parents empêcheront que les pupilles trompent sur l'heure de l'entrée et de la sortie, sur l'exactitude de la fréquentation.

Quels seront les exercices qui occuperont les pupilles ? « Faire jouer, faire penser et agir », telle doit être la devise du patronage laïque, par opposition à la devise du patronage congréganiste : « Faire jouer, pour faire prier. » On y doit passer du plaisant au sévère, de façon à récréer les pupilles et à les élever aussi.

L'hiver, le tir, les exercices physiques, le jeu de billard, les séances de musique, de chant, de danse, d'escrime, de boxe, etc., les concerts, les petites représentations avec programmes arrêtés dans le détail, avec soin, alterneront avec la causerie avec ou sans projection, la lecture soit individuelle, soit faite par un lecteur.

Grâce aux conférences, l'éducation sociale sera l'objet d'un spécial apprentissage. Car de plus en plus il faut tourner l'enfance et l'adolescence ouvrière et rurale vers la connaissance et la pratique de la solidarité : il faut les habituer à s'entr'aider. La mutualité, la coopération leur seront conseillées, enseignées avec méthode et avec suite.

On inclinera les pupilles à en faire des applications constantes.

Quelques cours, surtout de langues vivantes, pourront être professés.

L'été, les jeux de plein air, les promenades, les

excursions sont de saison, sans que l'instruction sans,
que l'éducation solidariste se ralentisse.

XVII

DANS LES PATRONAGES DE FILLES. — Dans les patronages de filles, le programme qui exclura les exercices
seulement utilisables pour les garçons, comprendra
l'adjonction d'un ouvroir ou d'un vestiaire, ou d'une
œuvre du trousseau, ou de l'enseignement ménager
qui fournira à fillettes et à grandes filles un précieux
emploi de leurs loisirs.

Voici un programme-type pour un patronage de
filles (voir p. 58 et suiv.). Il a été élaboré par la Ligue
de l'Enseignement et il comprend la presque totalité
des travaux et distractions entre lesquels il est loisible
de faire un choix. Même le plan arrêté pour un patronage de filles pourra servir de cadre pour les jeux et
études à introduire dans un patronage de garçons.
C'est affaire d'appropriation dictée par les convenances
particulières (1).

---

(1) Brochure de propagande du comité des dames. Plan rédigé par
Mlle Saffroy, inspectrice de l'Enseignement primaire.

Éducation physique.

LES DISTRACTIONS INDIQUÉES CI-DESSOUS PEUVENT S'ORGANISER SANS FRAIS.	LES DISTRACTIONS INDIQUÉES CI-DESSOUS NÉCESSITENT CERTAINES DÉPENSES.
Gymnastique sans appareils.	*Gymnastique avec appareils.*
Mouvements.	1 paire de barres parallèles ordinaires 230 × 100.
Marches.	1 paire d'anneaux (grand modèle), 2 mètres de corde.
Courses.	1 corde de traction de 10 mètres.
Promenades.	1 corde lisse de 3 m. 50.
Danses. Danses locales.	3 crochets.
	Sandow.
	Excursions diverses.

JEUX (à titre d'indication)

Jeux en plein air.	*Jeux en plein air.*
(Sans appareils.)	(Avec appareils.)
Avec chants.	Balles à lancer, la douzaine.
Jeux des fleurs.	Cerceaux.
Jeux des saisons.	1 jeu de boules.
Jeux des relais.	1 jeu de grâces.
Les quatre âges de la vie.	1 jeu de quilles.
Les villes de France.	1 corde à sauter de 4 mètres.
Les tournois.	Raquettes.
Rondes populaires.	Volants.
Quatre coins.	1 jeu de tonneau.
Colin-maillard.	1 jeu de croquet.
Jeu de passe-boules.	
Jeux au préau.	*Jeux au préau.*
Petits jeux.	Jeu de dominos.
Devinettes.	Jeu de dames.
Jeux d'osselets.	Jeu de lotos.
Charades mimées.	Jeux de patience.
	Jeux de tir.

Éducation intellectuelle.

LES OCCUPATIONS INDIQUÉES CI-DESSOUS PEUVENT ÊTRE ORGANISÉES SANS FRAIS.	LES OCCUPATIONS INDIQUÉES CI-DESSOUS NÉCESSITENT CERTAINES DÉPENSES.
Causeries sur des sujets divers. Cours de diction. Lectures : lectures dramatiques, lectures géographiques, lectures historiques. Collections d'images. (Voir l'avis inséré dans le *Bulletin de la Ligue*, n° 199 (p. 175). Cet avis rappelle les dons de gravures faits par M. Alphonse Renaud à ceux qui s'engagent à les réunir en albums. A ceux qui préféreraient se servir de l'image libre, on peut recommander de former des collections sans frais à l'aide de journaux illustrés, de vieux livres, de catalogues, de sacs à papiers, etc. Dans cet ordre d'idées on peut arriver à former une collection qui illustre des causeries sur l'histoire du costume, sur les arts, l'industrie, etc. La confection d'un herbier fait partie des distractions utiles et peu coûteuses à signaler à des patronages.	*Conférences avec projections :* achat de l'appareil 35 à 50 francs. *Création d'un jardin botanique :* achats de plaques, 25 francs le cent; outils de jardinage, 15 à 20 francs. *Abonnement à des publications* dont le titre et les prix varient avec l'âge des membres du patronage. *Création d'une bibliothèque :* une somme de 150 francs serait nécessaire dans le cas où l'on ne pourrait se servir de la bibliothèque scolaire. *Cours de physique amusante.* Consulter : *la Science amusante*, par Tom Tit, 3 volumes. (1 volume broché fort : 3 francs, chez Larousse.)

Éducation morale et sociale.

ŒUVRES QUI N'EXIGENT AUCUNE DÉPENSE	ŒUVRES QUI EXIGENT CERTAINES DÉPENSES
Entretien sur la morale, la civilité. Visites aux familles. Aide morale aux orphelins, aux camarades malheureux. Tutelle amicale des plus jeunes enfants d'une école. Surveillance de jeunes filles placées à la ville. Création d'un office de placement. Création d'un office de renseignements pour le placement des jeunes filles. (Il serait à désirer que cet office de renseignements pût fonctionner dans les grandes villes et rendre les mêmes services que les unions internationales des Amis de la jeune fille.) Mutualité d'adolescentes. Œuvre du Trousseau. (On peut écrire à la fondatrice, Mme Beguin, 14, rue Riblette, Paris, ou consulter le *Bulletin de la Ligue*, n° 196, p 701.)	Création de coopératives. Création de vestiaires d'enfants. La dépense pour la création des vestiaires varie avec le nombre de participants, car il faut, dans ces vestiaires, ne donner à coudre que des objets neufs qui deviennent la propriété des enfants. Une exception peut être faite pour les bas, qui proviennent de dons. (S'adresser à Mlles Heywang et Marchand, institutrices à Paris, 82, rue Ménilmontant, pour connaître la somme à prévoir pour le fonctionnement d'un vestiaire d'enfants.) Envoi d'enfants aux colonies scolaires.

Éducation domestique.

EXERCICES QUI N'EXIGENT AUCUNE DÉPENSE	EXERCICES QUI EXIGENT CERTAINES DÉPENSES
Causeries sur l'hygiène. Entretiens sur l'économie domestique. Leçons sur les éléments des sciences physiques et naturelles. Leurs applications à l'enseignement de la cuisine. On trouvera toutes les indications nécessaires dans les programmes d'enseignement ménager, publiés par la Ligue en 1899. Ces programmes sont en vente à la Ligue, coût 0 fr. 25.	Pour cette série d'exercices, nous renvoyons à la note sur l'organisation de l'enseignement ménager, par Mme Demailly, directrice de l'école Camfran, à Lens. On y trouvera l'indication du matériel nécessaire pour le fonctionnement d'un cours de cuisine avec une évaluation approximative des prix. Ce rapport est inséré dans le *Bulletin de la Ligue de l'Enseignement*, n° 200, p. 239.

Éducation manuelle et artistique.

LES OCCUPATIONS INDIQUÉES CI-DESSOUS N'EXIGENT AUCUNE DÉPENSE.	LES OCCUPATIONS INDIQUÉES CI-DESSOUS EXIGENT CERTAINES DÉPENSES.
N. B. — Un certain nombre d'objets jetés au déchet, tels que les bouts d'allumettes, les brins de laine, de paille, les cartes de visite, les morceaux de papier de couleur, les échantillons fournissent, à des mains habiles, la matière des jouets (voir encore Tom Tit, chez l'éditeur Armand Colin, *Récréations scientifiques*), de fleurs, de constructions géométriques. Avec des bouts d'allumettes et des cartes de visite on fait fabriquer des mobiliers de poupée ; la carte de visite devient une feuille de papier de dessin, on y dessine avec une épingle et les dessins sont illustrés avec des bouts de laine : bateaux, fleurs, papillons y trouvent place. Avec les rouleaux de papier blanc qui entourent les rubans, on fabrique des lis, avec des papiers de couleur, même froissés, on obtient des violettes, des coquelicots, des chrysanthèmes, etc. Il suffit d'avoir une pince et quelques centimes de colle pour alimenter l'atelier du patronage. Avec des journaux, on fait en papier froissé des cache-pots, des bordures d'étagères découpées au gré de l'imagination. Avec des échantillons d'étoffe, on confectionne des essuie-plumes, des dessous de lampe, etc. Le travail de la paille, du jonc, des perles se fait aussi sans dépense appréciable. Celui du raphia est plus coûteux.	Travaux à l'aiguille : coupe et confection. La matière de ces travaux peut être fournie par chaque sociétaire. Elle peut aussi être obtenue des bureaux de bienfaisance ou des caisses des écoles. Confection de layettes : l'étoffe est le plus souvent fournie par les nombreuses sociétés de protection du jeune âge. Cours de modelage : l'achat de terre glaise ou de cire à modeler représente une dépense de 25 à 30 francs pour une série de 10 à 12 leçons. Cours de dessin : ce cours peut être gratuit, mais il faut prévoir le cas où le professeur de dessin serait rétribué. Chant choral. (Achat de partitions.) Excursions à des sites historiques, visites de monuments, de musées (à prévoir les frais de déplacement). Notions pratiques de jardinage : même dans les grandes villes, on peut faire naître le goût des fleurs : des caisses en bois grossier, l'achat de terre, de graines, ne constituent pas une grosse dépense.

XVIII

Patronage et mutualité. — Je reprends quelques points de ce programme harmonieux et compréhensif, car il importe de les préciser, d'insister sur leur spéciale importance.

Un champ à peine découvert, encore inexploré, s'ouvre à l'activité, au dévouement des dames patronnesses, des directeurs de patronage. Leurs qualités d'initiative doivent s'employer à faire l'éducation sociale des pupilles en favorisant à l'école la mutualité scolaire, — après l'école, la mutualité, soit prolongée de façon autonome, soit rattachée à la mutualité d'adultes.

Le pupille est-il sur les bancs de l'école ? Par des conseils aux parents, par des encouragements aux enfants pour obtenir la continuité dans l'effort individuel et collectif, femmes et hommes d'œuvres contribueront au succès de la Petite-Cavé, rendront service aux jeunes coopérateurs et dans le présent et pour l'avenir.

Le pupille a-t-il quitté l'école ? Le rôle de ses guides, de ses amis s'étend. N'ont-ils pas à se rendre compte si les livrets individuels où se font les versements pour la caisse des retraites et que trop souvent l'on abandonne, ont été retirés par les intéressés ? N'ont-ils pas à s'entremettre en ce qui concerne les garçons, auprès des sociétés d'adultes qui sont le prolongement normal des mutuelles d'enfants, pour que le jeune mutualiste, souvent si peu au courant des démarches à faire, soit admis dans une section de pupilles ? N'ont-ils pas à intervenir pour que, à la campagne dans le contrat de louage, à la ville dans le contrat d'apprentissage, une clause comportant la contribution patronale à la mutualité, soit inscrite, jusqu'à ce que le futur ouvrier ait atteint sa dix-huitième année, âge où il pourra opter en toute connaissance de cause entre le système des retraites obligatoires ou bien le système des retraites et des secours mutuels libres dont il a déjà bénéficié ?

S'agit-il des écolières d'hier, qui vivent soit dans leurs familles, soit à l'atelier, à la ferme ? Rares seront celles qui trouveront devant elles soit des mutualités mixtes, soit des mutualités féminines leur permettant de prolonger leur action solidariste. Pour ces « grandes » du patronage, pour les adolescentes dont les parents ont consenti pendant dix, douze ans des sacrifices pécuniaires, et qui, si elles ne fournissaient pas les quinze années légales de sociétariat, perdraient tout droit à une pension de retraite, les dames patronnesses ont le devoir de fonder au sein du patronage des mutualités de l'adolescence féminine, suite des mutualités scolaires, annonce et préparation des mutualités d'adultes femmes. C'est là du féminisme pratique et du meilleur. Que de bien peut être fait ainsi par la femme à la femme !

XIX

PATRONAGE ET APPRENTISSAGE. — Dans tout patronage, soit de filles, soit de garçons, — mais surtout de garçons, — il est nécessaire, il est urgent qu'on s'occupe de l'apprentissage.

Le patronage doit être ou le vestibule de l'atelier ou une sorte d'annexe extérieure de l'atelier ; ou il doit y préparer, ou il doit le compléter.

Car il est singulièrement troublant et gros d'inquiétudes pour le monde du travail, ce problème de l'apprentissage. L'État, sans doute, protège l'apprenti, empêche qu'il ne fournisse une trop longue journée de labeur, proportionne le temps de sa claustration à la mesure de ses jeunes forces, aux années de formation adolescente : patronage utile, mais froid en sa rationnelle égalité, légal, officiel.

Un autre patronage s'impose. L'apprenti, ou est trop

spécialisé et devient un rouage de machine-outil, ou est distrait par mille occupations : courses, domesticité, etc., de sa préparation professionnelle. « On ne fait plus d'apprentis », tel est le cri d'alarme qu'on pousse de toutes parts. « Contribuons à faire des apprentis », telle doit être la réponse. Comment?

En décidant les adolescents, les pupilles de la seconde section, — la section des grands, — dans les patronages, à suivre des cours techniques adaptés à leur métier. Et s'il n'en existe pas ? Les comités directeurs des patronages feront effort soit pour en instituer eux-mêmes, soit pour en fonder d'accord avec les associations amicales d'anciens élèves, soit pour en obtenir la fondation en agissant auprès des municipalités, des syndicats patronaux ou bien ouvriers, des bourses du travail, des écoles spéciales. Et surtout ils insisteront auprès des chefs d'industrie pour que les pupilles, les « étudiants populaires » qui suivent les cours puissent disposer, comme en Allemagne, pendant le jour, deux fois par semaine, de deux ou trois heures pour se rendre de l'atelier à l' « université manuelle ». Car, le soir, après s'être courbé sur l'outil de l'aube à la nuit, ils se surmènent pour se pencher sur le livre, ou bien la planche à dessin, et cette élite retombe, par la faute d'un vice d'organisation, aux dangers mêmes que les lois ouvrières, sagement libératrices, avaient écartés d'eux. Il appartient aux comités des patronages d'intervenir auprès du patronat pour qu'il consente par une claire entente de ses intérêts et une nette vision de l'avenir industriel, à lier l'apprentissage scientifique à l'apprentissage pratique, à combiner l'effort de l'atelier et des cours du jour.

XX

PATRONAGE, PLACEMENT ET INTER-ÉCHANGE. — A l'*apprentissage* est lié le *placement*. Le placement est la grande force des patronages confessionnels. C'est par là qu'ils exercent une influence profonde et durable. Ces enfants qui vont conquérir le certificat d'études primaires, ces élèves d'hier : jeunes employés, jeunes apprentis, petits valets de ferme, il faut, ou leur chercher des places s'ajustant à leurs aptitudes, ou se rendre compte de ce qu'ils font, de leurs déceptions, de leurs progrès, les conseiller discrètement, les réchauffer d'une aide morale.

Les bureaux, les comités directeurs des patronages devront avoir soin dans chaque école de faire établir un *registre* avec l'*offre* et la *demande d'emploi*.

Les institutrices, les instituteurs qui connaissent mieux que les parents le caractère de l'enfant, qui savent mieux qu'eux quelle profession leur convient, indiqueront aux dames patronnesses, aux présidents, secrétaires des patronages dans quel sens il conviendra d'aiguiller tel certifié, telle sortante en quête d'un gagne-pain. Un enfant a-t-il besoin d'activité? On ne l'enfermera pas dans une arrière-boutique. A-t-il des goûts sédentaires, est-il propre à un travail d'écriture ? On ne le recommandera pas pour faire des courses et des commissions. De leur côté, grâce aux indications précises, qui leur ont été données, les amis de l'école, les protecteurs de l'enfance laïque s'ingénieront pour découvrir l'emploi demandé. Puis ils suivront l'enfant là où ils l'auront mis, s'enquerront de sa conduite, de ses efforts, de ses défaillances. La question si complexe et si troublante de l'apprentissage, des débuts des humbles et des faibles dans la vie, trouverait une de ses solutions dans cette aide intelligente, effective et affectueuse dont on entourerait l'enfance et aussi l'adolescence ouvrière et rurale.

Au *placement* se joint l'*inter-échange* entre patronages, la prise de contact avec les œuvres similaires.

S'agit-il de jeunes filles? Si l'une d'elles quitte une ville, un village, sa « petite patrie », n'y a-t-il pas intérêt à lui ménager un bon accueil, doucement réconfortant, dans le patronage de la ville, du bourg, où elle va résider ? Est-elle servante, ouvrière, employée, couturière ? N'est-il pas possible de tâcher à lui trouver une place si elle est précédée d'une recommandation probante émanant du patronage qu'elle quitte ?

S'agit-il de jeunes gens ? Même organisation doit être tentée. Et s'ils sont soldats, le patronage d'où ils sortent ne peut-il pas les signaler au patronage — ou bien à l'association d'anciens élèves de la ville où ils sont en garnison, à charge pour le patronage, pour la petite A de la ville dont ils partent, de recevoir les autres venus du dehors et accrédités auprès d'eux par des institutions similaires ? Les Foyers du Soldat, si utiles, si originaux, s'étendront, mais sont encore rares. Mais les patronages, les petites A sont déjà nombreux. Il doit s'établir entre eux une démocratique réciprocité de bons offices dont bénéficiera la jeunesse laïque. La jeunesse catholique n'ignore pas la vertu de ces recommandations bilatérales. Le conscrit, couvé dans un cercle, dans une œuvre, dans un patronage confessionnel, passe du curé à l'aumônier qui à son tour le dirige vers l'institution religioso-militaire adjacente à la caserne et le fait entrer dans les bonnes grâces de supérieurs titrés et bien pensants.

XXI

Le patronage doit avoir une doctrine. — Mais à ces enfants, à ces jeunes gens quelle doctrine enseignera-t-on ? Car on ne saurait considérer le patronage, tant de filles que de garçons, comme une simple « garderie ». De plus il n'y a pas apparence qu'on se résigne un plus long temps à voir les fondateurs des patronages congréganistes profiter de la liberté pour développer les théories contraires à l'esprit moderne et qu'on n'essaie pas de contre-balancer l'influence fidéiste par une action nettement rationnelle et scientifique. Non qu'il faille mêler la politique à l'éducation, troubler du bruit de nos luttes le calme de l'école prolongée, mais, mettant à profit cette liberté même dont on abuse en face tout en clamant à sa suppression, n'a-t-on pas le droit et le devoir d'affirmer des principes se réclamant ouvertement de l'idéal laïque et solidariste ?

Au mois de juillet 1903, lors de l'inauguration du patronage Michelet à Saint-Étienne, le président, M. Grivollat, disait, et ses paroles méritent d'être entendues ailleurs que dans le cercle étroit d'une œuvre locale, car elles ont l'ampleur et la portée d'une profession de foi générale :

« Notre œuvre doit surtout être éducative au point de vue intellectuel, moral et social.

« Pour atteindre ce but, nous organiserons ici même des *conférences vraiment populaires ;* nous prierons nos conférenciers de répandre dans le cerveau de leurs jeunes auditeurs des idées saines afin qu'ils deviennent des esprits éclairés, libres de préjugés, des caractères fermes, des consciences vivantes qui trouvent en elles-mêmes leur règle de vie, des consciences qui cherchent en tout la vérité.

« Il est nécessaire que les familles sachent exactement ce que nous voulons faire des enfants qu'elles nous confient.

« *Nous devons à ces enfants, non des complaisances pour leurs préjugés ou leurs erreurs, mais la vérité —* la vérité cherchée par les lumières de notre raison et de notre conscience, la vérité qui ne transige en aucun cas avec le mensonge ou l'erreur ; voilà la base sur laquelle doit reposer toute l'éducation post-scolaire laïque.

« Nous leur devons cette vérité en histoire. Il n'est plus temps de laisser croire que Mahomet a été dévoré par des pourceaux pour avoir prêché une fausse religion ; nous ne laisserons pas croire non plus que la Réforme fut la révolte d'un moine débauché contre l'austérité de la règle ecclésiastique. Nous ne leur enseignerons pas que la Révolution a été une révolte impie et que Bonaparte fut un grand serviteur de la France ; mais nous leur dirons que le Deux-Décembre fut un crime et que la nation qui s'en était faite complice, méritait en partie les désastres qui ont fondu sur elle.

« Nous leur enseignerons que les peuples sont faits pour s'aimer et non pour se haïr, et qu'il n'en est aucun qui n'ait droit au respect et à la gratitude de tous les autres pour les services rendus. Si la France a fait la Révolution, l'Italie a fait la Renaissance, l'Allemagne la Réforme, l'Espagne nous a donné le Nouveau Monde et l'Angleterre a créé l'industrie moderne...

« ... La vérité, nous la leur donnerons en morale.

« Nous leur enseignerons que la conscience humaine est ce qu'il y a de plus sacré dans l'univers et que les crimes contre la conscience sont les plus grands des crimes. Nous leur montrerons avec des exemples que l'intolérance est faite de férocité et de sottise. Nous leur donnerons enfin l'horreur de la fausseté et de l'hypocrisie.

« Au point de vue civique, nous leur enseignerons qu'un régime de liberté avec tous ses hasards, avec tous ses périls, est le seul qui soit honorable pour un peuple.

« Si nous voulons faire une nation forte et unie, faisons pénétrer de plus en plus dans l'éducation de la jeunesse l'esprit de justice. »

XXII

Les deux doctrines. — En bref, deux doctrines inconciliables sont en présence, deux principes s'opposent l'un à l'autre et s'aheurtent en un rude choc.

Dans le patronage confessionnel, dans le patronage dit libre, on s'appuie sur l'autorité, on se réclame du *Syllabus*, on veut soumettre la raison aux ordres de la foi, on l'abaisse en proclamant la faillite de la science. Dans le patronage laïque, on a pour ressort la liberté, on invoque la Déclaration des Droits de l'Homme et du Citoyen, on plie l'inconnaissable à la critique de la pensée guidée par la méthode, on croit à l'avenir de la science dont les conquêtes présentes garantissent les triomphes de demain.

Dans le patronage confessionnel on incline l'enfant, l'adolescent à s'humilier devant une puissance surnaturelle, à accepter la souffrance comme un bienfait, la misère comme une épreuve, à se complaire dans l'inaction, car la routine et les préjugés ont peur de l'initiative, à se défier du progrès, menace pour tant d'intérêts qu'il est prudent de consolider.

Dans le patronage laïque, on enseigne à être laïque et, comme le dit M. Ernest Lavisse : « Être laïque, c'est croire que la vie vaut la peine d'être vécue, aimer cette vie, refuser la définition de la terre, vallée de larmes, ne pas admettre que les larmes sont nécessaires et bienfaisantes, ni que la souffrance soit providentielle, c'est ne prendre son parti d'aucune misère. »

Dans le patronage confessionnel, on déclare hérétique, l'on voue à la réprobation — car on ne peut aller comme autrefois jusqu'au bûcher — quiconque n'adopte pas la religion dont le mot d'ordre patriotique vient de Rome, et l'on grave au profond des intelligences et des cœurs le fanatisme et la haine. Dans le patronage laïque on affirme les droits de tout être pensant à la croyance et à l'incroyance aussi, on professe la tolérance largement entendue, comprise en son sens plein.

En face, c'est, en morale sociale, le dogme de la charité qui met l'humble et le faible aux pieds de la fortune dominatrice ; — ici la solidarité qui voit dans l'aide mutuelle un droit et un devoir, l'acquittement joyeusement consenti d'une dette sociale.

D'un côté, l'apologie de la Saint-Barthélemy, des conversions forcées, des dragonnades, de l'histoire-batailles auréolée de lueurs sanglantes, — de l'autre, l'histoire-idées mettant bien haut la gloire de ceux qui ont contribué à donner plus de bien-être au peuple, qui ont aidé à sa libération intellectuelle et sociale. Là on se retourne vers hier, on oriente les esprits vers une chimérique restauration de la monarchie de droit divin, ou bien on les prépare à ce paradoxe : la démocratie chrétienne; ici on veut s'élever par une discipline librement consentie, aux mœurs de la Liberté, on s'apprête en s'initiant au concert des efforts individuels et collectifs à bien gérer en commun la chose publique.

Le parallèle pourrait être poussé. Il accuserait entre les deux tendances une antithèse toujours plus accentuée. Mais ce que nous sommes, ce que nous entendons être, il faut loyalement le déclarer. Le père; la mère de famille qui nous confient l'âme neuve de l'enfant, de l'adolescent ont droit d'éviter toute méprise. C'est à eux de choisir entre deux méthodes éducatrices dont une au moins ne dissimule pas l'esprit dont elle s'inspire.

XXIII

LE PATRONAGE HORS DE L'ÉCOLE. POURQUOI ? — Mais la doctrine, peut-on librement l'enseigner dans les locaux scolaires prêtés aux comités de patronages par l'administration universitaire ? Je ne le pense pas. Bien que les séances aient lieu en dehors des heures de classe, dans l'école on est tenu à certains ménagements, à des atténuations qu'imposent les devoirs de l'hospitalité, le caractère du milieu, tout un ensemble de traditions qu'il est malaisé de secouer.

D'où il suit que, pour appliquer intégralement le

programme d'action ou plutôt de libération que comporte un vrai patronage laïque, pour faire œuvre vraiment utile et pratique, il convient, là où l'on aura ressources, groupements suffisants de forces et de dévouements, d'établir les pupilles dans une maison autre que la maison d'école.

Là on aura pleine liberté d'opinion. Là, avec la mesure, le tact qu'il n'est point nécessaire, d'ailleurs, de recommander aux hommes et femmes d'œuvres laïques, on exercera une influence profonde et durable sur les enfants et les adolescents. Là on élargira le gardiennage en patronage effectif, en patronage intellectuel, matériel, social.

Mais la location ou bien la possession d'une *maison de la jeunesse,* cercles des patronages, n'est pratiquement possible que si des *sociétés anonymes à capital variable,* émettant des actions de 25 ou 50 francs au maximum, se fondent, s'opposant front à front aux *associations des pères, des mères de familles* organisées par le parti réactionnaire et qui ont pour objet de créer des œuvres annexes de l'école, notamment des patronages.

Chaumont, Lille, Lens, Saint-Étienne, Tours, ont donné l'exemple et se trouvent bien de l'initiative prise. Cherbourg, Marseille se préparent à entrer dans la même voie.

Qu'on ne dise pas : « On ne trouvera pas d'argent. Les dévouements sont rares. »

Partout où l'on a voulu, où l'on a osé, l'on a réussi.

Des actions à 25 francs sont placées facilement. Et, comme les souscripteurs sont nombreux, comme ils organisent par conviction, non par intérêt, ils ont à cœur de fournir à temps, compétences, intervention directe pour le travail intérieur.

De plus, ils s'intéressent davantage à l'entreprise commune, car ils sont maîtres chez eux. Ils peuvent, pour l'aménagement, l'horaire, les cours, les récréations, les fêtes, agir sans être astreints à des formalités rendues longues, et forcément, par la prudence administrative.

XXIV

Qui tiendra le patronage? — Rôle de l'initiative privée. — Mais l'œuvre de patronage, qui doit la réaliser? Qui tiendra les séances? Qui assumera la peine, les responsabilités et aussi l'honneur de « l'action nécessaire » ?

Est-ce l'institutrice? Est-ce l'instituteur comme d'aucuns le pensent.

Nous ne le croyons pas.

On ne peut toujours tout demander à l'institutrice, à l'instituteur.

De même que les associations d'anciennes, d'anciens élèves, doivent être organisées par les anciennes, les anciens élèves dont certains sont en âge de diriger les affaires communes, de même le patronage doit être fondé, administré par les Dames patronnesses, par les patrons de l'œuvre.

L'institutrice, l'instituteur, qui se sont occupés de l'école pendant toute la semaine, qui, souvent le soir, ont fait le cours d'adultes, qui ont donné leurs soins à la prospérité de la mutualité scolaire, ne peuvent encore le jeudi, le dimanche après midi, s'astreindre à renoncer à un repos durement gagné. Le patronage serait pour eux la répétition d'exercices rendus monotones par suite de l'accoutumance. Il serait pour eux la continuation du métier.

Tout au contraire, pour des collaborateurs volontaires se livrant, pendant la semaine, à des occupations qui ne sont pas d'ordre scolaire la tenue du patronage est une distraction qui procure une joie saine et réconfortante. Sans doute on n'inscrira pas sur la porte du patronage ces mots : « Défense aux institutrices et aux instituteurs de participer au travail. » La défense ne saurait faire obstacle au dévouement de ceux que M. Ferdinand Buisson appelle « les éternels conspirateurs pour le bien public ». Mais, après une période préparatoire, après qu'ils auront communiqué aux organisateurs les listes d'élèves et anciens élèves, après qu'ils les auront dûment renseignés, il est à souhaiter que leur rôle s'arrête là, car le surmenage les guette.

Dans le parti scolaire laïque il faut trouver pour la direction, pour la présence effective, la « suite enragée » dans l'effort, l'équivalent de ce qui existe dans le parti scolaire fidéiste. Au vicaire — qui du reste sort de ses attributions — et à ses aides pris parmi les fidèles, il faut opposer des hommes d'œuvres laïques. A l'œuvre des sœurs, il faut opposer des comités de femmes laïques.

Il faut que la loi sociale provoque même ardeur continue dans le travail, fasse surgir mêmes forces vives et disciplinées que la foi religieuse. Il est de bon ton, en face, de prendre part à la vie des œuvres éducatrices. Il faut qu'il soit de mode chez nous et de mode durable de s'y mêler étroitement. Que de personnes, celles-ci retraitées, celles-là oisives et aisées, ont, surtout en province, des loisirs leur permettant de donner quelques heures à un patronage ! La femme surtout a un rôle important à remplir, à revendiquer ; combien de jeunes filles, de jeunes femmes ont conquis des diplômes qu'elles n'utilisent pas, combien ont appris dessin, musique, chant, langues vivantes, qui pourraient communiquer un peu de leur savoir à autrui ! L'hiver, dans les après-midi des dimanches, quel plus utile, quel plus noble emploi peuvent-elles faire de leur temps que de prendre contact avec des camarades, des apprenties qui ont besoin d'être encouragées, aimées, réchauffées par des compagnes plus instruites ?

Le travail peut être partagé. Après avoir fait choix d'une *surveillante* ou bien d'un *surveillant* qui connaisse bien, qui aime bien l'enfance et que, le plus souvent il conviendra de rétribuer, il n'est pas nécessaire de demeurer en permanence dans les salles ou de jeu ou de cours. L'on peut, en vertu d'un roulement, instituer des *semainières*, des *semainiers* pour assurer le service de l'œuvre.

Au vrai, la fatigue n'est point grande. Il n'y faut qu'un peu de bon vouloir, de patience aimable, et des convictions sincères.

XXV

LES PATRONAGES ET LES ASSOCIATIONS D'ANCIENS ÉLÈVES. — C'est là un mode d'organisation par l'initiative privée. Des hommes, des femmes d'œuvres laïques s'unissent, se concertent, combinent leurs efforts en des comités toujours autonomes, reliés à la Ligue française de l'Enseignement et fondent, tiennent des patronages.

Mais il peut y avoir un autre mode d'organisation, très pratique, d'application immédiate.

Là où il existe, — surtout dans les villes, — des associations d'anciennes ou d'anciens élèves, là, grâce à elles, sous leur couvert, par leur aide, peuvent et doivent naître et grandir des patronages.

Le patronage peut et doit sortir de l'association, fonctionner grâce à son appui.

L'association, en effet, qui est déjà un patronage mutuel pour les anciennes, les anciens élèves, pour les adolescents, ne peut-elle avoir une *section d'enfants*, *de pupilles* qui ne seront pas mêlés aux aînés, qui auront leur salle spéciale, leurs jeux, leurs leçons, un emploi du temps accommodé à leur usage ? — Les anciennes, les anciens élèves ne peuvent-ils, comme à Saint-Étienne, fournir surveillants, professeurs, moniteurs de jeux ? Les aînés ne voudront-ils pas se pencher vers les nouveaux, les débutants pour les élever vers le progrès et vers la lumière ?

C'est la formule de demain.

Après avoir fondé des œuvres fragmentaires, après
avoir semé une poussière d'institutions isolées, on
les rapprochera, on les amènera à s'harmoniser dans
la solidarité. De la variété .complexe l'on ira à une
souple et large unité, associations et patronages se
rejoindront, conjugueront leurs efforts cimentés par
la mutualité.

XXVI

Nécessité de l'organisation. — Mais d'où que
vienne l'aide, au village comme à la ville, il est urgent
de s'organiser.

Comment récriminer, comment reprocher à nos
éternels adversaires de détacher de nous notre clientèle scolaire, si nous n'avons pas à offrir aux enfants
des ouvrières, des ouvriers, enfermés le jeudi dans
les ateliers, bloqués le dimanche après midi dans des
logis trop étroits, des salles spacieuses, aérées, où ils
trouvent un peu de joie, de réconfort, une atmosphère
de saine affection ?

Le parti laïque et républicain a pour devoir immé-
diat d'opposer une contre-propagande au travail systématique qui se fait en face de lui.

Que répondre à un père de famille qui peut tenir
ce langage : « Je confie mes enfants à l'école laïque,
car mes convictions sont nettement républicaines.
Mais, le jeudi, je suis à l'atelier; ma femme travaille,
elle aussi. Ma fille, mon fils, où puis-je les envoyer?
Je crains pour eux la paresse, les mauvaises fréquen-
tations, tous les dangers du désœuvrement. Des
œuvres s'offrent pour les recevoir, pour les occuper
et les distraire. Je les y envoie à contre-cœur, de deux
maux préférant le moindre. Que n'avez-vous mêmes
institutions à me conseiller? Je n'aurais pas l'air de
jouer un double rôle, d'avoir deux attitudes. Mes opinions seraient d'accord avec mes devoirs de père. »

Comme il importe que la génération ascendante ne

soit pas tournée contre la République, comme la République doit s'enseigner et se fonder chaque jour, à l'action du parti clérical le parti laïque doit opposer son action.

Il devient urgent que pour assurer l'éducation populaire : conférences, lectures publiques, surtout patronages, il ne laisse pas l'institutrice, l'instituteur, seuls à la peine, seuls aux prises avec les difficultés.

Par foi sociale, il a le devoir de faire ce qu'en face on fait par foi religieuse.

Dans chaque quartier des agglomérations urbaines, dans chaque village, l'école doit, pour tout ce qui touche ses œuvres annexes, être soutenue, défendue par un comité, par une association, qui fournisse professeurs volontaires, ressources en matériel et en argent.

Que, s'il faut fonder des Sociétés anonymes à capital variable — comme en face — qu'on les fonde.

L'Etat doit à la nation l'école, et rien de plus.

C'est à l'initiative privée, enfin consciente de ses responsabilités, d'empêcher que les écolières, que les écoliers, soient, au temps même de la scolarité, saisis par des influences savamment haineuses, que des adolescents soient entraînés dans les œuvres dites de jeunesse où, par amour pour la liberté, on leur prêchera les moyens de détruire la liberté.

Conclusion. — En résumé, il faut fortifier, étendre les patronages, les accommoder aux besoins de la population ouvrière, surtout se hâter pour ne pas se laisser devancer un plus long temps.

Il ne s'agit pas, tous les quatre ans, de fonder des Comités électoraux, qui passent avec les consultations du suffrage universel et qui ont pour mission de défendre, de sauver la République.

L'action républicaine est éducatrice, morale, sociale. Comme disait Jean Macé : « Elle ne fait pas les élections. Elle fait les électeurs. »

C'est une œuvre à toujours, sans cesse à reprendre, à étendre avec une inlassable patience.

Elle prépare les générations de demain aux idées démocratiques. Elle les forme à la vie civique.

Elle mérite qu'on s'y dévoue, car tant elle vaudra, tant vaudra l'avenir de la Cité républicaine.

LA FORMATION SOCIALE DE L'INSTITUTRICE (1)

MADAME LA PRÉSIDENTE,
MESDAMES, MESDEMOISELLES,

Vous venez d'entendre la conférence si pleine, de faits et d'idées, si claire, si documentée, de M. le Dr Courtois-Suffit, et vous l'avez couverte de vos justes applaudissements. Permettez-moi d'en tirer pour l'apprentissage professionnel, pour la formation sociale de la future institutrice, quelques conclusions pratiques,. adaptées à l'ambiance économique où se meut votre généreuse activité.

M. le Dr Courtois-Suffit a parlé d'un dépistage spécial auquel il vous convie pour combattre la tuberculose.

C'est un dépistage général que je désirerais proposer comme objet à vos efforts constants, dépistage de la misère physiologique qui tient, par tant de liens étroits, à la misère sociale. Le dépistage général, c'est, au vrai, le but même que s'efforce d'atteindre l'*Alliance*

---

(1) 1er février 1906. Conférence faite à l'Association des Ancienne élèves de l'École normale d'institutrices de la Seine.

d'Hygiène sociale (1) qui concentre en solide faisceau toutes les forces de la science et de l'assistance contre toutes les forces de résistance qu'opposent la maladie, l'indigence, aux grandes agglomérations urbaines.

Or, comment une institutrice peut-elle devenir la collaboratrice de l'*Alliance*, comment peut-elle devenir, au profit de ses chères pupilles, tutrice de la santé physique, comme elle est tutrice de la santé morale ?

Oh ! sans doute, vous allez me reprocher, sous couleur de sauver autrui, de vous inciter, une fois de plus, au classique surmenage ? Non. Tout ou presque tout peut se faire à l'école, et dans les heures de présence obligatoire. Et ne croyez pas que je vous pousse à fonder encore une « œuvre annexe », une « œuvre complémentaire », péri, circum, extra, para-scolaire, qui se greffera sur tant d'autres ? Nulle « nouveauté pégadogique » n'est à redouter. Point de dépenses, point de cotisation à prévoir.

Je vous demanderai, et je sais que je peux, que je dois vous demander encore, et encore du dévouement et aussi de l'initiative, et je sais que je les obtiendrai, car vous croyez, vous autres, à la mission de la femme enseignante, et les mots d'apostolat laïque ne vous font pas sourire. Vous croyez qu'à côté de la raison, il faut faire place au sentiment, à un sentiment averti, informé, sachant discerner, dispenser pratiquement et utilement le Bien.

Vous n'ignorez pas que l'heure est grave, que la responsabilité de l'institutrice laïque s'accroît d'autant que l'influence de ses émules d'hier diminue, qu'il y a urgence et nécessité, pour l'institutrice nationale, à devenir pleinement éducatrice, non seulement de l'enfant, mais de la famille, à se substituer — ce sont les circonstances qui l'exigent, l'évolution des mœurs — à la sœur des pauvres qui doublait l'effort de la sœur enseignante, à faire moins regretter, dans

(1) *Président :* M. Léon Dangiar ; *Secrétaire-général :* M. D. Daupard, rue Las Cases 11.

les masses populaires, sa disparition. Il faut que vous remplaciez ce qui s'en va, que, par foi sociale vous réalisiez ce que d'autres faisaient par foi religieuse. Et, au vrai, c'est un grand honneur pour vous que d'être associées à cette tâche historique, et la passion de vous rendre utile et la joie du succès compenseront la peine et le péril.

Mais comment, dans quelle mesure, par quels moyens, l'institutrice de demain — et d'aujourd'hui aussi, car il en est, et beaucoup d'entre vous, qui ont déjà ouvert la voie, donné l'exemple — pourra-t-elle exercer sa part d'action en faveur de l'enfance infortunée et douloureuse ?

Eh bien, il ne s'agit que d'utiliser des œuvres qui existent, que d'en faire bénéficier l'école et l'écolière, que de tirer le meilleur rendement possible des ressources offertes par des institutions qui fonctionnent, qui abondent dans la Cité et à qui trop souvent on néglige de faire appel.

* *

Mais d'abord, et c'est la condition essentielle, il faut les connaître.

Et pour les connaître, il faut en avoir fait l'étude — comme de la littérature, des sciences, de l'histoire, comme, et mieux et de façon plus intime, des matières inscrites au programme des examens. Il faut s'être livré à un apprentissage social, méthodique, suivi, rationnel, avec plus que de l'assiduité, plus que de la réflexion, avec une sorte de passion, de don de soi... théorique avant la collaboration pratique.

Il va de soi qu'une telle préparation incombe à l'école normale d'institutrices. La troisième année consacrée enfin à des études désintéressées, offre un terrain d'épreuve tout préparé, tout indiqué pour les études d'un intérêt solidariste.

La future institutrice, l'élève-maîtresse, doit y être

initiée au mécanisme des œuvres. Déjà à l'école normale de Paris, grâce à l'excellente initiative prise par Mlle Billotey, les élèves, en vertu d'un roulement, sont conduites dans un patronage.

De même, il convient qu'elles pratiquent la *Mutualité scolaire*, sachent ce qu'est un livret de retraite. Aussi bien, à être inscrites sur les registres des « Petites Cavé », elles gagneront une forte avance pour la pension servie par la Société de secours mutuel des institutrices et des instituteurs, car les années d'école normale sont singulièrement productives.

Je désirerais davantage. Il est à souhaiter que les futures institutrices assurent elles-mêmes le service de la *Cantine scolaire*, assistent à des distributions de vêtements faites par la *Caisse des écoles*, et même, par délégations, surveillent au temps des vacances, une *Colonie scolaire*, comme celle qu'a fondée et que dirige avec tant de prudente bonté Mlle Beauparlant.

Il y a plus à faire encore. De même qu'elles font des visites dans les musées, qu'elles connaissent le Paris monumental et artistique, il importe qu'elles n'ignorent pas le Paris de l'assistance sociale, de la générosité, de la pitié. La future institutrice aura à guider, à conseiller la mère de famille aux heures d'angoisse, de recherches inquiètes et pressantes. Elle aura à lui indiquer quel parti s'impose dans un cas douloureux. Il faut donc qu'elle prenne contact avec les principales Œuvres à qui elle peut adresser les infortunées en quête d'aide immédiate. Des *visites sociales*, des visites commentées, expliquées, où l'on aurait pour guides les fondatrices elles-mêmes des œuvres, entre autres à la maison maternelle, à l'*Œuvre maternelle* de Mme H. Coulet, à une section de l'*Abri*, de l'*Assistance par le Travail*, à un dispensaire, à un ouvroir, à un dépôt du *Bon Lait*, à une habitation à bon marché, et aussi par antithèse, à un taudis sans lumière et sans air, pourraient être organisées, de semaine en semaine, et auraient bientôt réalisé la bienfaisante initiation à la science du bien.

La puériculture est en honneur à l'heure actuelle, et à raison, le mot et la chose. On l'enseigne dans les écoles normales. Peut-être pourrait-on aller plus loin. Que n'imite-t-on ce qui a été fait à Lyon, à Lille, et dont l'existence nous a été révélée par l'assemblée générale de l'*Alliance d'hygiène sociale* ? Que n'ouvre-t-on des cours d'hygiène pratique avec, au bout d'un trimestre d'études consciencieusement suivies, délivrance d'un *Certificat d'hygiène*, par des professeurs de facultés, de médecins des hôpitaux. Le certificat vous fait peur? Encore un diplôme ? Peut-être encore un examen ? J'abandonne certificat et surtout examen. Mais gardons les cours ; réclamons-les plutôt. On en aura besoin pour l'organisation sociale féminine.

Mais je m'aperçois que je demande peut-être trop ; que j'attends trop de la troisième année d'école normale. Je tire trop la couverture vers qui en manque trop souvent ? Soit...

Pourtant, dans cette même troisième année, je désirerais bien que l'*Hygiène professionnelle* fût enseignée systématiquement, qu'on insistât sur la façon rationnelle dont une institutrice doit se nourrir. Car mauvaise nourriture fait mauvais estomac, et à mauvais estomac, mauvaise pédagogie.

Et que de conseils à donner sur la tenue en classe (assise, debout, en marche), sur l'éducation de la voix, sur la façon de respirer, sur le repos du dimanche, sur le repos des vacances, car souvent les maladies sévissent sur le personnel enseignant, comme par un singulier paradoxe, les lendemains de congés, sur les voyages, qui de distraction tournent en énervement. Souvent dans mes tournées, je me permets de donner quelques indications à des normaliennes ou du jour ou de la veille sur le moyen de durer dans le métier, de s'y maintenir, tout en faisant tout son devoir, c'est-à-dire plus que son devoir. C'est une science et un art, cela, qui devraient bien avoir une chaire magistrale.

* *

Mais voici l'institutrice nommée. Elle a reçu sa feuille. Elle fait ses débuts. Son premier soin, d'ordinaire, est d'étudier les élèves qui lui sont confiées, au point de vue intellectuel. Peut-être faudrait-il tout d'abord les étudier au point de vue physique, lire dans les yeux, les visages si souvent amaigris : la corrélation qui existe entre la santé et le travail frapperait vite la débutante. Et aussi la connaissance des rapports qui existent entre la santé de l'enfant et le milieu familial, l'aiderait dans sa tâche.

Mais l'observation est achevée, l'institutrice a fait de la psycho-physiologie sans le savoir, mais utilement. Quel est alors son rôle social ?

A ce moment sa préparation antérieure, à la fois de principes et d'application, lui permet d'intervenir avec profit aux quartiers de misère et de tristesse.

Certes la *Caisse des écoles*, le *Bureau de bienfaisance* aident ce petit monde dolent et souffreteux dont l'indigence est un sujet d'affliction et de remords. Mais vous pouvez aider *Caisse*, *Bureau*, institutions similaires. Des notes caractéristiques peuvent être fournies par l'institutrice, qui par la vue des parents, par des propos échangés avec les enfants, connaît mieux ce que sont les pères, les mères, ce qui manque aux fillettes, que les enquêteurs officiels dont l'action devient machinale par suite de l'accoutumance.

D'ailleurs ce que peuvent faire, ce qu'ont fait des institutrices laïques dans un arrondissement très pauvre de Paris, à Belleville, à Ménilmontant, des faits pris parmi combien d'autres qu'il serait loisible de citer, l'apprennent dans le détail, et je les signale d'autant plus volontiers que des institutrices enseignant dans les arrondissements ou riches ou relativement aisés comme celui-ci, par des dons, par des travaux — il en a été fait à l'école normale — ont contribué à l'apostolat de leurs collègues.

Je procède d'après la méthode scientifique du docteur Courtois-Suffit. J'illustre d'exemples le précepte, le conseil...

C'est tout là-haut, à Ménilmontant, dans un préau d'école, chez Mme Rochefrette, rue de la Cour-des-Noues. Des femmes sont assemblées, amies de l'enfance, éducatrices professionnelles. Elles tiennent l'assemblée générale annuelle de l' « Œuvre maternelle laïque ». Dans ce quartier de misère où fonctionnent dix-neuf écoles maternelles, remplaçant pour les tout petits la famille captive à l'atelier, entre femmes de cœur on s'associe, on se rapproche, on s'organise, on dresse un plan d'action pour donner un peu de bien-être à ces fillettes, à ces garçons si souvent mal soignés, mal vêtus, exposés à tous les maux qu'entraîne un demi-abandon forcé.

Les institutrices sont les témoins de situations si navrantes, elles reçoivent des confidences si lamentables qu'elles ne se croient pas quittes envers les élèves commis à leurs soins quand elles les ont récréés, instruits, guidés tout le jour ; elles ajoutent l'aide du cœur à l'aide de l'intelligence. Elles estiment que leur devoir ne cesse pas, la classe terminée. Elles s'imposent un travail supplémentaire, pour que soient secourus, vêtus, chauffés, ces petits êtres dont les visages pâlots, les corps amaigris content les souffrances, les privations au triste et froid logis familial.

Entre elles, spontanément, transformant écolières et écoliers en pupilles, elles ont fondé la « Maternelle » dont le nom résume l'inspiration, l'objet aussi.

J'assiste à l'assemblée générale. Le président de l'œuvre, M. Jeannot, le « bon » inspecteur primaire, qui a compris que le problème de l'éducation, en certains milieux, était le problème de la misère, et qui s'efforce d'ajuster les solutions à la donnée, expose le compte rendu de l'année sociale 1904-1905 devant M. le directeur Bédorez.

Rien qui sente la rédaction administrative, froidement officielle, dans ces pages d'émotion et de pitié. Ah ! que j'aurais voulu que les détracteurs de l'école laïque, des enseignants laïques pussent les entendre ! Ceux-là même qui écrivent et agissent par esprit et passion de rage sectaire auraient été désarmés, tant de ce document se dégageait, sans rhétorique, par la seule citation des faits, des actes, une impression de beauté morale, tant on sentait que, sous l'institutrice laïque, vivait la femme, la mère.

Il était composé, ce rapport, non de commentaires, d'appréciations brodés par l'auteur, mais d'extraits de procès-verbaux dus aux collaboratrices de quartier, d'école. Les témoins, les acteurs disaient ce qu'ils avaient vu, ce qui avait été fait.

Et en même temps que la nécessité de l'œuvre apparaissait, un jour cru, tristement lumineux, pénétrait au profond des vices et des infortunes grouillant dans les agglomérations urbaines. Et que de préjugés, que d'ignorance encore, quelle méconnaissance des lois de l'hygiène ! Et quelle lutte méthodique, ardente, courageuse entreprennent les adhérentes de la « Maternelle » qui, d'éducatrices de l'enfance, deviennent les éducatrices de la famille !

*
* *

Comme M. Jeannot, j'emprunte quelques fragments à ces documents humains, issus d'une enquête qui est sincère, car elle n'a pas été faite par des professionnels de l'Assistance ; comme lui, je tourne ces feuillets douloureux et consolants à la fois :

« Ici, écrit l'une des directrices d'école, l'œuvre a fonctionné avec la même ardeur que les années précédentes.

« Une mère, une veuve, est infirme et malade. A sa sortie de l'hôpital, elle nous amène sa fillette. Quelle joie nous procurons à cette pauvre mère en donnant à son enfant le linge et les vêtements qui lui faisaient complètement défaut ! Nous la réconfortons encore par de bonnes paroles, nous lui promettons de prendre soin de sa fillette dans le cas où la maladie l'obligerait à retourner à l'hôpital. Et elle s'en va un peu moins triste.

« Les faits de ce genre abondent... Mais à côté de ces maux, il en est d'autres causés par l'ignorance, par l'irréflexion et surtout par les préjugés. Voici une jeune femme qui a quitté l'école pour l'atelier. Gâtée par une mère trop faible, elle s'est mariée très jeune sans avoir jamais été initiée aux soins du ménage. Aussi que de peine pour élever ses enfants ! Elle ne sait pas faire ceci, elle ne sait pas faire cela. Tout souffre dans son intérieur. Nous nous en apercevons bien vite à la manière dont les pauvres petits sont tenus. C'est alors que quelques conseils donnés doucement, quelques encouragements ensuite, font le plus grand bien. »

Que conseils et encouragements soient nécessaires, on en jugera par ces navrantes révélations :

« Une mère nous disait tout dernièrement : « Mes « enfants sont très délicats. Leur faible santé m'in- « quiète. Pensez donc, je ne suis arrivée à les faire « marcher qu'en leur donnant beaucoup de café. »

Et ceci encore :

« Un jour nous vîmes un petit garçon qui boitait. Il avait au pied une plaie très laide. Après l'avoir pansé, nous demandâmes à la mère quel traitement elle suivait pour la guérison de ce mal. Eh bien, elle lavait la plaie, plusieurs fois par jour, avec de l'eau de vaisselle.

« Pour un autre enfant, très délicat, qui avait sur- « tout besoin d'une nourriture fortifiante, la mère « ne connaissait que les purgations. »

Et cela se passe en plein Paris, au XXᵉ siècle. Ah ! que l'*Alliance d'hygiène sociale* représentée à cette séance par son dévoué secrétaire général, mon ami, M. Edouard Fuster, a un rôle important à remplir, que de vies humaines elle peut sauver !

Je continue à parcourir cette anthologie composée de pièces vécues. Ici l'on signale l'indignité de certains parents, la nécessité d'une demi-adoption par l'école. Là, on cite des faits qui donnent le frisson :

« Un de nos petits garçons est brutalisé par son père ; sa pauvre mère ne l'est pas moins. Pendant une récréation, nous l'entendons dire à ses camarades : « Moi, quand je serai grand, que je gagnerai beau« coup de sous, j'en donnerai à maman ; mais j'en « garderai pour acheter un couteau et en donner des « coups à papa quand il battra maman. »

« Quelques jours après, le pauvre petit arrivait à l'école avec une large blessure à la tête ; son père, en état d'ivresse, l'avait frappé.

« Nous avons interrogé la pauvre mère, dont on lit les souffrances sur son visage jaune et fatigué, nous l'avons conseillée, réconfortée ; mais nous avons aussi abordé le père, un jour de calme, et l'entretenant tout d'abord de l'intelligence de son enfant, — cette petite flatterie gagne les plus endurcis, — nous en sommes arrivés à parler de la blessure qui fut pansée à l'école.

« Bah ! nous répondit-il, ce gosse a le diable au « corps. Il faut bien le corriger. — Nous ne frap« pons jamais, avons-nous ajouté avec calme. Ce serait « une lâcheté d'employer notre force contre des êtres « si chétifs. Et cependant les quatre cents enfants « qui nous sont confiés nous obéissent et nous aiment. « Les mauvais traitements, voyez-vous, irritent et ren« dent méchant. Votre petit garçon est fait pour vous « aimer aujourd'hui autant que vous l'aimez vous« même. Plus tard, il vous montrera son affection en « vous aidant et en vous consolant... »

« Nous ne sommes pas persuadées de la conversion de cet alcoolique, mais cependant nos paroles parurent produire quelque effet.

« Agir sur la famille, s'introduire dans le taudis, dépister la misère, la déchéance, c'est à quoi se vouent les adeptes de la « Maternelle ».

« Tous les petits malheureux de notre école, insère une institutrice dans ce livre d'or écrit par de pauvres gens sur de pauvres gens, sont autant de pupilles de l'œuvre. Cet hiver, nous en avons réchauffé plus de 150 avec de bons vêtements.

« Mais nous avons fait plus. Nous avons suivi ces petits êtres grelottants et malingres, à figure vieillotte et attristée déjà, qui arrivent à l'école mal vêtus. Nous les avons suivis jusque dans le logis froid et triste aussi, où ils passent leur vie quand ils ne sont pas avec nous. Et nous nous sommes rendu compte des privations, des souffrances, des misères et des détestables exemples dont parfois ils sont les témoins de toutes les heures. Aussi, pénétrées des impressions qui se fixent dans ces jeunes intelligences, nous sentons l'immensité du devoir qui s'impose à nous de compléter l'œuvre de l'école. Nous ne pouvons cacher la tristesse que nous laisse d'abord le vif de ces plaies sociales, mais ce nous est une douce chose de sentir l'entière confiance des familles auprès desquelles nous avons effacé une douleur, partagé une épreuve, séché des larmes, donné un conseil affectueux. »

Je transmets ces lignes aux détracteurs qui vont niant le dévouement des institutrices, qui n'ont pas assez de brocards pour vilipender la « laïque ».

Et le budget de la « Maternelle »? Il était de quelques francs en 1901, date de la fondation. En 1905, il s'est élevé à 1 024 francs, fournis franc par franc par des directrices, des adjointes, des « femmes d'école. »

Avec cela, on a distribué 1 274 vêtements. C'est la multiplication des chandails, des capelines, des maillots et des manteaux. Que voulez-vous? On ne donne pas seulement un peu d'argent, on donne son temps, son travail, ses veilles. On mendie avec une méritoire audace auprès des collègues, qui, des quartiers riches, viennent en aide aux éducatrices des quartiers populeux. Le Paris scolaire des boulevards se solidarise avec le Paris scolaire des faubourgs.

* *
*

C'est là ce qui se fait déjà par l'intervention continue des institutrices et des amies de l'école, par l'initiative scolaire et l'initiative privée.

Cela est excellent. Mais l'institutrice dispose d'autres moyens d'action, de préservation sociale. La solidarité complète, régularise, ordonne méthodiquement les élans de la charité.

Voici des œuvres qui, d'organisation scientifique, peuvent être utilisées et mieux qu'on ne fait, car elles ne sont qu'à leurs débuts; elles n'ont pas donné tout ce qui est en elles.

Ce sont : la *Mutualité*, la *Cantine*, la *Colonie scolaire*, institutions qui se tiennent, se lient, qu'il y a intérêt à unir, car elles s'entraînent et doivent s'étayer.

De ces trois Œuvres, comment tirer le meilleur parti possible dans le « dépistage », et spécialisé à la tuberculose, et généralisé aux maux physiques et sociaux dont est accablée si souvent l'enfance ouvrière?

La *Mutualité scolaire* ne doit pas être considérée comme une collecte mécanique des deux sous versés hebdomadairement par la fillette sur le bureau de l'institutrice.

La *Mutualité scolaire* bien entendue peut et doit devenir un instrument d'information, d'auscultation pour ainsi dire, surtout de prévention efficace.

Elle permet d'arriver à temps pour sauver l'enfant, pour l'arracher au foyer de contamination où il est menacé de se perdre.

Ne sert-elle pas d'indication pour les absences qui se résolvent en paiement de « journées de maladie ». Ne fournit-elle pas, comme dans le XX⁰ arrondissement, qui a des « visiteurs volontaires », matière à un contrôle, à un examen des bouges, des réduits homicides où se cultive la phtisie? Sans doute la visite fait découvrir des fraudes, mais aussi des souffrances réelles souvent imméritées.

Et alors, quand le mal a été dûment constaté, quand on s'est rendu compte qu'on a affaire à un enfant vraiment débile et malheureux, à une famille vouée au logement malsain, au dépérissement, il est possible, il est juste et humain de s'adresser, par un simple avis, par une lettre, toujours comprise, toujours entendue, à l'*Abri* dont on sollicite un secours de loyer nettement motivé, à la *Cantine scolaire* à qui l'on demande pour cette gamine pâlotte, dont le sang est appauvri, quelques suppléments en huile de foie de morue, en viande concentrée qui la soutiendraient, lui donneraient un peu de force.

Et la *Colonie scolaire*, ne peut-on, grâce aux renseignements que fournissent les registres révélateurs de la *Mutualité scolaire*, lui recommander d'adopter surtout l'enfant qui, pendant l'hiver, a souffert, a toussoté, a gardé le lit? Ne peut-on d'un mot, d'une démarche discrète, donner un avis, une indication au médecin inspecteur?

Sans doute je prêche des converties, et tout cela se fait. Mais y a-t-il ordre, régularité, méthode précise dans les efforts? La *Colonie scolaire* est-elle réservée, de façon expresse, par un dessein arrêté et après entente avec la *Mutualité scolaire*, à qui en a le plus besoin? Toutes les influences autres que l'intérêt de l'enfant sont-elles écartées? Je le souhaite plus que je ne l'espère. Et, d'ailleurs, cela ne dépend pas de vous.

*\
* *

D'ailleurs il faut croire, quelque excellents que soient les résultats, quelque pures les intentions, qu'il y a encore quelques progrès à réaliser, que l'union peut être encore plus étroite entre l'*École*, la *Mutualité*, la *Cantine*, la *Colonie*, car dans trois congrès successifs des solutions ont été indiquées, à la fois élégantes et heureuses, à ce petit problème scolaire et social :

CONGRÈS DE MONTPELLIER (Mai 1905)

VŒUX CARRIEN

« Considérant que la tuberculose est un danger redoutable pour les enfants de nos écoles et que le péril serait facilement évité ou diminué par les mesures de prévoyance et de secours que la *Mutualité scolaire* peut et doit faire aboutir, le Congrès :

« Émet le vœu que ces mesures comprennent : *a*) les œuvres de prophylaxie, bains de mer, enfants à la montagne, colonies scolaires ; *b*) l'organisation d'un dispensaire ; *c*) création d'un sanatorium, le placement familial, etc., et que les *Mutualités scolaires,* loin de cesser tout secours aux malades tuberculeux, continuent à les assister. »

VŒU GRAU

« Que les *Mutualités scolaires* s'entendent avec les médecins pour faire procéder à des examens systématiques des enfants, qui permettraient des statistiques précieuses. »

CONGRÈS DE LIÉGE (3, 4, 5 août 1905)

Au congrès international de la mutualité de Liége, dans la section de la *Mutualité scolaire,* que j'ai eu l'honneur de présider, M. Géo Delvaille, de Bordeaux, a fait opérer une jonction utile, adroite, entre ces deux œuvres qui doivent s'entr'aider dans l'intérêt de l'enfance : la *Mutualité scolaire* et la *Colonie scolaire.*

Il a fait adopter un vœu très intéressant et pratique, et qui ouvre aux « Petites Cavé » un nouvel et large champ d'action :

« Considérant que le but poursuivi par la *Mutualité*

scolaire est de subvenir aux frais médicaux et pharmaceutiques des enfants malades ;

« Considérant que, comme le dit l'adage, « Mieux « vaut prévenir que guérir », et que, par suite, il importe de veiller à ce que les enfants ne deviennent pas la proie de la maladie ;

« Considérant enfin que les *Colonies scolaires* de vacances apparaissent, grâce à la cure d'air qu'elles procurent, comme l'un des moyens préventifs ;

« Le congrès émet le vœu :

« Qu'il soit introduit dans les *Mutualités scolaires* un article permettant de prélever, sur le montant des recettes disponibles, les sommes nécessaires à l'envoi en *Colonies scolaires* des enfants dont la débilité réclame les bienfaits du grand air, soit en plaine, soit sur le bord de la mer. »

Les mêmes devoirs, les mêmes préoccupations se sont manifestés à ce grand congrès d'humanité, de pitié sociale, qu'a été le congrès de la tuberculose.

CONGRÈS DE LA TUBERCULOSE

(Paris, 2-7 octobre 1905.)

Dans la troisième section (Préservation et assistance de l'enfant) que présidait M. le professeur Grancher, le concours de la Mutualité scolaire a été souvent réclamé pour la lutte préventive contre la tuberculose infantile. Il a été démontré que la cure, soit marine, soit forestière, que la cure soit de plaine, soit d'altitude, par la colonie scolaire, par le sanatorium, était entreprise sur nombre de points, aux grèves, aux bois, aux champs et au monts. Et toujours les auteurs des communications réclamaient de la mutualité scolaire un concours pécuniaire. Il a été prouvé aussi que la cantine scolaire exerçait la plus heureuse influence, surtout si l'enfant débile reçoit l'huile de foie de morue, viande hachée, œufs crus, etc.

Les mutuelles scolaires ont même eu l'honneur d'un rapport spécial dû à la collaboration de MM. Camille Savoire et J.-C. Cavé. Le travail avait pour titre : *Mutualités maternelles et scolaires : leur rôle antituberculeux.*

Les auteurs ont demandé à la mutualité scolaire, objet de l'attente générale, de s'affilier à la *Caisse de réassurance antituberculeuse* au moyen de cotisations collectives et individuelles extrêmement réduites : « Cette caisse de réassurance antituberculeuse pourrait entreprendre la lutte préventive en contribuant à l'entretien et même à la création de *cantines scolaires* (placement social), destinées à procurer aux enfants une alimentation chaude et à suralimenter les débiles et suspects, de *jardins ouvriers*, et, sur le terrain curatif, par la création de *cures d'air, d'écoles en plein air, sanatoriums.* »

La mutualité scolaire, en somme, fournirait le cadre, à la fois souple et solide, dans lequel évoluera l'*Œuvre de préservation scolaire* de M. le professeur Grancher, qui a pour objet de transplanter, par l'exode rural, les enfants ou suspects ou malades, et surtout les enfants encore sains, nés de parents tuberculeux.

C'est là un vaste, un très vaste plan, complet, harmonieux, d'action sociale appliquée à l'enfance, Morceau par morceau, de congrès en rapports, de théories en « gestes », on est arrivé à le construire.

Mais comment le réaliser ? Ce n'est pas avec une cotisation de dix centimes par semaine, avec les cinq centimes de l'épargne individuelle de la retraite, les cinq centimes du secours mutuel dont l'emploi est nettement spécifié par les statuts des sociétés, qu'on y peut arriver.

Il faudra :

1º Qu'en tenant compte des possibilités, on inscrive un apport spécial, un petit versement mensuel pour le *placement social*, pour les œuvres qui complètent, qui prolongent la mutualité scolaire, qu'elle doit aider et dont elle doit recevoir une aide nécessaire. Les membres honoraires pourraient localiser leur quote-part.

2° Qu'il y ait entente, harmonie entre les œuvres qui font beaucoup de bien isolément, mais qui ne se solidarisent pas, tout en appliquant autour d'elles la doctrine solidariste.

Quelle déperdition de forces, en effet, où qu'on se tourne ! Quelle dispersion d'efforts, de ressources, de résultats ! Nul accord entre les institutions existantes, nulle pénétration. C'est trop souvent l'anarchie du bien produite par une émulation, sans doute excusable, mais qui tourne à la concurrence âpre et dure, aux doubles emplois, au gaspillage de l'énergie.

*
* *

En bref, la *Mutualité scolaire* apparaît comme le pivot de l'organisation. Elle cimente l'accord entre les œuvres de salut physique et social. Elle permet, par l'observation des enfants, des familles, de recruter sa clientèle exacte à l'*Œuvre de préservation de l'enfance contre la tuberculose* de M. le professeur Grancher.

Mais, allez-vous dire : « Et l'enfant pauvre ? l'enfant qui ne peut payer sa cotisation de mutualité, sera-t-il laissé de côté, traité en paria ? Ne sera-t-il pas admis aux bienfaits dont jouissent ses camarades un peu moins malheureux que lui ? »

Non certes. Il faut s'ingénier pour que, lui aussi, devienne mutualiste, pour qu'il touche ses « journées de maladie », pour qu'il jouisse, par la retraite, des avantages qu'offre la période de la scolarité.

Mais comment lui assurer le bénéfice des versements ? Où trouver dans Paris — ou aussi dans les villes de province — les dix centimes de la pitié, de l'économie, pour cet abandonné, j'allais dire pour ce réprouvé.

Peut-être l'*association des anciennes élèves*, le *patronage* de l'École — on ne saurait trop les y inciter, — peut-être aussi la *caisse des écoles*, surtout le *bureau de bienfaisance*, celui-là dans un but de sage prévoyance, car il retrouvera plus tard son compte à avoir favorisé l'épargne de l'enfant. lui viendront-ils en aide. L'enfant assisté, dans 67 départements déjà, est mutualiste. L'État, la commune, les conseils généraux paient sa cotisation. L'enfant pauvre sera-t-il plus maltraité ?

Mais il ne faut pas hésiter à s'adresser aux *écoles primaires supérieures*, aux *écoles professionnelles*, aux *lycées, collèges, cours secondaires*.

Bientôt la *Mutualité scolaire* y pénétrera. Une circulaire de M. Bienvenu-Martin, ministre de l'Instruction publique, lui en a ouvert les portes. Les internes verseront dix centimes, dont cinq, ceux des secours mutuels, puisque les cotisants reçoivent les soins pharmaceutiques et médicaux à l'infirmerie, seront certainement consacrés par eux au paiement de cotisations consenties au profit d'écolières, d'écoliers nécessiteux. Le mouvement se dessine. Suivez-le de près, au profit de vos chères pupilles. Aidez à cette aide-mutuelle du lycée, de l'école, ébauche, promesse de la solidarité entre enfants d'un même pays. Contribuez à faire des étudiantes universitaires les tutrices des petites étudiantes populaires.

Celles d'entre vos fillettes que guette la tuberculose peuvent être secourues, d'autre façon encore par l'interpénétration des œuvres, par leurs combinaisons méthodiques. Grâce à une circulaire de bonté et d'humanité que M. le vice-recteur Liard a rédigée pour l'académie de Paris, des listes de souscription se couvrent de signatures parmi les élèves des lycées et collèges en faveur de l'œuvre de M. Grancher. Par classe on s'inscrit pour des bourses de 350 francs. C'est la dépense annuelle d'un enfant envoyé au Foyer de Chabris (Indre). Présentez hardiment aux proviseurs, aux directrices des candidates à la pension : vous n'en aurez que trop à désigner parmi les candidates à la tuberculose !

⁂

Comme vous le voyez, Mesdames, en mécanique sociale et scolaire, tout se rattache, s'entretient, s'harmonise et doit se prêter appui.

L'*Alliance d'hygiène scolaire* que vous fonderez à l'user, s'entremêle à l'*Alliance d'hygiène sociale* et les deux Alliances sont amenées logiquement à... s'allier.

Mais j'estime que toutes deux verraient se réaliser ce qui, au fond, doit être leur idéal : la diminution de leur dolente clientèle, si elles avaient comme préface, à l'école, une nette orientation professionnelle, dans le sens des aptitudes, des tempéraments. Car, trop souvent, les mécomptes, les découragements, la misère et la maladie sont la conséquence logique et fatale d'une erreur d'aiguillage commise au début de la vie. Qui fait le métier qu'il aime, a des chances de se porter bien, et d'avoir sa part de bonheur humain.

Organisons donc, partout, pour éviter aux enfants confiés à nos soins de devenir les clients de l'*Alliance d'hygiène sociale*, organisons en fin d'études, quelques leçons très simples, bien claires, bien probantes, sur la valeur respective des métiers féminins, sur leurs avantages, sur leurs inconvénients (chômage, morte-saison) sur les qualités physiques et intellectuelles qu'ils exigent de leurs adeptes. Ouvrons à la veille du départ de l'école pour la vie, une manière d'*école des vocations*.

L'*Association des Normaliennes* peut faire appel à des ouvrières expérimentées, des contremaîtresses, des travailleuses intelligentes, qui n'hésiteront pas, elles, les aînées, à éclairer, à guider en quelques séances, par quartier, par école, les fillettes ayant conquis le certificat d'études et en quête d'un gagne-pain trop souvent accepté sans choix, au petit bonheur. L'association instituerait utilement, à l'issue des cours supérieurs, *la Semaine pratique et sociale*, d'où bien souvent dépendra l'avenir de la petite apprentie, sa santé physique et morale. Et ce sera, avant la préservation médicale, la préservation professionnelle qui porte en soi son remède préventif.

*
* *

Ce sont là, Mesdames, Mesdemoiselles, beaucoup, beaucoup trop d'idées que me suggèrent — qu'imposeront demain — les nécessités du temps présent et prochain et que je soumets à votre esprit, à votre cœur.

La pédagogie évolue. Elle devient sociale. A l'école nouvelle, préparant la Cité nouvelle — où la femme aura un si grand rôle à remplir — ne faut-il pas de nouvelles formules qui bientôt seront envieillies et que nos successeurs renouvelleront ?

Mais comment réaliser tant de projets, faire passer dans la pratique tant de petites améliorations dont le nombre, la complexité, sont pour effrayer les plus intrépides ?

Il faut d'abord faire un choix entre elles, adopter les plus utiles, celles qui s'ajustent le plus exactement au milieu. Tout n'est pas à introduire partout. Retenez ce que l'ambiance réclame, ce que vos forces vous permettent de mener à bien. Mais si petite soit-elle, accomplissez à côté de la tâche scolaire, votre part de tâche sociale.

Et surtout, gagnez des sympathies effectives à l'école. Groupez autour d'elle les volontaires de l'éducation, de l'assistance. Faites appel à l'initiative privée, associez la famille à l'école ; liez les générations d'hier aux générations qui montent. Faites converger les forces actives de la nation vers l'école, qui, par ses bienfaits, par son influence rayonnante, sera vraiment l'école nationale.

TROIS ÉDUCATEURS

JEAN MACÉ ET LA LIGUE FRANÇAISE DE L'ENSEIGNEMENT (1)

I

Dans la galerie de portraits consacrée aux grands éducateurs par M. Gabriel Compayré, en bonne place, à côté de Pestalozzi, Spencer, J.-J. Rousseau, Félix Pécault, brille l'aimable figure de Jean Macé qui, vraiment, méritait d'y être insérée. Car Jean Macé a été éducateur de tempérament, de vocation. Il a enseigné. Il a aimé l'enseignement. Par la plume, par la parole, il a exercé sur la vie de l'Ecole en France une influence prépondérante. Il a été novateur et vulgarisateur.

J'ai beaucoup connu, j'ai entouré d'une affection respectueusement déférente Jean Macé qui, dans les dernières années de sa vie, m'a soutenu de ses conseils, montré la voie à suivre. Je ne puis me rappeler sans émotion la façon dont je suis entré en relations avec lui, et qui peint son caractère. J'écrivais des chroniques scolaires dans un quotidien de Paris. J'y réclamais depuis quelque temps l'organisation de l'éducation populaire. Un soir d'hiver, pendant que j'étais penché sur ma table de travail, on m'annonce :
— M. Jean Macé, sénateur. Et je vois venir à moi, frais et dispos, malgré la pénible ascension de mes cinq étages, un vieillard d'activité toute junévile, qui me dit à brûle-pourpoint : « Je vois vos articles depuis quelques semaines. J'ai eu le désir de vous connaître. Voulez-vous faire partie de la Ligue de l'Enseignement ? Il y a précisément des élections à son

<hr>

(1) A propos du livre de M. Gabriel Compayré : *Jean Macé et l'Instruction obligatoire*, 1 vol. in-16, dans la série intitulée : *les Grands Educateurs* (Paris, Delaplane, éditeur).

conseil général dans un mois. Je porte votre candidature. C'est entendu ? »

J'avoue que j'étais tout confus de n'avoir pas prévenu la visite de l'illustre auteur de *la Bouchée de pain*, des *Serviteurs de l'estomac* et de m'être laissé devancer par un homme de son âge et de son mérite. S'il m'avait écrit, je lui aurais épargné la fatigue de grimper cent vingt-quatre marches. Je lui explique tout cela. Il coupe court à mes excuses avec la charmante et ronde bonhomie qui était la parure aimable de sa bonté. Je fus élu. Et j'eus la joie de vivre dans l'amitié si douce, si bienveillante de Jean Macé.

C'est ce souvenir et combien d'autres qu'évoque en moi la lecture de l'attachante biographie que M. Gabriel Compayré dédie à la mémoire de celui qui est demeuré pour tous les collaborateurs de l'éducation populaire : le maître, l'ancêtre vénéré.

Je le revois, en séance de commission, au conseil général, où sa bienveillance entêtée avait raison de toutes les hésitations, tranchait, sans jamais blesser les amours-propres, toutes les difficultés. Je le revois, dans les congrès, où, sans être éloquent, sans posséder le don oratoire, comme tels de ses successeurs, les Léon Bourgeois, les Ferdinand Buisson, il gagnait les adhésions, conquérait les dévouements, transformait ses auditeurs en auxiliaires convaincus et opiniâtres, grâce à sa bonne humeur, sa grâce souriante, la sincérité d'une parole spirituelle, fine, claire, traduisant idées et sentiments avec gaieté, « à la française ». Puis je revois, en décembre 1894, la triste journée de Monthiers, les obsèques de celui qui, quelques jours auparavant, disait à ses disciples, avec son amusante bonhomie : « Je suis jeune. J'ai quatre fois vingt ans », le sombre cortège d'amis qui, sous la conduite de M. Léon Bourgeois, suivait l'humble bière portée du « Petit-Château » au cimetière du village.

Et enfin, je revois l'apothéose, la fête triomphale, l'inauguration, place Armand-Carrel, le 13 juillet 1906, du monument dû au ciseau de Massoulle et érigé à la mémoire de l'homme qui fonda la Ligue de l'Enseignement.

II

C'est le fondateur de la Ligue que fait surtout revivre, et à raison, M. Gabriel Compayré. Sur quatre chapitres de son étude, il en consacre deux à la puissante fédération de sociétés d'instruction et de groupements post-scolaires qui constitue la Ligue française de l'Enseignement.

Mais il n'oublie pas de présenter l'homme et l'écrivain qui valaient d'être crayonnés, car ils ont un caractère d'originalité bien marqué.

L'homme est surtout un propagandiste, tout tendu vers l'action. Ses origines sont plébéiennes, et il s'en vante. « Je suis un enfant du peuple, » s'écrie-t-il, en 1886, à la tribune du Sénat. Et combien de fois, à ses fidèles, n'a-t-il pas répété : « Je suis le fils d'un camionneur. » Et il ajoutait : « Je suis un camionneur d'idées. »

Ce camionnage d'idées, de ville en ville, avec une foi d'apôtre, il s'accomplit dans son âge mûr. Mais de bonne heure, il a fait l'apprentissage de la propagande. Car la propagande ne s'improvise pas, et il faut, pour y réussir, une longue préparation, un méthodique entraînement.

Né à Paris, en 1815, il entre comme boursier à Stanislas en 1826, et il y fait de fortes études, couronnées par de brillants succès. Quelque temps, il est secrétaire de l'historien Théodore Burette, puis « voltigeur » au 1er léger, — souvenir qu'il aimait assez à rappeler, — puis professeur de philosophie au collège d'Evreux.

Mais, comme le dit M. Compayré : « La vie de Macé ne s'éclaire qu'avec la Révolution de 1848. En réalité, il date de 1848... Comme beaucoup de ses contemporains, il subit alors une véritable crise intellectuelle. Dès cette époque, à n'en pas douter, il conçut l'idée dominatrice à laquelle il s'est dévoué jusqu'à son dernier souffle, l'idée de l'instruction obligatoire : « Au matin du 25 février 1818, lorsque j'aperçus le suffrage universel affiché sur les murs de Paris, j'eus froid dans le dos. Je ressentis un mélange de joie folle et de terreur secrète. » Il devinait, avec une clairvoyance politique dont il a donné maintes preuves, ce qu'on pouvait redouter d'un peuple encore ignorant, novice dans l'apprentissage de sa liberté naissante, qui était appelé à exercer ses droits politiques sans qu'une éducation appropriée lui eût appris à en user sagement.

Le futur vulgarisateur scientifique fait ses débuts comme vulgarisateur politique. Ainsi que Paul-Louis Courier, il cisèle des lettres, de claire élégance, comme celles « d'un garde national à son voisin ». Il lance des « tracts », devanciers des manuels d'instruction civique : *les Vertus du Républicain*, *les Entretiens du Père Moreau*, *le Petit Catéchisme républicain*. Il collabore à *la République*, journal dont il organise la correspondance provinciale en faisant des voyages à travers toute la France.

A ce moment, le coup d'État éclate. Jean Macé ne se sent pas en sûreté à Paris. Il se souvient d'un « petit paradis », d'un coin d'Alsace, où il a, au cours de sa tournée, improvisé une leçon de sciences dans un pensionnat de jeunes filles, au Petit-Château, et où il a promis de revenir s'il était menacé d'être « gibier de gendarme », comme il disait en son pittoresque langage.

<h3 style="text-align:center">III</h3>

En 1852, il prend le chemin de Beblenheim. Et de 1853 à 1891, il sera « professeur de demoiselles ». Il dépensera ses dons de clarté, de vivacité ingénieuse, tout son savoir si fin, présenté avec tant d'art et de naturel, au service de l'enseignement libre. « Professeur de demoiselles », il le sera avec conviction, avec coquetterie. Lettres, sciences, il professera tout. Doué d'une extraordinaire faculté d'assimilation, il ne veut pas se spécialiser. Il donne des « clartés de tout » à ses disciples. M. Gabriel Compayré, par de très heureuses citations, montre combien Jean Macé est amoureux de ses fonctions, passionné pour son devoir. Il dira : « Je m'abandonnai au bonheur de la fraternité intellectuelle et morale, la première des fonctions sociales quand on se hausse l'âme au niveau de sa mission. » Il disait encore : « Aimer les gens, voyez-vous, c'est une grande force ; et quand je m'arrête, embarrassé par une explication qui ne vient pas assez claire, il suffit que je me remette sous mes yeux cette petite tête rieuse d'enfant, où sommeille une âme qui va bientôt s'éveiller, pour que le jour se fasse dans la mienne. »

« Professeur de demoiselles, » Jean Macé le demeurera étant sénateur, étant président de la Ligue de l'Enseignement. Même il se détachera si difficilement de sa chaire, qu'il commettra parfois de bien amusantes bévues. Une fois, dans un congrès, prononçant un rappel à l'ordre : « Mademoiselle, voulez-vous bien !... » dira-t-il. On rit fort. Et Jean Macé aussi. A la fin d'un autre congrès, comme les discussions avaient été calmes et méthodiques, il s'écrie avant de lever la séance finale : « Mes enfants ! vous avez été bien sages. » Or, parmi ces auditeurs, parmi ces *enfants*, il y avait des députés, des sénateurs, des personnes très graves qui furent loin de se fâcher.

Pendant dix-huit ans, Jean Macé, dans le « Petit-Château », que dirigeait Mlle Verenet, dans ce calme pensionnat qui est pour lui ce que pour Pestalozzi fut Yverdun, ce qu'est pour Tolstoï l'école d'Yasnaï-Poliana, forme des intelligences, trempe des caractères. Il y élèvera deux générations de jeunes filles appartenant aux familles libérales d'Alsace.

En 1870, l'invasion disperse les pensionnaires de Boblenheim. Il faut chercher asile ailleurs. Pendant deux ans, en 1871, en 1872, le pauvre « professeur de demoiselles » cherche entre Paris et la frontière des Vosges un emplacement propre à une nouvelle installation. Il était nécessaire d'avoir déménagé avant le 1er octobre 1872, car rester en Alsace dans la nuit du 30 septembre, c'était s'exposer à se réveiller Allemand, officiellement au moins. La date approche. Rien n'est trouvé. Enfin, le 2 septembre, on découvre Monthiers, dans l'Aisne; et, le 29 septembre, le « Petit-Château » y est transplanté.

C'est à Monthiers que j'ai vu à l'œuvre Jean Macé, « professeur de demoiselles ». C'était un 14 juillet. Il m'avait invité à le venir voir, à visiter l'institution que dirigeait alors Mme Pène-Siéfert, après le décès de Mlle Verenet.

De notes prises sur le vif au sortir du « pensionnat familial », je transcris ces lignes qui rendent l'impression ressentie alors : « Santé de l'âme, santé du corps ; les jeunes filles, — les filles des premiers disciples de Jean Macé, — retrouvent tout cela à Monthiers. Elles y retrouvent aussi les méthodes éducatives importées par le maître, les belles leçons de sciences, les sérieuses et si intéressantes explications des phénomènes naturels qu'il leur prodigue. On leur y inculque lettres, histoire, géographie, et aussi habitudes d'ordre et d'économie. On y étend leur horizon intellectuel, et on leur montre, de plus, à voir clair dans leur âme, à se diriger, à se soumettre à une forte discipline morale (1).

« Tout autour du vieux château féodal qui domine

---

(1) « Sans qu'il songeât jamais à prêcher, la simplicité, presque la pauvreté du cadre de sa vie démontrait aux jeunes filles qu'il comptait pour rien la plupart des luxes et des glorioles pour lesquels on se démène. En le voyant regarder plus loin et plus haut que ces misères, elles suivaient son regard et sortaient, par cela même, du cercle de préoccupations sottes et banales qui absorbent à l'ordinaire les enfants des pensions. » (Communication inédite de Mme Pène-Siéfert.)

le paysage ondulant à ses pieds, et qui a été transformé en asile de travail féminin, s'étendent un parc, un bois escaladant un coteau où, dans les allées, les élèves ont leurs petites retraites, leurs bancs faits pour elles et par elles, leurs fleurs venues par leurs soins. Le bois est leur cour de récréation et leur salle de travail aussi. L'assiduité à l'étude, une application soutenue, des progrès constatés donnent droit, à la belle saison, d'emporter papiers et livres sous les chênes, et d'y lire et d'y méditer. Et dans le grand calme de la nature, dans l'air pur, frais et fin, la besogne est enlevée de vif élan, avec un joyeux entrain.

« Les distractions sont mêlées aux études dans une exacte proportion de mesure et d'harmonie. Peinture, musique, chant sont enseignés à qui manifeste du goût pour un art. La diction est particulièrement soignée. Ah ! la jolie représentation qu'ont bien voulu me donner, dans le théâtre annexé au pensionnat, les artistes ordinaires — et les grandes et les petites — qui forment la troupe du « Petit-Château » ! Elles ont joué à ravir *les Ricochets*, pièce de leur fournisseur, très goûté et très réclamé. Décors, costumes, tout était fait par elles, et avec rien, et c'était charmant. On ne saurait croire combien la perspective de jouer une comédie en public force jeunes Alsaciennes et étrangères à surveiller leur accent, à prononcer le français à la française (1).

. « ... J'ai traversé chambres, dortoirs, réfectoires, préau, qui prennent la place des salles d'armes, des salons où fréquentaient naguère les seigneurs bardés de fer. Larges escaliers, vastes corridors, où résonnaient les armures des chevaliers, maintenant retentissent de rires clairs, d'une activité qui dit le bonheur, la vie utilement et gaiement remplie, la vie animée.

« Et comment ne l'aimerait-on pas la vie telle que le maître en a arrêté l'intelligent programme ? Heu-

---

1) P.-J. Stahl avait fait une visite à Beblenheim. Il la conte lui aussi. Cf. *Morale familière* (Hetzel). Le récit est fort spirituel.

reuses les pensionnaires du Petit-Château. Elles se sentent grandir librement. Elles se gouvernent elles-mêmes. Il y a des groupes d'élèves nommées par leurs compagnes pour veiller à l'exécution des règlements établis ; un tableau d'honneur, un tableau noir suffisent pour les récompenses et les punitions.

« Même la part est faite à l'imagination, à la fantaisie. Chaque dimanche, paraît un journal rédigé par les élèves. On y relate les événements de la semaine. On y rend compte des lectures. On y dit les visites au village voisin. Et la feuille manuscrite forme les annales de la maison.

« Autre innovation. J'ai pu tenir en main certain carnet où les jeunes filles sont priées de consigner, sous forme de questions, — et cela est d'une pédagogie excellente, — les idées dont elles sont frappées et dont elles ne peuvent trouver la solution. Comme il doit être embarrassé, Jean Macé, devant tous ces points d'interrogation que dresse comme des pièges la subtilité ingénieuse de ses blondes et brunes pensionnaires ! L'une demande : « Si l'homme savait d'où « il vient, où il va, sa vie ici-bas serait-elle autre ? » Celle-ci : « Quels sont les meilleurs moyens pour « aider les pauvres ? » Mais c'est le problème social tout entier que vous posez là, Mademoiselle ! Je lis encore sur ce calepin terriblement curieux : « Faut-il tou- « jours avoir un but dans la vie ? » Encore : « Pourquoi « les gens les meilleurs ont-ils une tendance au désor- « dre ? » Et ceci : « Pourquoi les jeunes filles ont-elles « si peu d'idées ? » On ne s'en douterait certes pas à la lecture du carnet insidieux.

« Je suis parti de Monthiers, du Petit-Château, tout heureux de ce que j'avais vu. J'avais vu des éducatrices et un éducateur faisant leur tâche avec tout leur cœur, avec un complet abandon d'eux-mêmes (1).

(1) « Jean Macé a laissé un souvenir fécond dans la mémoire de ses élèves parce qu'il a vécu devant elles un idéal de bonté, de désintéressement. » (Communication de Mme Pène-Siéfert.

J'avais vu des jeunes filles s'instruisant pour le seul plaisir de s'instruire, point hardies, point coquettes, point trop prudes non plus, de vraies Henriette telles que les eût rêvées Molière. J'avais vu alliés l'exercice, le travail bien réglé, la politesse, l'usage du monde. »

Je comprenais pourquoi Jean Macé chérissait Monthiers, pourquoi trois fois par semaine, au sortir du Sénat où il avait été élu en qualité d'« inamovible » en 1883, ou bien de la Ligue de l'Enseignement, il se soumettait au pénible voyage de Paris à Monthiers, à une heure de chemin de fer, à deux heures de voiture par « le chemin montant, sablonneux, malaisé ». suivi jadis par La Fontaine dont il se plaisait à me répéter le vers avant « qu'au haut » le coche arrivât. Il courait retrouver livres, bancs, pupitres. Il allait continuer la leçon commencée, il allait instruire des esprits, éveiller des âmes à la vie intérieure, faire avec joie son métier coutumier, choisi par son impérieuse vocation, de « professeur de demoiselles ».

<h1 style="text-align:center">IV</h1>

« Professeur de demoiselles », Jean Macé l'est comme conférencier.

C'est le professorat féminin qui l'a préparé à l'apostolat. Il lui a donné le pli de la patience, des recommencements obstinés qui gravent idées et sentiments au profond des intelligences et des cœurs. Il l'a habitué à ne se croire jamais assez clair, assez simple dans ses explications ; à ne se considérer jamais comme assez proche de son auditoire, de cette classe anonyme et élargie, si hétérogène par sa composition, qu'est une foule humaine.

Jean Macé ne prit jamais la parole en public par dilettantisme, pour chercher des applaudissements en « artiatisant » le langage. Cercles, mairies, écoles lui fournissaient des chaires improvisées, où il enseignait pour amener le triomphe de l'enseignement. Chez lui, la parole se liait toujours à l'action.

Il quittait Beblenheim, il se séparait de son cher Monthiers, il abandonnait son « pensionnat du Petit-Château », pour faire des « campagnes » utiles à l'intérêt général : campagne pour les bibliothèques, puis pour l'instruction primaire. Il allait de ville en ville, transformant ses auditeurs en collaborateurs, visant toujours au pratique, à l'utile. Il ne cherchait pas à faire briller son esprit, qui était si primesautier, si amusant ; il voulait fonder. Et partout où il avait semé l'idée, elle levait en travail, en organisation ; elle devenait œuvre agissante.

Nulle recherche de l'effet. Pas de prétention à la période oratoire. Jean Macé avait horreur de l'éloquence apprêtée, de tout ce qui sent l'effort et l'enflure. Il brodait sur la trame solide d'un plan nettement tracé. Il excellait à conter, à tracer des comparaisons ingénieuses, des formules de facile rétention. Il se complaisait aux allusions piquantes, lancées comme en se jouant.

Je l'ai entendu à Paris, à Nantes, dans les dernières années de sa vie. On ne saurait croire quel effet il produisait, précisément parce qu'il ne visait pas à l'effet. On lui savait gré de sa simplicité, de sa sincérité, s'exprimant en pleine ouverture de cœur. On sentait qu'il était naturellement, sans jouer un rôle de commande, près de ceux qu'il voulait convaincre. De plus, dans l'orateur, on devinait l'homme. Sous la verve facile, sous l'amabilité souriante, sous les grâces polies du langage, on avait l'impression que frémissaient une volonté, une énergie décidées à briser les résistances.

Du Nord au Midi, de l'Est à l'Ouest, Jean Macé a fait, pendant près de vingt-cinq ans, de triomphantes tournées. Partout on conserve le souvenir de ses conseils, de ses directions. Que de fois ses anciens compagnons de luttes, ses vieux « ligueurs », comme il les appelait, ont évoqué devant mes yeux le missionnaire qui enseigna la République !

De notes rédigées par un témoin qui, en 1879, écouta souvent le Maître, j'extrais ces lignes écrites au sortir d'une séance :

« M. Macé a le peuple au cœur, aussi possède-t-il le don si difficile d'enseigner le peuple. Nul ne fut mieux doué pour réussir dans une œuvre de propagande civique. Ce n'est pas l'homme aux grandes phrases, aux tournures prétentieuses, aux longues périodes à effet. Clair, simple, convaincu, il a le mot qui porte coup et qui se grave dans l'esprit.

« Sa bonhomie, sa chaleur naturelle, sa passion du vrai et du juste, du bien, disons le mot, sa foi : tel est son secret pour se saisir des âmes. Mais, l'avouerai-je, il est *entêté*.

« Qu'il conçoive une amélioration possible, oh ! alors il se cramponne à sa chose, et, sans lâcher prise, il va tranquillement au but, sans jamais s'effrayer des obstacles intermédiaires. »

Toute conférence de Jean Macé avait, après la conclusion orale, une conclusion effective, tangible.

Il ne descendait jamais de la tribune sans avoir groupé des adhérents prêts à défendre le projet, la réforme qu'il venait d'exposer. Il faisait nommer un comité, un bureau : adopter des statuts provisoires. Il avait coutume de dire : « Ne nous séparons pas sans avoir fait acte utile de citoyens. »

C'était chez lui habitude fortifiée par l'expérience.

Et c'était la recommandation qu'il faisait à ses disciples, s'efforçant de marcher sur ses traces, de loin.

« Professeur de demoiselles », Jean Macé l'est encore comme écrivain, car la mise au point de ses livres qui sont des modèles de démonstration scientifique ou bien littéraire, il l'a toujours obtenue en situant ses explications, ses commentaires au niveau des jeunes intelligences féminines qu'il se plaisait à

former. « L'enseignant », sans pédantisme, « l'instituteur », mais avec quelle grâce légère, quel charme,
quelles trouvailles d'expressions apparaissent sous le
publiciste qui n'est pas bien loin, grâce à son désir
d'être compris, de ne laisser planer aucune obscurité
sur les objets abordés par lui, d'avoir été novateur,
d'avoir fondé un genre mi-sévère, mi-plaisant : la vulgarisation à l'usage des enfants, petits et grands aussi.

Elle est le résumé de ces cours, cette *Histoire d'une
Bouchée de pain* que l'ancien lauréat du concours
général, l'ancien prix d'histoire naturelle, dédie à la
mémoire d'Isidore Geoffroy Saint-Hilaire, et qui tout
d'un coup attire sur lui, en France et hors de France,
la célébrité. On y saisit sa « manière », qui peut-être
sent un peu trop le procédé et qu'on retrouvera dans
toutes ses œuvres. La pédagogie se dissimule sous les
fleurs. Elle fait l'effort, du moins, pour cacher le précepte sous l'exemple, l'utile sous l'agréable. Comme
l'écrit M. Compayré dans une page de critique très
juste et pénétrante : « Jamais on ne déploya plus d'ingéniosité pour enguirlander de comparaisons et
d'images l'aridité des termes techniques et des démonstrations abstraites. » A chaque instant l'auteur dira :
« Je vais vous faire une comparaison qui vous fera
mieux comprendre... » Son imagination n'est jamais
à court pour trouver, dans les choses familières à
l'enfant et connues de tout le monde, des analogies,
des similitudes, qui soient de nature à éclaircir les
obscurités des mystères de la vie. Par exemple, il
dira du foie, pour expliquer sa fonction dans le travail de la nutrition, que c'est le « maître chiffonnier » ;
il comparera la forme de l'estomac à celle d'une corne-
muse ; il appellera l'estomac, pour définir le rôle qu'il
joue dans l'organisme, le « maître cuisinier », ou bien
encore, le « Président de la République intérieure ».
S'il veut faire entendre que, pour bien dormir, il n'est
pas indifférent de se coucher de préférence sur le côté
droit, il en donnera cette raison que le foie, si l'on se

couche du côté gauche, vient écraser de son poids l'estomac, « comme un gros homme qui s'endort dans une diligence vient écraser son voisin, dès que la voiture penche d'un côté... ».

« Fénelon et avec lui tous les partisans de l'instruction attrayante auraient goûté ce perpétuel recours à la comparaison. Peut-être est-il permis de penser que Macé en abuse un peu. A force de vouloir rendre la science amusante, ne s'expose-t-il pas à la puériliser ? Les images qu'il prodigue finissent par masquer les faits réels qu'elles ont la prétention de rendre plus clairs. Depuis que *la Bouchée de Pain* a été écrite, depuis un demi-siècle, notre goût a certainement changé. A nos yeux amoureux de simplicité, la manière de Macé paraît aujourd'hui légèrement artificielle, raffinée et précieuse. Nous préférerions un exposé de la science plus franc et plus direct, qui, sans recourir constamment à l'interposition d'une image, mette l'enfant face à face avec la nature. »

Oui, sans doute, et l'on y est revenu. Mais pour passer de la logomachie hirsute chère aux devanciers de Jean Macé au langage net et simple adopté par ses successeurs, il fallait une transition. Le mérite ne fut pas médiocre que d'avoir su la découvrir et la ménager, que d'avoir réagi contre la mnémotechnie antérieure et d'avoir ouvert la voie aux méthodes intuitives et actives si justement en honneur aujourd'hui.

La Bouchée de Pain (1) est de septembre 1861. Le succès encourage l'auteur, qui, de dessein arrêté et avec suite, ajuste ses leçons-causeries à différents ordres de connaissances. Il construit, d'année en année, une façon d'encyclopédie point didactique, récréative et instructive à souhait et qui répondait au programme de ce *Magasin d'éducation et de récréation* dont, avec P.-J. Stahl (Hetzel) et Jules Verne, il fut le fondateur.

(1) Les œuvres de Jean Macé ont été éditées par Hetzel.

Il est professeur de morale, tout en fuyant le prêche et l'ennui dans le *Théâtre du Petit-Château* (1861), dont les acteurs sont, comme à Saint-Cyr, les « demoiselles » de Beblenheim et de Monthiers et aussi Mme Macé, Mlle Verenet et lui-même, auteur, imprésario, peintre décorateur, et interprète de ses propres œuvres. Il l'est encore dans les *Contes du Petit-Château* (1862).

Il est professeur de mathématiques dans l'*Arithmétique du Grand-Papa* ou l'*Histoire de deux petits marchands de pommes,* qui découvrent les opérations numériques, s'en expliquent à eux-mêmes la logique et la nécessité, et justifient ce mot de Jean Macé : « Il ne faut pas que l'abstraction se présente en ennemie ; il faut qu'elle entre par une tranchée déjà ouverte. »

Et il poursuit l'application de sa méthode expérimentale dans *la Grammaire de Mlle Lili* (1878) ; dans *la France avant les Français* (1880) ; dans *les Serviteurs de l'Estomac;* dans *les Soirées de la tante Rosy,* où il se révèle poète par sa description des espaces célestes, des astres et des planètes (1894).

Un tout petit volume s'adressera aux pères et aux mères, non aux enfants, et occupera une place à part dans l'œuvre de Jean Macé.

Il a pour titre : *Philosophie de poche* et date du 27 janvier 1893. C'est là qu'est exposée la doctrine philosophique d'où procèdent tous les écrits, toutes les actions du propagandiste. Jean Macé qui, toute sa vie, lutta contre l'influence de l'Église, se montre religieux, fidéiste et spiritualiste, dans ce dernier écrit sorti de sa plume, comme il faisait déjà en 1861 dans *la Bouchée de Pain* où, en vingt endroits, il manifestait sa foi dans une Providence.

La *Philosophie de poche* n'a rien de professionnel, rien de dogmatique. Elle est prime-sautière comme l'esprit du sage qui. « loin de toute chaire, sans nul souci d'école », la médita « sous les arbres », où il conseille qu'on l'emporte. Jean Macé s'appuie sur le sens commun, sur le sentiment aussi, pour confesser sa croyance en un Dieu créateur et ordonnateur des éléments, « gardien mystérieux de l'unité des mondes, leur régulateur universel ». Après avoir étudié le mouvement des astres et des atomes, l'apparition des êtres organiques sur le globe, le rôle de l'homme sur la terre, il se pose la troublante, l'inévitable question : Après? Et il arrive, « reniant le droit du calcul et du raisonnement », à invoquer « l'adoration quand même du Dieu de justice et de bonté » en qui il faut se fier, quoi qu'il arrive. « Vie présente, vie future, les deux problèmes n'en font qu'un, celui de la destinée humaine, dont le mot nous échappe aussi bien pendant qu'après. » Il conclut ainsi, et c'est la quintessence même de la philosophie : « On ne peut plus argumenter, après avoir proclamé le néant de l'argumentation. Là où la raison perd pied, le plus sage n'est-il pas de se laisser porter et bercer par les flots qui vous emmènent?... Le bon Dieu des petits enfants est encore le plus philosophique de tous,' le seul qui ne soit pas un x. Il va droit au cœur, sans troubler l'esprit. C'est en lui qu'est le refuge. »

<h2 style="text-align:center">V</h2>

Ce Jean Macé, adepte de la religion naturelle, ce Jean Macé s'inclinant devant le « Dieu inconnu », est-ce là le Jean Macé qui a fondé la Ligue de l'Enseignement, le Jean Macé si attaqué, si combattu par l'Eglise, celui qui était traité de « sectaire », d' « antéchrist », d' « athée » ?

C'est le même homme et qui n'est pas en contradiction avec lui-même, qui a mis une belle et forte unité dans sa pensée et dans sa conduite. Jamais, en effet, il n'entreprit sur le domaine de la conscience. Mais il réclama l'école pour l'homme d'école et assigna, à l'homme d'église, l'église pour centre d'action.

Et il demeura conforme à lui-même quand, « professeur de demoiselles », il devint « professeur du peuple ». Il ne fit qu'élargir le rayonnement de sa parole, l'aire de son audience. Car il avait le sens de la propagande, le « génie du groupement », comme dit M. Compayré.

Les difficultés semblaient insurmontables. L'Empire n'aimait guère qu'en apparence la diffusion de l'instruction. Il voulait dans le sommeil de la pensée, dans le silence de la parole, étouffer la liberté. Jean Macé, dès le début, se propose de contribuer à l'éveil du libéralisme en demandant leur concours pécuniaire et moral à tous ceux qui, par le livre, par l'école, voulaient répandre des idées de progrès. Comme me l'écrit celle qui fut sa fille adoptive, Mme Pène-Siéfert : « C'est dans cette voie qu'il centralise son énorme activité. Il va droit au point, marchant sur les obstacles, qu'il ne voit guère d'ailleurs (sa correspondance avec mon père, l'un des premiers ligueurs, témoigne de cet optimisme aveugle mais puissant). Il persuade, il entraîne, il n'a pas d'éloquence, au sens vrai du mot. Mais le succès de son œuvre publique prouve d'autant plus qu'il avait, ce qui est plus rare et plus précieux que l'éloquence, une foi ardente, la volonté irrésistible d'accomplir ce qu'il croyait juste dans un désintéressement absolu. Sa vie était de la morale en action. »

Dans quel esprit il entreprend l' « Enseignement du Peuple », avec quelle impétuosité, quel élan il se met à l'ouvrage, certains des « mots » où sa verve excellait l'apprennent : « L'impossible, c'est ce qu'on ne veut pas... » — « L'action est facile, dès qu'on agit. »

Il a, dès le début, la nette intuition de l'organisation à fonder. Il s'adressera aux « activités personnelles ». Il fera appel à « la libre initiative ». Il créera des sociétés d'éducation, des associations enseignantes, puis les unira en un groupement de forces s'entr'aidant, ayant un centre, un foyer : la Ligue.

Dès le premier jour son intention s'accusera précise et fortement arrêtée. Que de fois ne lui ai-je pas entendu répéter, quand on lui demandait de définir ce qu'était la Ligue, ces mots que dès 1866 il écrivait : « La Ligue est une fédération de sociétés qui, par l'initiative privée, devance, prépare, amène l'action de l'Etat. »

La Ligue, dans sa pensée, est une initiatrice, une inspiratrice de réformes, d'innovations utiles. Elle a pour mission de prendre contact avec l'opinion, avec l'âme publique, de la conseiller, d'amener, de précéder ses mouvements et ses aspirations. Elle a une doctrine, comme elle a un programme, et Jean Macé la faisait tenir dans ces mots : « Faire agir librement ceux qui savent pour faire penser ceux qui ne savent pas. »

C'est en 1866 que Jean Macé lance ses premiers écrits pour constituer, selon sa juste expression, la « landwehr de l'enseignement ». Il est déjà connu comme écrivain, comme propagandiste. Il a déjà dans le Haut-Rhin fait ouvrir quatre-vingts bibliothèques populaires par sa *Société des Bibliothèques*, devancière directe de la Ligue. La Ligue, il y pense dès 1861. Il n'en emprunte ni l'idée, ni le titre à la Belgique, bien qu'en septembre 1866 il ait assisté à un congrès tenu à Liége par une association belge se proposant même but que celle dont il portait l'idée, le plan en lui.

Les débuts sont durs pour l'œuvre nouvelle et pour son fondateur. En 1866, trois adhérents seulement répondent à la première circulaire que lance le hardi novateur. Ces trois apôtres sont : Jean Petit, tailleur de pierres ; Mamy, conducteur du P.-L.-M. ; Larmer, sergent de ville. « Un sergent de ville dans nos rangs, s'écria Jean Macé, on ne pourra pas crier à l'opposition ! »

Jean Macé ne se rebute pas. Sous son air de bonhomie, il a une volonté invincible. C'est le fer sous le roseau. Il commence sa « prédication orale », va de ville en ville, multiplie causeries familiales, conférences toutes agrémentées d'aperçus piquants, de sous-entendus moqueurs, frondant discrètement le pouvoir, glissant sans appuyer, toutes relevées d'anecdotes contées avec l'art le plus fin, le plus enveloppé.

On vient à lui. On se laisse gagner à cette raison convaincue qui s'insinue aimablement au profond des intelligences et des cœurs. On est cent. On est mille. En 1868, la Ligue compte 4 818 adhérents. Elle constitue la coalition des bons Français qui sont désireux de participer au développement de l'instruction populaire. La Ligue, subdivisée en cercles, pousse à l'institution de bibliothèques, de cours publics, d'écoles du jour et du soir. Les souscriptions, fixées à cinq francs, abondent. Un foyer d'opposition libérale se forme qui, par le rayonnement des ligues provinciales et des cercles et groupes affiliés, prépare les esprits à l'avènement du régime républicain. En 1870, Jean Macé s'appuie sur 59 cercles, sur 18 000 disciples !

VI

La période de « lancement » est terminée. La Ligue entre dans la seconde phase de son existence (1870-1894). Elle s'occupera surtout de l'école, qu'elle veut gratuite, obligatoire.

Puis, à partir de 1891, elle s'appliquera plus spécialement à donner à l'école son lendemain.

Après la défaite, Jean Macé reprend, accentue son effort. Il centralise la propagande dans un des cercles de la Ligue, le « Cercle parisien », d'où, avec l'aide d'Emmanuel Vauchez, un bon ouvrier de l'œuvre bonne, qui savait comme par enchantement provoquer ressources, adhésions, dévouements, il relève les courages abattus, imprime à l'œuvre une direction décisive.

La nécessité de couvrir la France d'écoles est apparue, pendant la guerre, à tous les citoyens clairvoyants. Jean Macé, pour hâter l'intervention des pouvoirs publics, organise un vaste et original pétitionnement imaginé, avant 1870, par le cercle de Strasbourg, en faveur de l' « instruction obligatoire ». Le Cercle parisien reprend pour son compte l'idée et la fait aboutir, sur l'initiative d'Emmanuel Vauchez.

La thèse de l'enseignement obligatoire est une de celles qui tiennent le plus fort au cœur de Jean Macé. M. Gabriel Compayré s'est plu à réunir des citations qui le prouvent. Jean Macé dira par exemple : « Je suis bien le maître de ma voiture, n'est-ce pas ? et s'il me plaît, la nuit, de la conduire à l'aveuglette, à travers les trous et les tas de pierres, au risque de la briser, il semblerait d'abord que je suis dans mon droit. Et pourtant, on me force à allumer une lanterne ; si j'y manque, on ne se gêne pas pour me dresser procès-verbal. Et si je voulais m'en plaindre aux camarades, ils me donneraient tort, parce qu'il ne s'agit pas seulement de ma voiture à moi, mais qu'elle peut rencontrer du monde sur la route, écraser un enfant, ou briser la voiture du voisin qui ne serait pas content. Pourquoi donc vous faire scrupule de forcer les négligents d'allumer aussi la lanterne dans la tête de leurs enfants? Croyez-vous que nous n'y soyons pas tous aussi intéressés, et que ces têtes où il fait noir ne puissent rien briser plus tard ?... »

Et ailleurs : « Forcez les parents à envoyer leurs enfants à l'école ; on me force bien, moi, à écheniller mes arbres au printemps... »

Élargissant la thèse, il démontrera en 1873, dans *les Idées de Jean-François,* brochure de propagande, que l'instruction, la connaissance de la loi enseignée à tous et comprise par tous est indispensable dans une démocratie : « Allons, Jacques Bonhomme, mon ami, puisque tu te dis roi et que tu veux la République; allons, haut la tête et la poitrine en avant ! Apprends ton métier de roi et de républicain : c'est le même. Un peuple républicain est un peuple roi. Apprends à considérer les affaires publiques comme affaires qui te regardent, comme affaires personnelles, dont il est insensé de se désintéresser. Apprends la loi qui doit te régir et que tu ignores trop souvent. Apprends à la respecter d'abord, ensuite à la faire respecter. »

C'est la thèse, l'idée directrice. Mais pour agir sur l'opinion, Jean Macé, Emmanuel Vauchez et leurs amis s'emploient à faire triompher le « pétitionnement ». L'agitation pratique est entreprise sous ce titre : *Mouvement national du Sou contre l'ignorance.*

C'est le 19 juin 1872 que Jean Macé, Emmanuel Vauchez, le député Brelay et leurs amis de la Ligue de l'Enseignement déposèrent à l'Assemblée nationale, à Versailles, le fameux pétitionnement de 1 264 207 signatures, d'où sont sorties les lois scolaires. Et c'est la date que, le 19 juin 1904, dans le moindre village de France, on commémorera en une fête de l'Ecole laïque qui s'élargit aux proportions de fête nationale.

Il ne faudrait pas croire que le succès de ce pétitionnement fut obtenu aisément. Aujourd'hui, en ne voyant que le résultat, on ne comprend pas bien l'effort d'activité, d'énergie, de foi sociale qu'il fallut faire.

J'ai sous les yeux un certain nombre de lettres jaunies, de documents singulièrement probants, qui affirment la hardiesse de l'entreprise, le courage des promoteurs.

Le Cercle parisien de la Ligue n'osait pas se lancer dans cette manière de plébiscite scolaire. Le comité était divisé en partisans, en adversaires du projet.

Ce fut Emmanuel Vauchez qui, par obstination, entraîna les hésitants. Puis, propagandiste ardent et méthodique, il assuma la responsabilité de la lourde tâche.

Il fallait gagner l'opinion, la presse, le monde de l'enseignement. Il fallait susciter des correspondants, des délégués. Il fallait organiser la conscription des dévouements, s'extériorisant en démarches, en visites, en actes.

Il n'a pas été envoyé moins de quatre-vingt mille listes à signer, pas moins de quatre cent mille circulaires, instructions, lettres de rappel : labeur formidable.

Et, à la besogne matérielle, s'ajoutait la nécessité de la lutte à soutenir contre la réaction, qui résistait à l' « agitation » scolaire.

La moitié des collaborateurs, des collecteurs de noms et de dons appuyant le paraphe, — car chaque signature était accompagnée d'un sou, — écrivaient que prêtres et aussi fonctionnaires se mettaient en travers du mouvement. On menaçait les porteurs de listes, on allait même jusqu'à s'emparer des papiers libérateurs pour les brûler. Des gardes champêtres verbalisaient au nom d'une autorité que l'on devine, et qui se dissimulait sous des formes arbitrairement légales. Des bruits étaient semés dans les villages. Il allait « arriver de la peine » aux signataires.

Rien n'y fit. L'entêtement brave de Vauchez, la bonhomie et la finesse de Jean Macé triomphèrent de tous les obstacles.

A la fin de mai 1872, on était prêt. Les ballots de listes attendaient qu'une délégation en fît remise officielle à Versailles.

Ce n'était que le début de la campagne.

Plus tard, Chambre et Sénat se montrèrent hostiles, résistèrent.

Ce fut vers les conseils municipaux que Macé et Vauchez se tournèrent alors, en 1879. Dur et long fut le siège des municipalités par l'Ordre moral. Mais quel succès compensa la peine ! Environ trois mille conseils municipaux avaient souscrit à une formule définitive, lumineuse, débarrassée de considérants et d'historique, disant nettement les volontés de la nation.

Cette déclaration, résumé et aboutissement de la pétition, tient en quelques lignes, qui pourront être lues utilement, le 19 juin, dans toutes les chaires d'écoles :

« Les soussignés demandent l'instruction primaire *obligatoire, gratuite et laïque* pour les deux sexes, dans toutes les écoles subventionnées par les communes, les départements et l'Etat :

« *Obligatoire*, dans le double intérêt de l'individu et de la société, au nom de leur solidarité réciproque;

« *Gratuite*, au nom de l'égalité, et pour ôter tout prétexte aux mauvais vouloirs :

« *Laïque* parce que le principe : *la science à l'école et l'instruction religieuse à l'église,* est le seul qui protège efficacement la liberté de conscience. »

Le pétitionnement a exercé une influence directe sur l'adoption des lois scolaires. Il a sa place marquée dans l'histoire de l'éducation en France.

VII

Mais la Ligue ne se borne pas à faire circuler des listes. Elle agit par des voyages, des tournées, où elle produit de jeunes conférenciers dont beaucoup, — les Doumer, les Barthou et les Poincaré, — se font un nom dans la politique. Le *Sou des écoles* est propagé dans tout le pays. Bibliothèques régimentaires, bibliothèques dans les hôpitaux sont fondées.

Au 21 mai, au 16 mai, la Ligue est l'objet de mesures répressives. On ferme ses cercles départementaux. On empêche les sociétés affiliées de distribuer la Déclaration des Droits de l'homme et du citoyen, qui est considérée comme séditieuse. Les ligueurs sont traités en suspects, même en rebelles.

Les élections d'octobre mettent fin à ce mauvais rêve. La Ligue reconstitue ses 230 cercles. Le Cercle parisien est reconnu d'utilité publique; Jean Macé, en 1881, en 1882, a la joie et la fierté de voir voter les lois sur l'enseignement primaire dont il pourra dire : « Ces lois sont bien un peu des lois à nous. » En 1881, le 21 avril, la Ligue de Jean Macé reçoit le baptême de Gambetta sous le titre définitif de « Ligue française de l'Enseignement ».

En 1881 également, la Ligue, aux voyages individuels de ses conférenciers, fait succéder des Congrès annuels, conférences collectives qui, dans les principales villes de France, occupent l'attention des éducateurs, stimulent l'étude et la discussion sur les questions posées par l'évolution scolaire. Ç'a été l'honneur et le mérite de Jean Macé et de ses amis « les vieux ligueurs », comme il les appelait familièrement, de décentraliser, d'éveiller les énergies provinciales, de saisir, avec une précise intelligence du milieu, du moment, les points où il fallait concentrer l'action, les problèmes qu'il était expédient d'aborder.

Chaque congrès apportait sa contribution à l'achèvement de l'édifice scolaire. Et chacun d'eux aussi, à Paris, Reims, Tours, Lille, Rouen, Alger, Lyon, Marseille, etc., réchauffait pendant quelques jours de fécond labeur, à la vive flamme de l'enthousiasme, de l'altruisme agissant, les collaborateurs avec qui l'on prenait contact ! Que d'idées ont été remuées en ces assises estivales de la pédagogie, où toujours apparaissait la sagesse si ferme, mais combien douce et souriante, du maître, de l'apôtre laïque dont la présence apportait espoir et réconfort aux éducateurs professionnels ou bien volontaires.

Il faut lire le beau livre de A. Dessoye (1) pour suivre, d'étape en étape, la marche toujours triomphale de la Ligue. Chaque campagne est marquée par une victoire. Les Vauchez, les Chennevière, lieutenants qu'on ne peut séparer du chef, se multiplient. Organisation du travail manuel, des musées cantonaux, des sociétés de tir, de gymnastique, extension des cantines scolaires, de l'enseignement professionnel, de l'enseignement par l'aspect, avec organisation d'un service de vues au siège social : la Ligue

____

(1) *La Ligue de l'Enseignement*, 1 vol. in-18, 660 pages.

s'est intéressée à tout, s'est faité toute à toutes innovations généreuses et pratiques. On peut dire qu'il n'est
pas une seule amélioration dans l'ordre de l'instruction primaire qu'elle n'ait prévue, souvent provoquée,
parfois réalisée elle-même ou proposée à l'adoption
de l'État, qui sanctionnera les expériences, généralisera les essais tentés par sa vaillante collaboratrice
d'avant-garde. En 1893, — après le vote de la laïcité,
qui, en 1886, complète la trilogie des lois scolaires, —
si elle jette un coup d'œil en arrière sur le travail
accompli en un quart de siècle, la Ligue peut
s'écrier avec son présid ent : « Nous sommes une
école de citoyens. »

VIII

A partir de 1894, elle sera davantage encore une
école de citoyens. C'est le moment où arrive au conseil général, sollicitée, introduite par Jean Macé,
la « seconde génération » de ses disciples.

A ce moment, on peut se demander si la Ligue, une
fois les lois sur l'enseignement primaire votées, a
encore un rôle à jouer. Elle a obtenu gain de cause.
N'est-elle pas exposée à s'immobiliser dans un stérile
recommencement d'efforts ? A toutes ces activités, à
tous ces dévouements qù'a fait surgir la loi sociale du
maître, quel but assignera-t-on ? Ce faisceau de forces
vives et disciplinées se désagrégera-t-il ?

La question fut vite résolue. Les nouveaux collaborateurs de Jean Macé lui signalèrent la lacune qui
existait dans la vie intellectuelle et morale des adolescents entre la sortie de l'école et l'entrée au régiment. Jean Macé, qui déjà avait préconisé les « veillées
populaires », qui savait quelle importance pouvaient
prendre les cours d'adultes, saisit sur-le-champ dans
quelle voie nouvelle il fallait diriger la Fédération,
vers quel horizon, quel avenir lumineux l'intérêt
général commandait de l'orienter.

En avril 1891, un appel que j'eus l'honneur de rédiger (1) est lancé par la Ligue de l'Enseignement au pays :

« La Ligue de l'Enseignement, fondée avant l'avènement de la République, pour préparer et assurer l'éducation républicaine du pays, a provoqué d'abord le grand mouvement d'opinion qui a fait donner le minimum d'instruction nécessaire à tout enfant, puis elle s'est occupée de l'adulte. Elle a, devançant le vote de la loi militaire, tourné ses efforts avec succès vers la préparation physique de l'adolescent. Aujourd'hui, partageant les légitimes anxiétés de tous les bons Français, elle sent l'urgence de faire un nouvel appel à l'initiative privée pour mener à bien un projet qui est le prolongement même de son œuvre. Elle voudrait, de l'école jusqu'à l'entrée au régiment, assurer à l'adulte les connaissances acquises pendant l'enfance, diriger leur perfectionnement dans la voie professionnelle, enfin munir le jeune homme, trop tôt livré à lui-même, des solides principes indispensables aux citoyens d'une démocratie. »

L'appel fut entendu. Une ère nouvelle s'ouvrait à la prospérité de la Ligue de l'Enseignement.

La part qui lui revient dans l'œuvre de l'éducation populaire, on la connaît. La Ligue a contribué surtout à la propagande en faveur des mutualités scolaires en soutenant M. J.-C. Cavé dans ses durs et patients efforts, — des conférences avec projections, en accroissant et en étendant, par des dépôts dans ses cercles provinciaux, le service et la circulation des vues, — des patronages. des associations d'anciennes et d'anciens élèves, en publiant statuts, brochures explicatives ; en distribuant, à la suite de concours annuels, des prix fort recherchés dans le monde de l'enseignement officiel et laïque libre ; des colonies scolaires ; des foyers du soldat sur le modèle de celui qu'elle a

____

(1) En collaboration avec M. René Leblanc, inspecteur général de l'Instruction publique.

fondé à Vincennes, grâce au concours financier d'un groupe d'amis de l'éducation populaire collaborant à son immense labeur.

Jean Macé a pu assister à la première frondaison des œuvres d'enseignement et d'éducation sociale qui, à l'heure actuelle, couvrent le pays. Ses successeurs, MM. Léon Bourgeois, Étienne Jacquin, Ferdinand Buisson, A. Dessoye, ont continué et continuent, depuis décembre 1894, à labourer les sillons creusés par le « professeur de demoiselles » et par le professeur du peuple.

A sa mort, la Ligue comprenait 1 100 sociétés adhérentes. En 1907, elle en nombre 3 600.

En 1866, elle avait un budget de 15 francs, — les trois pièces de cent sous des trois premiers adhérents. En 1907, le seul Cercle parisien a un actif de 1 137 730 francs.

IX

Si l'on veut se rendre compte de la vitalité qu'a la Ligue de Jean Macé, si l'on veut étudier en plein fonctionnement les multiples rouages de cette institution due tout entière à l'initiative privée et qui est — sans prétention administrative — le Ministère de l'action éducative et ·solidariste, une visite s'impose à l'hôtel de la rue Miromesnil (1), où la Fédération a son siège social. On y pourra constater la vivante

---

(1) Rue de Miromesnil, 16. Le bureau du Conseil général se compose, pour 1903-1904 : *Président* : M. A. Dessoye. — *Vice-présidents* : MM. Adrien Duvand, Edouard Petit, Cleiftie, Maurice-Faure. — *Secrétaire général* : M. Léon Robelin. — *Secrétaires* : MM. Comte, Bordier, Bourguignon. — *Trésorier* : M. Maurice Berteaux. — *Censeurs* : MM. Pau Guieysse, Edmond Goudchaux, Vel-Durand.

Le Cercle parisien a un comité dont le bureau est ainsi composé pour 1903-1904 : *Président* : M. A. Dessoye. — *Vice-Présidents* : MM. Emile Javal, Maurice Muret, Demonbynes. — *Secrétaire général* : M. Léon Robelin. — *Secrétaires* : MM. Paul Gers, Henry Mamy, Chaufour. — *Trésorier* : M. Maurice Berteaux.

Comité des dames : *Présidente* : Mᵐᵉ F. Dreyfus. — *Vice-Présidentes* : Mᵐᵉˢ Wyckam, Mᵐᵉ Guebin.

complexité des services qu'elle doit assurer, l'ardeur réglée et précise que dépensent les délégués élus par les groupements affiliés, et l'on comprendra quelle tâche ont assumée les « libres collectivités » dont l'union constitue la Ligue de l'Enseignement.

A l'entrée, à droite, au rez-de-chaussée, s'étend une vaste salle de séances. Là, une fois par mois, sous la présidence de M. A. Dessoye, se réunit le conseil général dont les membres sont les mandataires des sociétés adhérentes, et une fois par mois aussi le comité du Cercle parisien. Là se débattent les questions relatives à l'action intérieure et extérieure de la Ligue, là on vote les dons et allocations distribués aux œuvres post-scolaires. Une fois par mois également le comité des Dames prépare et enregistre les résultats de sa propagande dans les patronages, ouvroirs, cercles de jeunes filles.

A gauche de l'entrée, on accède à la bibliothèque, où sont rangées toutes les revues d'instruction et d'éducation, feuilles amies ou feuilles hostiles, que les adhérents peuvent toujours consulter, afin de se mettre au courant de ce qui se fait autour des écoles tant confessionnelles que laïques.

Au premier étage, à gauche, se trouve le cabinet du président ; à droite, le secrétariat, où l'on n'a pas à dépouiller moins de trois cents lettres par jour en moyenne (comptes rendus, demandes de renseignements, etc.). Le cabinet du secrétaire général, M. Léon Robelin, est attenant. Chaque après-midi, on est sûr d'y trouver un membre du bureau qui se tient à la disposition du public, qui reçoit amis et auxiliaires des œuvres. Là s'élabore le *Bulletin* mensuel de la Ligue où sont insérés tous les documents de nature à intéresser les milliers d'institutions annexes qui gravitent autour de la Fédération centrale.

Au second étage, à droite, sont installés les importants services de la librairie, car la Ligue sert d'intermédiaire pour les achats de livres entre les acheteurs et les éditeurs et fait bénéficier ses adhérents des remises qu'elle obtient grâce à la commande en gros. Deux catalogues sont édités, l'un pour les bibliothèques populaires, l'autre pour les livres de prix, qui guident la clientèle dans ses choix.

A gauche : la « mutualité scolaire », les « vues » ont leur salle spéciale. Il ne faut pas moins de trois employées pour expédier chaque jour les boîtes réclamées pour les conférences, les livrets de pension mutualiste, les caisses de retraite, etc., nécessaires aux sociétés scolaires de secours mutuels.

Les sous-sols servent à la manutention des livres, appareils, etc., qui, chaque jour, sont envoyés en nombre aux quatre coins de la France scolaire et post-scolaire. Du matin au soir, la ruche est toute bourdonnante d'activité joyeuse, librement consentie, Chaque après-midi une commission se réunit, car on pratique, pour chaque spécialité, la division du travail. Commission des œuvres militaires, commission des associations, commission des concours, commission des finances, etc., fonctionnent à l'envi, avec suite et méthode, et pourraient servir d'exemple à combien de commissions qui ne sont élues que pour hâter lentement le travail.

Au vrai, les continuateurs de Jean Macé, les héritiers de sa doctrine, essaient, comme lui, de faire preuve d'organisation pratique, prudente et hardie à la fois. Plus encore qu'en lui élevant un monument, plus qu'en célébrant sa vie par des discours, ils honorent ainsi sa mémoire.

Mais ils seraient heureux que fût adoptée l'idée ingénieuse et charmante qu'émet M. Gabriel Compayré en terminant la biographie de Jean Macé. Il demande qu'il y ait dans les écoles un « jour de Jean Macé », un jour de fête scolaire « où la France républicaine s'inclinerait devant le souvenir d'un de ses meilleurs serviteurs (1) ».

(1) Extrait de la *Revue pédagogique.*

PAUL BEURDELEY (1)

M. Beurdeley, président de l'*Association des membres de la presse de l'enseignement*, maire du VIIIe arrondissement de Paris, est mort subitement le samedi 18 novembre 1905 (1), à 11 heures du matin. Il était à sa table de travail. Il a été emporté par une embolie au cœur. La veille au soir, à sa sortie de l'Elysée, il assistait à une séance du bureau de Bienfaisance. Depuis dix-huit mois environ, il était assez gravement malade, il souffrait d'une angine de poitrine. Dans une lettre, pleine d'affectueuse sollicitude, qu'il m'adressait le 16, et où perce comme une nuance de découragement, il me parlait de « repos nécessaire », des « ménagements » dont il avait « encore besoin ». On pouvait lire à travers les lignes comme le pressentiment d'une fin prochaine.

Dès que la nouvelle fut connue, elle excita dans les milieux scolaires, parmi les instituteurs, parmi les volontaires de l'Enseignement, une vive et sincère douleur. Au cours de la fête donnée par l'Association des instituteurs pour l'éducation et le patronage de la jeunesse, qui célébrait le 18 au soir le vingt-cinquième anniversaire de sa fondation, le bruit se répandit promptement. Un voile de tristesse se déroula sur tous les fronts. Le deuil fut au profond des cœurs.

C'est que M. Paul Beurdeley, par sa bonté, par ses dons de grâce affable et souriante, de spirituelle rondeur, d'accueillante simplicité, par la sincérité de ses convictions, par l'amour qu'il portait à l'Ecole, avait su se faire aimer de tous ceux qui aiment l'Ecole. On le savait, on le sentait un défenseur dévoué, désintéressé de l'enseignement laïque.

M. Paul Beurdeley — et c'est là son originalité —

(1) Extrait de la *Revue pédagogique*, 15 décembre 1905.

demeurera comme un exemplaire tout à fait caracté-
ristique du professeur, du vulgarisateur, qui par goût
naturel, par devoir, par besoin de rendre service à la
collectivité, apporte son aide ardente et méthodique,
le libre concours de son savoir, de son expérience, à
l'œuvre des professionnels de la chaire. Il a été de
ceux qui, à côté des éducateurs de métier, ont réussi
à rendre l'école vraiment nationale, et, avec une fermeté patiente mais avec quel tact et quelle discré-
tion ! ont consacré leur vie à l'instruction qu'ils ont
voulue publique pour les maîtres comme pour les disciples. Il prendra rang à côté de Jean Macé, dont il
fut un des continuateurs après avoir été un des auxiliaires, car il a représenté l'initiative privée dont il a
su affirmer les droits avec le plus de netteté comme
avec le plus de mesure.

Non qu'il ait été, comme pédagogue, un théori-
cien, un novateur dont les idées éclairent la marche
du progrès. Mais il s'est montré, dans l'adaptation au
milieu, metteur en œuvre de réelle maîtrise. Il a su
tirer parti d'institutions dont il a fait ressortir toute
la solidité et toute la souplesse : telles la colonie scolaire, la caisse des écoles. Il a contribué à les rendre
populaires par les bienfaits que, de façon très ingénieuse et très pratique, il a su en tirer. Et il a de plus
donné une note bien à lui. Il a, par l'introduction de
l'art à l'école, ouvert une voie encore inexplorée où
de plus en plus on s'engagera. C'est là sa marque
propre, c'est par quoi il survivra.

Homme d'école (1), M. Paul Beurdeley le fut de
bonne heure, et, partout où s'exerça son activité, le
demeura. Homme d'école, il l'était comme avocat,
comme écrivain, comme critique d'art, comme maire.
L'école fait l'unité de son existence.

Ce Parisien de Paris, né le 21 juin 1842, fut, pen-

____

(1) Discours de M. Léon Bourguignon, président de l'Association
amicale des anciens barbistes.

dant dix ans, de 1852 à 1862, élève de ce collège très parisien : Sainte-Barbe, où il reçut les leçons des Despois, des Vacherot, des Moutard, esprits fiers et indépendants et où son intelligence s'ouvrit « aux grandes idées de liberté, de justice, de tolérance, de solidarité ». Il fut un des élèves préférés de ces « deux merveilleux éducateurs : Labrouste et Guérard (1) ».

Au sortir de Sainte-Barbe, Paul Beurdeley fait son droit. Sous l'Empire, il est républicain. Il prend part aux luttes de Jules Favre, de Pelletan, de Floquet, de Gambetta. Mais il comprend qu'il faut aussi faire instruire le peuple. Sa part d'action, il la consacre surtout à l'adolescence ouvrière. Il enseigne plus encore qu'il ne plaide. Il fait des cours, des conférences aux étudiants populaires, à la vaillante *Société pour l'instruction élémentaire*. Avec Lockroy, Spuller, Herbette, Adolphe Carnot, Ferdinand Buisson, plus tard Léon Bourgeois, toute une élite intellectuelle, il fera avec conscience, avec suite dans l'effort, la classe, le soir, après une rude journée de labeur. Il choisit, le droit usuel, l'économie politique. Ce qu'il apprend, ce qu'il pratique à la barre, il l'utilise pour le profit commun dans une chaire improvisée (2).

L'avocat rendra d'autres services encore à l'école. Que de fois il sera le « conseil » des instituteurs ! Combien de consultations il leur donnera, aussi gratuites que précises, sur la responsabilité en cas d'accident, sur le redouté article 1384 ! Et quelle prédilection aussi il manifestera dans ses travaux pour les questions scolaires fournissant matière à controverses juridiques et où s'exercera sa pénétrante sagacité, sa finesse

(1) Discours de M. Léon Bourguignon, président de l'Association amicale des anciens barbistes.

(2) « Nous étions, lui et moi, inscrits ensemble sur cette première liste de professeurs volontaires qu'Albert Leroy avait groupés autour de la Société pour l'instruction élémentaire dans le dessein, alors subversif, de diriger des cours normaux d'enseignement laïque pour les jeunes filles. C'est de là qu'est sortie la première promotion d'institutrices laïques de la Ville de Paris. » (Discours de M. Ferdinand Buisson, aux obsèques de M. Paul Beurdeley.)

avertie ! Ce rôle d'avocat-enseignant, de juriste-édu-
cateur, il le jouera au ministère de l'Instruction publique dont il était l'avocat attitré, officiel, et où ses
avis et conclusions, toujours marqués au coin et du
savoir le plus solide et du bon sens le plus aiguisé,
emportaient toujours l'adhésion de tous. Dans les
comités, dans les commissions, son opinion était
recherchée, réclamée, car elle conciliait en heureuse
mesure d'équilibre et d'harmonie les droits de la loi
et les droits de l'école.

L'homme d'école se retrouvait encore dans le magistrat municipal. Sans doute il remplissait en perfection le rôle de maire mondain, qui lui incombait dans
l'aristocratique quartier de l'Élysée. Il présidait aux
grands mariages avec une spirituelle amabilité. Il
accordait une note émue aux morts illustres. J'ai par
devers moi une manière de recueil où, sous les rubriques : *Mariages*, *Sur les Tombes*, sont classées des
allocutions, vrais modèles du genre, prononcées en
l'honneur des plus notoires d'entre nos contemporains.
Quel art des nuances ! Quelle délicatesse de sentiments ! Et quelle grâce charmante ! Ce sont pages de
circonstances sans doute, mais qu'on relit avec plaisir, et ce sont pages d'histoire anecdotique qui méri-
teraient d'être réunies. Une place, dans le livre,
devrait être faite aussi aux toasts prononcés par le
maire, « le bon maire, » aux banquets où l'appelaient
les devoirs de sa fonction. Car Beurdeley excella dans
cet art difficile de condenser, à la fin d'un repas, quelques idées, avec agrément, avec une verve enjouée et
piquante, avec un tour qui retienne l'attention. Il a été
l'un des rares hommes de France qui ne confondent
pas un toast avec un discours, quand ce n'est pas avec
une conférence.

Mais là où son intervention se produisait avec le
plus de fréquence et le plus de plaisir utile, c'était
dans l'école. Ce maire du Foyer et... du Palais fut
vraiment le maire de l'école. Il comprit quelle union

étroite doit lier la maison commune à l'école commune. Le meilleur de son temps il le donna aux choses de l'enseignement. Il avait la coquetterie, la fierté aussi de faire pénétrer dans les chères écoles de son arrondissement toutes les innovations à la fois généreuses et pratiques qui dans l'école riante font l'enfance heureuse. Il a transformé son arrondissement en terre d'expérience et aussi en terre d'élection pour les œuvres scolaires et post-scolaires.

Animant de sa foi sociale le personnel enseignant et libres collaborateurs, M. Paul Bourdeley a su organiser des écoles ménagères types. Il a, précédant, entraînant les autres maires, fondé, aussitôt après que M. J.-C. Cavé eut fait un essai à la Villette, la mutualité scolaire qu'il fit fonctionner dès 1889. Il a voulu, il a réalisé cette chose charmante : l'école fleurie, qu'il préconisait en ces termes, le 13 mars 1905, à l'assemblée générale de la Caisse des écoles : « Nous voulons décorer l'école, la rendre aimable et souriante à l'extérieur comme à l'intérieur ; nous voulons que déjà son aspect architectural, ses balcons garnis de fleurs et de feuillages parlent en sa faveur, donnent confiance aux enfants et aux familles. C'est un essai que nous voulons tenter. Nous devrons nous contenter de fleurir l'intérieur de nos écoles : le service d'architecture de la Ville ayant été consulté a déclaré que, dans l'intérêt de la conservation des bâtiments, l'établissement de caisses à plantes grimpantes sur le rebord des fenêtres ne pouvait être autorisé. Il paraît que l'arrosage des plantes, qui ne nuit pas en Suisse aux bâtiments publics, leur est préjudiciable en France.

« En tout cas, il ne faut pas que cette décoration qui, somme toute, est de luxe, grève d'une façon tant soit peu onéreuse notre budget. Nous demandons, non seulement la collaboration des maîtres, mais celle des élèves et des familles. Telle personne peut nous fournir une caisse en bois, telle autre nous apporter une fleur ou un arbuste, une autre enfin nous donner ses soins et ses conseils personnels. Il s'agit de s'unir et de s'associer très simplement, très amicalement pour la création et l'entretien du jardin scolaire qui doit réjouir les yeux, mettre un peu de joie et d'art dans l'existence quotidienne de nos enfants, en même temps qu'ils y trouveront l'occasion d'acquérir les premières notions de culture et de botanique. »

La Caisse des écoles l'approuva et vota un crédit. Elle pouvait le faire, cette caisse vers laquelle il avait fait converger tant de sympathies agissantes, que depuis 1888 il entourait comme président et comme maire de tant de sollicitude. C'est que M. Paul Bourdeley avait compris quel parti l'on pouvait tirer pour le bien public de cette institution en qui il avait placé, et à raison, ses espérances : la Caisse des écoles. Il réclamait pour elle dans des articles de revue (1), dans les congrès d'enseignement, l'extension de ses pouvoirs. Il obtenait de ses collaborateurs d'élargir son action, de l'étendre aux œuvres qui fortifient ou bien protègent l'influence de l'école. Et sa Caisse des écoles était une caisse qui faisait la démonstration des théories émises par l'administrateur. Il l'a laissée avec un actif de 286 000 francs, soutenant de ses subventions, en outre de l'enfance pauvre : sociétés d'enseignement, bibliothèques municipales, voyages et excursions de vacances et colonies scolaires.

Les colonies scolaires que subventionnait la Caisse des écoles, M. Paul Bourdeley s'attachait à en tirer le meilleur rendement hygiénique, instructif, social. Il ne se contentait pas de les organiser officiellement, de fixer le choix de l'habitat. Il s'y rendait. Il surveillait lui-même, de près, les groupements installés à Condé-sur-Noireau (garçons), à Flers (filles), où j'ai pu constater, au cours d'une visite faite avec le « bon

(1) Cf. *Revue pédagogique.*

Maire », quel intérêt il prenait au moindre détail d'aménagement, avec quelle tendresse il veillait à la santé de ses pupilles.

Comme l'avocat, comme l'administrateur, l'écrivain fut homme d'école. Son œuvre est très dispersée. Elle a paru, tantôt sous formes d'articles dans des revues ou scolaires ou artistiques, tantôt sous forme de rapports, de brochures, de livres.

Il convient de retenir les très remarquables essais parus dans la *Revue pédagogique :* sur les *Sociétés scolaires de secours mutuels et de retraites* (juillet 1902), sur les *Caisses des écoles ;* sur la *Responsabilité civile des instituteurs ;* sur la *Poésie alcoolique* (1) ; dans le *Bulletin de la Ligue française de l'Enseignement ;* sur le *Rôle de la presse dans l'éducation populaire* (2), sur l'*Enseignement antialcoolique* (3), de noter aussi un rapport sur les *patronages* présenté au congrès international du Havre en 1891. Ce seront études à consulter, car elles marquent un point de départ et elles se recommandent par des qualités de précision, de justesse, de probité intellectuelle.

Des brochures à tendances politiques, mais qui toujours ont pour objet l'éducation populaire, sont à signaler : *Manuel de l'électeur* (4), *l'Éducation morale et civique pendant la Révolution* (5), *les Catéchismes révolutionnaires*, avec, comme sous-titre : « Étude historique et pédagogique sur la morale civique (6). » *Les Catéchismes révolutionnaires* sont d'un curieux, d'un chercheur qui sait découvrir et utiliser le document rare. On y trouve des analyses conduites d'une plume alerte, d'amusantes indications d'œuvres bien oubliées, comme le catéchisme de l'abbé Hazard, comme les

---

(1) Novembre 1905.
(2) Cf. *Bulletin* de décembre 1898.
(3) Cf. *id.*, novembre 1901.
(4) 1 volume in-18 ; Forcel et Larose, éd.
(5) 1 brochure in-8° ; Weill, éd.
(6) Librairie Gilon, rue de Seine, 33.

principes de morale, par La Chabaussière, qui les enferma dans les vers de cinquante-cinq quatrains et où l'on pouvait lire en réponse à cette question :

« Qui êtes-vous ? »

> Homme libre et Français, républicain par choix ;
> Né pour aimer mon frère et servir la Patrie,
> Vivre de mon travail et de mon industrie,
> Abhorrer l'esclavage et me soumettre aux lois.

M. Paul Beurdeley terminait son travail très attachant et très vivant par ces mots, où se peint son caractère :

« Les partis politiques et religieux se sont trop longtemps disputé l'esprit et le cœur de la jeunesse. C'est à la patrie seule qu'ils appartiennent. L'éducation morale ou civique telle que nous la comprenons, que la comprennent les instituteurs, c'est la liberté de conscience de tous respectée, c'est la mise en pratique de la tolérance, c'est l'*Edit de Nantes dans l'école.* »

L'Ecole nouvelle (1) qui forme un livret complet, étendu, présente un tableau fidèle des progrès réalisés par l'instruction populaire en France et « indique ce qui reste à faire pour compléter cette œuvre de rénovation nationale ». M. Paul Beurdeley, après avoir traité des réformes législatives qui ont doté l'école républicaine de la gratuité, de l'obligation, de la laïcité, s'occupe des institutions qui l'étayent, des commissions scolaires, des délégations cantonales, des Caisses des écoles. Il ne se borne pas à dire ce qui est ; il indique ce qui devrait être. Il passe ensuite en revue les résultats donnés par les caisses d'épargne et la mutualité scolaire. Il aborde l'important problème des patronages, des Sociétés d'anciens élèves. Il consacre un chapitre aux cours d'adultes, un autre aux bibliothèques populaires et aux sociétés de lecture. Il initie ses lecteurs au mécanisme des musées cantonaux et scolaires. L'enseignement professionnel,

_____

(1) 1 volume in-18 ; Delagrave.

l'éducation physique retiennent longuement son attention. L'école apparaît vivante, en plein élan de progrès. Elle est jugée par un témoin, par un acteur qui sait pénétrer l'inspiration dont elle est animée, qui voit et fait voir. M. Beurdeley la montre formant « des êtres complets, au corps et à l'esprit également développés, ayant avec le sentiment du beau et du vrai, le goût des choses pratiques et de la vie moderne ». Et il la montre prolongeant son effort ; s'ingéniant par une nouveauté hardie et nécessaire « à conduire l'enfant jusqu'à l'âge où l'homme est conscient et responsable ». « Nous ne nous embarquons pas, écrivait-il encore, pour un pays chimérique. Nous savons où nous allons. Un vent de générosité et d'audace pour le bien a soufflé dans nos voiles. Le port n'est pas si loin qu'on le suppose. Encore un peu de persévérance et de courage et nous y arriverons. » *L'École nouvelle*, parue d'abord en 1885, au fur et à mesure que l'instruction primaire nouvelle élargissait l'aire de son audience, par des retouches et adjonctions successives, a constamment reçu la mise au point nécessaire. C'est une œuvre de vulgarisation, un manuel nettement composé où, avec ordre et méthode, sont classées de nombreuses et complexes organisations.

Et depuis la mort de M. Paul Beurdeley, *l'École nouvelle* s'est enrichie d'une œuvre qui était seulement indiquée dans l'un des chapitres. *L'Éducation antialcoolique* (1), parue au lendemain même du jour où l'auteur était enlevé à l'affection de ses amis, prolonge et accentue l'effet du rapport qui, à Caen, « en plein pays d'alcoolisme », avait été présenté dans un congrès de la Ligue de l'Enseignement. M. Paul Beurdeley adresse un appel pressant aux pouvoirs publics, à l'initiative privée. Effrayé par les ravages que cause le fléau, il supplie qu'on vienne en aide aux victimes, qu'on les éclaire, qu'on les sauve, et avec elles, leurs

____

(1) 1 volume in-18 ; Delagrave.

filles, leurs fils, la race menacée d'épuisement et de
mort. Il convie maîtres, patrons, officiers, à la lutte
contre le mal à l'école, à l'atelier, au régiment. Il veut
que « l'éducation antialcoolique » soit instituée dans
le pays par les bons citoyens : « Hélas, s'écrie-t-il,
l'alcool est maître de l'Etat, qui dépend du parlement,
qui dépend de l'électeur. C'est l'électeur qu'il faut
retourner. »

Toujours prudent et avisé, ennemi des exagérations,
il sait ne pas donner dans le rigorisme, qui serait
l'autre danger. Il prêche « l'antialcoolisme modéré »,
mais il le prêche avec force. Il ne se contente pas de
mettre la plaie à nu ; il indique les remèdes moraux,
économiques, sociaux. Après avoir délimité le « milieu
alcoolique », il énumère tous les moyens qu'on peut
employer pour le restreindre, pour l'effacer de la Cité.
Il développe un programme d'action, en prescrit la
méthode, en indique l'application par la leçon orale,
l'exemple, la formation de ligues et sociétés diverses
à l'école, après l'école, à la caserne, au cours de la
vie. Sociologue avisé, il se rend compte que l'alcoolisme n'est pas le produit seulement du vice, qu'il
tient à des causes profondes : misère de la vie aux
« villes tentaculaires », comme les appelle Varhœren,
tristesse du foyer, taudis. En « homme d'œuvres » qui
a suivi de près les expériences sociales qui sont tentées en France et à l'étranger, il préconise le restau-
rant de tempérance, la maison habitable, le jardin
ouvrier, le coin de terre, tout ce qui, aux agglomérations urbaines, introduit air, lumière, santé. Et il termine son appel d'outre-tombe qui sera certainement
entendu en rappelant les obligations qu'impose la loi
de solidarité : « L'alcoolisme, c'est l'insécurité pour
chacun de nous, c'est la ruine et la servitude à brève
échéance. Il est temps d'aviser. Puisque l'alcoolisme
naît du défaut d'instruction et d'éducation, de la
misère physique et de la misère morale, il faut que
tous se mettent à l'œuvre pour instruire et moraliser.

pour réformer le logement, le vêtement, la nourriture ; il va du salut individuel et général. Mais l'intérêt personnel ne doit pas seul nous guider ; nous devons savoir sacrifier quelque chose à autrui, et l'amour de l'humanité n'est pas un vain mot. »

M. Paul Beurdeley, écrivain, ne s'est pas enfermé dans la pédagogie sociale. Il a été critique d'art, mais il n'a pas séparé l'art de l'éducation. Collectionneur d'un goût très sûr, il découvrait gravures rares, estampes oubliées. Il apportait une ardeur jamais ralentie, et à Paris, et dans toutes les villes qu'il traversait, à la recherche des épreuves dont il enrichissait ses cartons. Que de fois il m'a indiqué la « pièce » que je poursuivais, et que de fois aussi je lui indiquais le recoin caché où il ferait une découverte !

Mais il ne gardait pas ses trésors en avare. Ses beaux livres à illustrations coloriées, les belles images rassemblées avec amour, conservées avec un soin parfait, il les prêtait, comme il le fit en 1900, pour l'Exposition de l'Enfance. L'histoire de l'école s'y déroulait en une documentation pittoresque, et l'amateur persistait dans son rôle d'homme d'école.

C'est du reste sa spéciale érudition en matière « d'imagerie populaire » à laquelle il a consacré de si curieuses et si originales études dans la *Revue universelle* (1), en classant, par régions, les productions des différentes écoles provinciales, qui l'a amené à la manifestation par quoi il a le mieux affirmé sa personnalité. L'image pour le peuple si souvent maniée par lui, si souvent étudiée, comparée, l'a conduit à l'image pour l'enfant, pour l'école. Il a vu et a voulu faire voir quel parti l'on devait tirer du dessin, de la couleur, de la légende pour l'instruction et l'éducation. Il a attaché son nom à la fondation de « l'Art à l'Ecole », en rapprochant, grâce à ses relations, les artistes des professeurs et instituteurs.

(1) 1901-1903.

Désireux de rendre son idée parlante et vivante aux yeux, il avait, s'appuyant sur l'*Association des membres de la presse de l'enseignement*, organisé un congrès et une exposition (juin 1904). Les deux manifestations eurent plein succès dans le monde artistique comme dans le monde scolaire et aussi, auprès du public (1).

A côté d'une exposition rétrospective, il y eut une Exposition d'œuvres contemporaines, et les auteurs, par le rapprochement de leurs envois, les Moreau-Nélaton, les Villette, les Dufau, les Rivière, purent arriver à dégager la formule de l'imagerie enfantine et éducatrice, unissant l'utilité à la beauté.

Le congrès se résuma en cette pensée, en ce vœu que M. Paul Beurdeley appuya de sa parole : « L'éducation par l'image doit tendre, dès le début, au développement dans l'enfant des facultés d'observation et du sentiment. » L'illustration du livre, du cahier, de la carte postale fournit matière à d'intéressants échanges de vues entre des critiques d'art comme MM. Roger Marx, Benoit-Lévy et Georges Moreau, et des instituteurs comme M. Trautner, des professeurs comme M. Bondhors, des administrateurs comme M. Bayet. Une conclusion morale fut tirée des débats, qui répondait à une des préoccupations s'imposant à la conscience de M. Paul Beurdeley : « Le Congrès estime que l'Art à l'Ecole doit avoir pour résultat, par la décoration et l'imagerie scolaires bien comprises, de contribuer à la lutte contre les images obscènes qui déshonorent la rue et souillent les yeux de la jeunesse. » L'idée esthétique s'achevait en idée morale.

Cette alliance du beau et du bien, on la retrouve dans les *Poésies intimes* de M. Paul Beurdeley (2). Il y

---

(1). Cf. *Bulletin mensuel de l'Association*, juin-juillet 1904.
(2) 1 volume in-18 ; librairie Pairault. Ouvrage tiré à 120 exemplaires, non mis dans le commerce.

célèbre, souvent en de courtes pièces écrites dans la manière aimable du xviiie siècle, les joies du foyer, « le coin du feu », Provins, le pays des roses, qu'il aima comme avait fait Hégésippe Moreau et où il avait trouvé la compagne de sa vie. Il y chante l'Italie, et de la terre classique il ne garde qu'un penser : « l'immense amour épandu dans les cieux ». Il y dit l'amitié, la joie du travail, et aussi la patrie sanglante et mutilée à qui il dédie un hymne digne de figurer dans les « Anthologies » et dont la strophe liminaire indique l'inspiration :

> O sainte France, ô notre mère !
> Nous étions un peuple sans foi,
> Mais, depuis la dernière guerre,
> O France ! nous croyons en toi,
> O sainte France, ô notre mère !

Le souffle est large et fort qui soulève ces vers :

> Le sang qui coule dans nos veines
> C'est le bon vin de tes coteaux ;
> Comme l'eau qu'on puise aux fontaines
> Nous puisons et buvons à flots
> Le sang qui coule dans tes veines.

> Le front haut et l'âme attendrie,
> Nous te frappons d'un pied joyeux,
> O sol sacré de la Patrie
> Fait de la cendre de tes aïeux,
> Le front haut et l'âme attendrie !

> Ce sont tes enfants et nos frères
> Ces grands diseurs de vérités,
> Ces artistes aux cœurs sincères
> Un même sein les a portés.
> Ce sont tes enfants et nos frères...

> ... Depuis le jour où la souffrance
> A courbé ton front vénéré.
> Nous n'avons plus qu'un culte, ô France !
> Et ton nom seul nous est sacré
> Depuis le jour de la souffrance.

Cet universitaire à côté, et comme en marge. mais

qui était devenu, par vocation, presque un professionnel de l'enseignement, qui faisait converger dons naturels, autorité acquise, vers le triomphe de l'école, fut à l'honneur comme il avait été à la peine dans l'université extérieure que constitue l'éducation populaire.

Ancien secrétaire de la Société pour l'instruction élémentaire, M. Paul Bourdeley, qui s'était inscrit à la *Ligue de l'Enseignement*, après les événements qui suivirent le 6 mai 1877, était depuis 1896 vice-président du comité du Cercle parisien. Il ne cessa de prêter à la Fédération d'œuvres laïques une active collaboration.

Il s'y faisait remarquer dans les commissions « où, comme l'a dit M. Ferdinand Buisson (1), sa parole toujours judicieuse et sûre, souvent pénétrante, grave et hardie, avait une si naturelle autorité ». « Sa droiture, sa franchise, tant d'aménité dont il enveloppait tant de bon sens, cette fermeté de convictions et cette douceur dans la fermeté qui faisaient de lui le plus avéré des libres penseurs et par conséquent le plus tolérant des hommes, son savoir qu'il fallait arracher à sa modestie, cet esprit si fier qui eût été si aisément mordant et à qui jamais n'échappa un mot blessant pour personne, cet équilibre naturel dans la bonne humeur souriante, dans le travail sans fièvre et dans l'activité sans apparat, tout le faisait aimer, tout lui donnait parmi nous une place qui eût été plus grande encore s'il n'avait fait pour s'effacer plus d'efforts que nous n'en faisons d'ordinaire pour paraître. »

Un si réel mérite, solide et discret, une préparation si sérieuse et par le travail, et par la pratique des choses, et par la connaissance des hommes, le firent désigner par l'*Association générale de la presse de l'enseignement*, comme président, dès le début, en janvier 1897, et ce fut à la mairie de l'Elysée que

(1) Discours prononcé aux obsèques, le 20 novembre 1905.

furent votés les statuts, tracé le plan d'action. Depuis huit années, M. Paul Beurdeley, à l'unanimité des suffrages, était réélu président. Avec quelle sûreté de vue, quelle souplesse de doigté, quel art de ménager les amours-propres, il a su diriger séances de comité, assemblées générales ! Il a assuré à l'œuvre force et durée. Il lui a fait franchir des écueils qui apparaissaient comme redoutables. Il a su faire l'union des trois ordres d'enseignement représentés dans le comité, rapprocher professeurs d'universités, de lycées, instituteurs, journalistes, qui écrivent soit dans la presse quotidienne, soit dans les périodiques. Point fonctionnaire, il a su conserver une indépendance dont son tact traçait les limites.

« Dans nos réunions, a dit M. André Balz (1), en présence d'opinions si diverses et quelquefois si contraires, son intervention toujours discrète, sa bonne humeur charmante arrondissait tous les angles et nous acheminait tout doucement vers les solutions les plus raisonnables. »

Cet homme d'école, cet ami de l'école, a eu le 20 novembre, d'imposantes obsèques qui furent civiles. Malgré le froid et la neige, un cortège nombreux : écrivains, avocats, collaborateurs, instituteurs, écoliers, a suivi son cercueil. D'éloquents discours ont été prononcés sur sa tombe par M. Chenu, bâtonnier de l'ordre des avocats ; MM. Autrand, secrétaire général du département de la Seine ; Sansbœuf, adjoint au maire du VIIIe arrondissement ; Ferdinand Buisson, président de la Ligue de l'Enseignement ; André Balz, vice-président de la Presse de l'Enseignement ; J. Drouhez, directeur de l'école primaire de la rue de la Bienfaisance ; Bourguignon, président de l'Association amicale des anciens barbistes. Tous les orateurs ont mis en lumière, et notamment M. Herbette, conseiller d'État, qui parlait au

____

(1) Discours prononcé, le 20 novembre, au cimetière Montmartre, par M. André Balz, vice-président de l'Association.

nom des amis du défunt, la belle et forte unité d'une vie « poursuivie tout entière sans défaillance et sans reproche, avec la simplicité tranquille qui cache les difficultés réelles ». « C'est un privilège rare, a-t-il ajouté, que de mener jusqu'au bout une telle carrière, et c'est un exemple que l'on devrait saluer avec gratitude, surtout à une époque où tous doivent se consacrer à l'éducation commune et à l'aide mutuelle, à la direction libre des affaires, au développement du progrès social. »

M. Paul Beurdeley s'en est allé après avoir, comme écrivain, comme éducateur, joué dans sa plénitude un rôle utile. Dans un sonnet de ses *Poésies intimes*, je trouve ces vers, qui pourraient lui servir d'exacte épitaphe :

> O mort ! tu peux venir lorsque notre œuvre est faite,
> Comme à l'hôte attendu le vieillard te fait fête.

L'hôte attendu est venu, trop tôt certes. Pourtant l'œuvre était faite. Elle sera poursuivie par ses disciples. Mais leur premier devoir n'est-il pas de payer une dette de gratitude à « l'ami de l'Ecole » disparu, en donnant, selon un vœu récemment émis, dans un congrès de la Ligue de l'Enseignement, le nom de Paul Beurdeley à une de ses chères écoles parisiennes, à une des écoles fleuries où sa bonté rayonna.

Dans le préau l'on placerait le buste du « bon Maire », et le bronze ferait revivre, penchée dans l'attitude méditative qui lui était familière, la tête aux traits fortement accusés, au masque en apparence rude et fruste de ce charmeur qui a écrit sur lui-même: « Rien n'est moins grec que mon profil », et qui fut l'atticisme personnifié. On reverrait ce large front, ces yeux vifs et observateurs, cachés sous la broussaille du sourcil, ces lèvres qui adoucissaient savamment l'épigramme, qui atténuaient l'anecdote amusante et amusée, et d'où sortait naturellement la

parole d'amitié, de consolation et de réconfort. Et sur
le socle on pourrait graver ces vers extraits d'une
« Confession » inédite :

> ... Je méprise
> Tout être méchant et moqueur,
> Et si vous voulez ma devise:
> « Un peu d'esprit, beaucoup de cœur. »

UN INSPECTEUR D'ACADÉMIE (1)
J.-T. FORFER

M. J.-T. Forfer, inspecteur d'Académie de l'Aisne,
a succombé brusquement, frappé de congestion,
le 30 décembre 1906, après avoir, comme d'ordinaire,
consacré son repos du dimanche au travail.

C'était un Lorrain. Il était né à Solgne (ancienne
Moselle) le 17 mars 1850. Maître d'études au lycée de
Nancy, en 1870 il s'engage, se bat bravement à la
frontière. Fait prisonnier, il manque de mourir de
froid, de privations. De retour en France, il est décoré
de la médaille militaire. Chargé de cours au lycée de
Rouen, il devient, l'agrégation conquise, professeur
au lycée de Cahors, et de là au prytanée de la Flèche.
Inspecteur d'Académie en 1887, il débute à Valence.
En 1895 il obtient le poste de Laon, où, par ses dons
d'initiative et d'action, par les services rendus, il
acquiert une saine et forte popularité qui survit à sa
disparition.

Nul chef n'aura été plus regretté, car, en lui, chacun voyait, aimait l'homme. La douleur profonde et
sincère que sa mort soudaine a provoquée parmi
professeurs et instituteurs, a revêtu des formes tou-

---

(1) Extrait de la *Revue pédagogique*.

chantes et vraiment nouvelles, a inspiré des actes qui font grand honneur au personnel enseignant de l'Aisne.

Le jour même des obsèques, une imposante réunion de professeurs des lycées, des collèges et des écoles normales d'institutrices, d'instituteurs, accourus de tous les points du département, décidait d'acquérir le terrain où, au cimetière, repose l'éducateur regretté, d'éditer ses « Causeries du *Moniteur scolaire* », qui sont, disent les « promoteurs du projet, comme autant de chauds rayons de son âme enthousiaste et généreuse ». Le produit de l'œuvre sera réservé aux jeunes orphelines du disparu. Enfin l'assemblée votait « l'érection d'un buste en bronze ou en marbre qui ferait revivre et perpétuer la mâle et noble figure d'où sont jaillis tant d'élans généreux, tant de fécondes initiatives, tant de pensées et d'actes bienfaisants ».

Un Comité exécutif a été constitué. Il a adressé récemment un appel aux « membres de l'enseignement secondaire et primaire, en activité et en retraite, aux délégués cantonaux et à tous les amis de l'école du département ». « Il s'agit, disent MM. Lechantre, président de l'Amicale des instituteurs, et A. Giroux, président de l'Amicale des professeurs du lycée de Laon, d'offrir à tous ceux qui ont le souvenir reconnaissant d'un bienfait matériel, d'une attention délicate, d'une parole bienfaisante, comme en a tant semé celui que nous pleurons, le moyen de témoigner de leur fidèle et affectueuse gratitude.

« La manifestation ne peut manquer d'être digne et du chef aimé dont nous voulons honorer la mémoire et de ceux qu'il appelait et qui étaient réellement « ses enfants. »

Et la souscription qui n'est ni officielle ni officieuse, mais affectueuse, obtient un plein succès, et elle est la marque qu'entre ouvriers d'une même œuvre on sait rendre l'hommage d'une sincère reconnaissance à qui allégea le travail des autres, à qui sut toujours trouver la parole d'amitié et de réconfort, à qui pratiqua l'entr'aide morale dans la communauté des efforts intellectuels.

*
* *

M. J.-T. Forfer était digne en tous points des honneurs qu'on rend à sa mémoire. Il laissera dans l'Université le souvenir d'une figure frappée à une marque vraiment originale.

Je n'ai jamais vu antithèse pareille, et si paradoxale, entre l'aspect extérieur et le caractère de l'homme. Son visage avait des traits accentués, qui, à première vue semblaient dénoter comme un excès d'énergie, des tendances à la combativité. Pourtant si la volonté était réelle, elle se fondait en douceur et en tendresse. Les yeux, sous l'arc épais des sourcils, brillaient avec une vivacité intense, mais sur les paupières perlait une larme qui amortissait l'éclat du regard, au frisson provoqué ou par une émotion d'art, ou par le contact d'une misère. Sa voix sonnait fort et haut, mais sur ses lèvres s'épanouissait le rire, et le verbe s'atténuait en nuances, quand il fallait apaiser une douleur. Dans toute la démarche, c'était un air de décision et d'entrain, d'élan nerveux, une manière de rondeur militaire qui pouvait amener une méprise dans l'esprit du visiteur. Mais cet universitaire aux allures d'officier prêt au commandement dissimulait sous les aspérités de la surface une amabilité, une bonté, une délicatesse de sentiments dont le rayonnement éclatait au dehors.

Je l'ai vu à l'œuvre dans bien des circonstances. J'ai parcouru avec lui le département de l'Aisne par trois fois. J'ai constaté quelles caresses il savait mettre dans son accent, et cela sans recherche, spontanément, quand il y avait un éloge, un encouragement à donner aux instituteurs, à ceux qu'il appelait avec une charmante familiarité « ses enfants », et aussi avec quelle paternelle indulgence, quel désir réel de les améliorer, il les morigénait.

Il ne s'intéressait pas seulement à l'instituteur dans sa classe. Il avait un mot pour la femme, pour les fillettes et les garçons. Il s'inquiétait de la vie qu'on menait au village, des ressources dont on pouvait y disposer. Il écoutait les doléances avec l'intention bien arrêtée de rendre justice au plaignant si sa cause était juste. Il se faisait tout à tous, en pleine ouverture de cœur. Quiconque était à ses côtés, dans ces tournées plus humaines que pédagogiques, plus morales qu'intellectuelles, a pris d'inoubliables leçons, a compris et senti comment l'affection engendre l'affection, sans diminuer en rien le respect, sans ruiner l'autorité.

L'action qu'exerçait M. T. Forfer, on pouvait la saisir sur le vif dans les assemblées d'instituteurs, dans les conférences pédagogiques, quand, sans viser à l'éloquence, il prenait la parole, exposait ou critiquait une méthode, discutait une opinion, recommandait une œuvre utile au progrès général.

Je me plais à me rappeler la chaleureuse allocution qu'il prononça à Château-Thierry en une « Journée scolaire » divisée en trilogie où le matin. M. J.-C. Cavé traita de la mutualité scolaire, où je parlai des cours d'adultes l'après-midi, où le soir, Maurice Bouchor qui devait se lier d'une amitié si étroite avec J.-T. Forfer, — car ces deux nobles âmes étaient faites pour se pénétrer, — tint une séance consacrée à la lecture populaire. Entre nos exposés, M. J.-T. Forfer jeta le lien, mit harmonie et unité. Il tira, avec quelle vérité de ton, quelle passion de propagande, les conséquences pratiques de nos démonstrations théoriques. Il songeait aux résultats, à l'application. Il les voulait, sans les imposer, il les entrevoyait, et déjà il les obtenait, car ses auditeurs étaient gagnés à la précision vivante de ses exhortations.

Plus tard, c'est dans la cour de l'École normale de Laon, que sa harangue retentit, dominant la foule,

On inaugure le groupe élevé en mémoire des trois instituteurs de l'Aisne fusillés par les Prussiens en 1870. Le soldat qui a défendu le sol natal se réveille sous le professeur épris des idées de paix, de fraternité. La voix devient martiale, sonne comme un appel de clairon. En quelques mots brefs, fortement martelés, le souvenir aux morts est adressé, et, aux vivants, le salut d'espérance. L'orateur, — car il fut un admirable orateur ce jour-là, — traduit en formules vibrantes l'émotion de tout un peuple.

Ajoutez à cette sincérité, à cette franchise, à cette sympathie très vraie, très naturelle pour ceux qui étaient placés sous ses ordres, à ce besoin de se donner, de se communiquer, à ces dons d'enthousiasme et d'optimisme, le goût de la science éducative, et encore la passion du travail, et l'on comprendra pourquoi M. J.-T. Forfer a suscité autour de lui tant d'amitiés, tant de dévouements que sa mort a comme réunis en faisceaux.

Un de ses collaborateurs les plus directs, M. Th. Salé, inspecteur primaire à Château-Thierry, a, dans le *Moniteur scolaire de l'Aisne*, nettement défini le rôle de M. J.-T. Forfer comme administrateur.

« Il suivait les écoles normales avec un intérêt paternel. Pendant les onze ans qu'il passa dans ce département, il se rendit régulièrement aux conférences pédagogiques des élèves-maîtres et des élèves-maîtresses. Sa première et constante préoccupation était de veiller à l'éducation de ceux et de celles qui devaient travailler le lendemain à l'éducation populaire.

« Son cabinet n'était point d'un accès difficile. On y était toujours aimablement accueilli. Peut-être en abusa-t-on. Il ne s'en plaignit point, au contraire. Il sentait qu'il faisait du bien. Il y reçut bien des aveux; il y vit couler bien des larmes. A tous les maux, il trouvait un remède; à toutes les peines une consolation. Combien sont venus à lui l'âme chavirée qui sont partis réconciliés avec eux-mêmes, debout, réconfortés !

« Il grondait rarement. Mais s'il y était contraint, sa bonne grosse voix se faisait si triste, si douce, si sympathique que, selon l'expression d'une institutrice, « on aimait à être grondé. »

M. Salé ajoute... « M. Forfer connaissait personnellement ses collaborateurs : Dans chaque maître, dans chaque maîtresse, il voit une personnalité qui pense, et qui sent. Il connaît ses qualités, ses défauts, ses générosités, ses passions. Il aperçoit la famille. Ainsi informé, il est moins sujet à l'erreur qui est elle-même une sorte d'injustice. Il sait ; il veut ; il peut.

« On se demande comment il menait à bien une tâche à la fois si délicate et si lourde. C'est un secret qu'il a emporté avec lui dans la tombe.

« Certes nous avons bien remarqué sa mémoire prodigieuse, son étonnante facilité de travail, sa merveilleuse lucidité d'esprit, sa conscience si droite et si scrupuleuse que, dans les examens, il retenait notre attention fatiguée sur des copies informes, ou au Conseil sur de minuscules litiges : oui, nous avons remarqué tout cela avec une admiration infinie. Mais tout cela ne suffirait point à expliquer qu'il pût faire tant de choses et avec une telle perfection, s'il n'y avait eu en lui un profond respect de l'homme, l'amour du devoir, une passion ardente pour la justice et la vérité.

« Mes amis, mes chers amis, il nous a donné sa vie, il nous a jeté toute son âme et tout son cœur, et nous en avons vécu et nous en avons nourri nos enfants. Nous l'aimions bien. Lui, nous a trop aimés. »

Un autre de ses disciples qui vivait dans son intimité à Laon : M. Lalanne, inspecteur primaire, m'écrivait le lendemain de la mort : « Nous sommes dans la désolation... nous vivions tous ici en famille et dans une union complète ; il y avait ni chefs ni subordonnés, et la besogne en grandissait d'autant... »

*
* *

Plus que dans le bronze où revivra son image, le souvenir de M. Forfer se perpétuera par la publication des *Notes et Entretiens* qu'il donnait, à intervalles réguliers dans le *Moniteur scolaire de l'Aisne*.

Le recueil sera composé par les soins pieux de M. Th. Salé qui, au sujet des *Causeries*, s'exprime ainsi :

« Comme on les lisait ! Le *Moniteur* arrive pendant la classe : la bande saute. Le maître, la maîtresse, un instant, oublie ses élèves pour communier avec le bon chef, avec l'ami qui, du fond de son cabinet, lui sourit, le réconforte de sa propre énergie, lui met au cœur un peu de sa gaieté. »

On les relira réunies en volume, car M. Forfer a inséré cette clause dans son testament :

« *J'autorise M. Salé, inspecteur à Château-Thierry, à recueillir tous les articles que j'ai pu écrire, pour en faire un volume au bénéfice de mes enfants — si bénéfice il peut y avoir — avec cette dédicace : Dédié aux instituteurs et institutrices de la Drôme et de l'Aisne que j'ai bien aimés.* »

Quelles pensées pleines de vaillance M. Forfer répandait d'école en école, quels sentiments généreux il semait en ses articles, on peut en avoir l'impression en feuilletant quelques-uns de ces *Moniteurs* où l'éducateur prodiguait conseils, avis, directions à ses lecteurs, à ses amis.

Rien de dogmatique dans l'idée, rien de solennel, d'apprêté dans la forme. Ce sont des « Opinions », des « Choses vues », des « Appels », des « Éloges », parfois des « Remontrances » enlevés de verve, en une prose brave et directe, au vrai très classique et de très belle tenue, malgré son apparence d'improvisation. Le ton est familier, de gaieté simple et prenante, d'esprit endiablé. La phrase alerte, vivante, semble sonner la charge pour prêcher, — sans allure de sermon, — des idées de concorde, de solidarité dans le travail. On souriait aux épigrammes qui égratignaient à fleur de peau, et l'on en tirait profit. Et quand parfois l'écrivain prenait un ton grave, l'on songeait, on faisait réflexion sur l'erreur à corriger, sur le progrès à accomplir, le bien à réaliser. Je ne connais rien de semblable en pédagogie, par la vérité de l'accent, rien qui sente moins l'Ecole, et qui ait fait et doive faire autant pour l'Ecole.

Tous les sujets sont abordés par le pédagogue et le moraliste qui n'écrit que pour rendre service à « ses enfants », pour les éclairer sur leurs vrais devoirs, pour les améliorer, pour les soutenir aux heures de défaillance.

Ce recueil unique, riche de faits et d'idées, formera une manière d'Encyclopédie suggestive et attrayante, rédigée avec une verve amusante et amusée.

L'auteur qui est témoin et acteur, parle-t-il d'une « Equipe de conférenciers » qui en 1900 s'est constituée entre instituteurs et adjoints pour venir en aide à l'éducation populaire, M. Forfer dit aux « jeunes gens », en entremêlant la louange et la critique (1) :

« Maintes fois vos meilleurs amis ont pu marquer un regret, un vif regret : vous vous teniez trop à l'écart des collègues plus âgés: Il y avait souvent, ici et là, comme un fossé entre vos anciens et vous-mêmes. Ce n'est pas le moment de rechercher les causes d'une défiance ou, tout au moins, d'une sorte d'éloignement qui se produisait comme d'instinct. L'essentiel, c'est que, grâce à vos pérégrinations conférencières, des liens vont s'établir, ou se resserrer, dont profitera l'esprit de corps.

« Je ne sais pas si la montagne ne voulait pas venir à vous. Mais voilà que Mahomet va vers la montagne. Il la trouve gaie, d'aspect attirant, hospitalière. Déci-

(1) *Moniteur*, 15 janvier 1900.

dément la terre est un séjour plus habitable que quelques-uns, peut-être, ne le pensaient.

« En avant, donc, mes enfants ! Vous êtes dans le bon chemin. Ne vous préoccupez pas des difficultés de la route, ni si tel camarade y marche plus allègrement que son voisin, d'un pas plus relevé, avec plus de vivacité et d'entrain. Ne vous inquiétez pas des comparaisons. Ce qu'il faut voir, c'est le but. Vers ce but allez tous selon votre nature, selon votre intelligence. Mais allez-y de bon cœur et d'âme fervente.

« Et, vous savez, en remerciant votre inspecteur primaire, je vous exprime, à vous aussi, ma profonde et affectueuse reconnaissance. »

Il sait donner les notes les plus diverses. Il est tantôt enjoué, tantôt ému et cela souvent dans la même page, et avec un art où l'art ne se sent pas.

Dans une de ses *Causeries* il résume une Conférence prononcée par lui devant des institutrices et il écrit :

« Partout on se groupe, on se « syndique », on s'unit pour la défense d'intérêts communs. Pourquoi nos institutrices, vouées à la solitude et à l'austérité, condamné à l'effort de tous les instants, menant la vie resserrée que commande la prudence, qu'exige la dignité, pourquoi n'auraient-elles pas leurs journées de détente et de calme, celles où l'on oublie les soucis, où l'on ne surveille plus sa parole et la plus banale de ses pensées, celles où les amitiés se forment ou se reconstituent, où l'on célèbre la fête de l'intimité des intelligences et des âmes, celles où l'on viendrait chercher ou bien donner le réconfort, la consolation, l'espérance, le conseil, l'encouragement, un peu de tendresse et beaucoup de bonté (1)? »

Dans une autre *Causerie* c'est un autre aspect de son talent qui se révèle. Il donne son avis sur un détail de toilette :

« Je vois bien que dans nos villages il faut mesurer

(1) *Moniteur*, 1ᵉʳ mars 1900.

la plume de son chapeau, et mesurer la traîne de sa robe ! » Sous cette forme métaphorique, ce matin, une jeune institutrice remplie d'ardeur, et d'une foi touchante, concluait une conversation que nous avions avec elle, son inspecteur primaire et moi, au sujet de diverses difficultés dont d'ailleurs elle est fort innocente.

« Eh ! oui, mes enfants, il faut tout mesurer. La sincérité des intentions, l'empressement au devoir ne servent pas toujours de défense. Il y a à compter avec les petites passions qui s'agitent autour de vous. Les habitudes et les traditions locales, les préventions et les injustices, la jalousie et la rancune, certaines inimitiés qui s'acharnent moins contre votre personne que contre votre état, l'hostilité naturelle des méchants et des sots contre toute innovation généreuse et bienfaisante, voilà des éléments de trouble et d'insécurité qu'il convient d'examiner d'une âme ferme, mais aussi d'un regard clairvoyant.

« Et n'est-ce pas lâche, ajoutait plaisamment « notre institutrice, de s'attaquer à une petite femme « comme moi, qui ne pèse pas seulement cinquante « kilos ? »

« Allons ! elle a de la gaieté, « la petite femme ». Avec cela, et sa dignité honnête et intelligente, on se tire d'affaire. »

Et dans cette même *Causerie* les dernières lignes résumant un fait saisi sur le vif, en tournée, s'élèvent jusqu'à l'éloquence :

« Je reviens de Château-Thierry où, justement, j'ai eu le vif plaisir de dire à ceux — membres de l'enseignement secondaire et membres de l'enseignement primaire — qui de leur côté ont formé une Association pour lectures populaires, combien leur action me paraît heureuse. Tout le monde s'y est mis de bon cœur : l'inspecteur primaire, naturellement, et le principal du collège, les professeurs, les instituteurs, les institutrices, toute la famille universitaire, étroitement unie dans un sentiment de morale fraternité. Aussi, quelles bonnes soirées on passe là-bas !

« On pourrait se demander seulement par quel miracle vous tous, tant que vous êtes, qui vous donnez si ardemment à l'œuvre de l'éducation des petits et des humbles, vous avez encore la force, après les multiples travaux quotidiens, de soutenir le poids d'une énorme fatigue. Il est à croire qu'on retrouve de nouvelles énergies quand il s'agit de bien à accomplir, et de belles idées à remuer. D'ailleurs, ce n'est pas chez nous qu'on songe à faire l'économie de son âme et de sa santé. »

Dans une *Causerie* intitulée : *Menus propos* et qui traite de choses très sérieuses comme la dénonciation, M. J.-T. Forfer, répondant à un interlocuteur qui est un délégué cantonal, expose son plan d'administration, son système de gouvernement. Il dit quelle suite il donne à nombre d'enquêtes :

« La plupart du temps, tout bien pesé, tout bien considéré, nous *classons* l'affaire, d'accord avec M. le Préfet. Souvent aussi nous donnons des conseils ; nous montrons ce qu'il convient de modifier ou d'améliorer dans l'enseignement et dans les habitudes. Parfois enfin, — mais rare en est la nécessité, et c'est là un éloge pour les nôtres, — nous admonestons paternellement, ou nous blâmons avec quelque vivacité. Pour que nous en venions à cette extrémité, il faut qu'il y ait eu des négligences réelles, ou de notoires défaillances.

« — Ah ! Et après? Voilà des instituteurs mal notés, disqualifiés, et, de plus, découragés.

« — Que non pas ! A côté de la justice, même sévère, n'y a-t-il aucune place pour la bonté, même excessive (1)? Une parole de réconfort, une expression marquant la confiance, rien de tel pour calmer les irrita-

---

(1) La bonté, selon Plutarque, s'étend beaucoup plus loin que la justice. (La note est de M. Forfer.)

tions et adoucir les amertumes. Rien de plus sûr aussi
pour relever les énergies affaissées. Comment pour-
rions-nous en user autrement avec des hommes de tant
de labeur, luttant contre tant de difficultés, et, au sur-
plus, tenant à l'humanité par tant de liens ? Plus fait
douceur... (1). »

J'en passe et des meilleures, car toutes les *Causeries*
présentent un intérêt survivant à la circonstance qui
les a dictées.

Voici comment l'inspecteur qui fut un précurseur,
qui sut accepter et vulgariser les innovations utiles,
apprécie les efforts faits pour donner à l'école son
lendemain :

« Il y a maintenant une vive intensité de vie pour
les intelligences et d'émotion pour les âmes dans la
plupart de nos villages. Hier encore, à la campagne,
j'assistais à une réunion où j'ai été vivement touché
par l'expression de sentiments élevés et de pensées
d'une pure moralité, par des chants à la musique
fraîche, aux pénétrantes paroles. Il y a quelques mois
une « troupe » de jeunes instituteurs et institutrices
portait de canton en canton un choix de saines lectures, et une pièce toute vibrante de l'un de nos grands
poètes. Un peu partout ces « récitations » sont en honneur, et l'association de vos énergies, mes amis, et de
vos talents fait merveille.

« Il n'y a qu'à persévérer. Un peu plus de lumière
dans les esprits, un peu plus de bonté et de tolérance
dans les cœurs, un peu de joie offerte au labeur, et
« divertissant » l'existence pénible de l'ouvrier de la
ville et des champs, n'est-ce point là un idéal de fraternelle humanité ? Il est le vôtre, n'est-ce pas (2) ? »

Autre bulletin, autres pages où se déploie la souplesse de ce beau talent. M. Forter se transforme en
critique littéraire et présente à ses instituteurs dans

(1) *Moniteur*, 15 mars 1901.
(2) *Ibid.*, 15 février 1901.

une analyse du goût le plus raffiné le *Poème de la vie humaine* chanté par Maurice Bouchor (1).

Mais je m'arrête sur cet extrait d'une *Causerie* appelée *Bilan* et où l'administrateur résume l'œuvre accomplie dans et par l'école en 1903. Quelles expressions il sait trouver dans son cœur pour remercier les débutants et les anciens, toute l'armée pacifique qu'a enflammée son exemple et qui a fourni douze mois de bon travail :

« Je vous ferai mes compliments non de votre dévouement, que rien n'a pu affaiblir, ni la longue attente ni certaines déceptions, mais de la réserve sage de demandes, du ton modéré dont vous les avez présentées, du grand exemple de confiance et de discipline que l'on a montré dans ce département.

« Oui, vous avez travaillé cette année pour le petit Français — et parfois pour ses aînés — avec cette conviction et cette vaillance que les préoccupations et les agitations n'ont pu entamer. Soyez-en remerciés. Déjà c'est avec quelque orgueil et en toute sincérité que dans mon rapport de 1903 j'écrivais ces mots : « Nos instituteurs et nos institutrices sont des fonc- « tionnaires d'application, de conscience, de probité. » Pareillement c'est en toute vérité que je signalais, pour en témoigner ma gratitude, la bienveillance des « autorités locales » et des populations de l'Aisne pour le précieux artisan de l'éducation dans ce pays — pour l'infatigable « maître d'école ».

« J'ai le droit aujourd'hui de répéter, sans l'appréhension d'être démenti : « Il y a ici un coin de France « qui va bien. »

. . . .

« Que tout aille bien de même dans vos familles, mes chers amis ! Que les peines, la maladie, le malheur vous soient épargnés en l'an 1901 ! Qu'il vous soit

(1) *Moniteur*, 15 mars 1901.

permis d'exécuter, sans tracas intimes, avec la santé du corps et la gaieté, santé de l'âme, votre rude tâche de chaque jour. C'est le vœu le plus ardent de mon cœur (1). »

Comment ce « brave homme » n'aurait-il pas pendant douze années entraîné de braves gens? Comment n'aurait-il pas gagné leur affection? M. T. Forfer, écrivain, inspecteur, restera comme le type achevé du fonctionnaire qui, né peuple, sut parler aux éducateurs du peuple et qui d'un poste d'administration sut faire un poste d'humanité.

(1) *Moniteur*, 1er janvier 1901.

QUELQUES ALLOCUTIONS

LES DEUX SOURCES [1]

Monsieur le Préfet,
Monsieur le Maire,
Mesdames, Messieurs,

Ce m'est un honneur de représenter parmi vous le ministre de l'Instruction publique et d'être envoyé comme son délégué pour féliciter et remercier M. le maire et la municipalité de Nemours, M. l'ingénieur Billé, M. l'architecte Thirault, qui, par leurs efforts et leur labeur combinés, ont mené à bien l'adduction et la distribution des eaux, la construction d'un groupe scolaire et qui couronnent aujourd'hui l'achèvement des travaux par cette double et charmante fête du Progrès, qu'on pourrait appeler la fête des deux sources.

Car elle est originale et singulièrement heureuse l'idée qui a présidé à la double consécration des deux œuvres en une même journée de réjouissances. Vous avez voulu célébrer à la fois la source de la santé et la source du savoir, l'eau de la terre qui purifie le corps, la lumière de l'école qui éclaire l'esprit et la conscience. Vous avez uni deux forces, l'une physique, l'autre morale, qui toutes deux se combinent en juste mesure d'équilibre pour réaliser la devise antique : la saine raison dans un corps sans souillures.

De plus cette fête des deux sources, — c'est décidément le nom qui lui revient, — emprunte à des circonstances locales un caractère de piquante singularité qui la sauve de la banalité officielle inhérente aux cérémonies inaugurales.

Il y avait une fois, — cela commence comme un conte de fées, — il y avait une fois une jolie source

---

(1) Allocution prononcée le dimanche 18 novembre 1900, à Nemours, à l'inauguration du groupe scolaire et de la distribution d'eau.

chantante et limpide, assez proche d'une jolie ville ceinte de pittoresques et verdoyantes collines. Et la jolie source ne demandait qu'à fournir ses claires ondes à la jolie ville sa voisine. Mais il lui fallut alimenter la grande soif d'une grande cité, d'une majestueuse capitale qui capta ses eaux, au désespoir de la jolie source, de la jolie ville. Aujourd'hui la grande cité, la majestueuse capitale, prise de repentir, n'a pas voulu qu'à cause d'elle sa sœur citadine ne pût se désaltérer, elle lui a fait sa part fraternellement. Ce qui veut dire, légende et poésie mises de côté, que Paris et Nemours sont tombés d'accord administrativement, et que le Loing naissant réjouira et réconfortera, et l'antique *Nemosium*, et l'antique Lutèce.

Salut donc à ces eaux nées près des cimes, filtrées aux bois, à ces eaux claires et vives comme l'esprit français, à ces eaux du terroir natal qui s'élancent jaillissantes, grâce à l'aide prêtée par l'art à la nature. Elles vont circuler à travers réservoirs, artères et canaux, offrant à tous avec le nécessaire, le superflu... si nécessaire et mettant à la portée des ménagères, et des pauvres et des riches, la nette splendeur de la propreté qui ne saurait être considérée comme un luxe.

Qu'elles aillent dans les plus humbles demeures comme dans les plus fortunées apporter bien-être, fraîcheur, gaîté.

Qu'elles soient la boisson préférée du travailleur qui puisera en elles la vraie force, celle qui n'imprime pas une secousse factice et passagère comme fait l'alcool trompeur et meurtrier, mais celle d'où résulte une vigueur soutenue et persistante.

La municipalité de Nemours s'est imposé, et à raison, pour la distribution de ces belles eaux, de lourds sacrifices. Elle s'en est imposé d'aussi importants, et à raison aussi, pour s'offrir cette autre source d'abondantes richesses intellectuelles : un groupe scolaire digne d'elle.

Vous avez voulu, Messieurs, avoir des écoles gaies,

riantes, des préaux, cours, salles de classe, où tout attirât, retînt l'enfance, lui fît aimer l'étude. Vous n'avez pas cherché à construire un de ces édifices somptueux dont on s'est moqué sous le nom de palais scolaires, mais vous vous êtes ingéniés à présenter sous un bel aspect la Maison d'instruction populaire. Vous n'avez ménagé ni l'air ni l'espace. Vous avez joint au confort de l'aménagement intérieur, la parure d'une correcte ornementation.

Il ne vous déplaît pas d'entendre dire, quand on passera devant l'école de la commune, l'école de l'État : « Nemours sait mettre la science en un cadre de beauté. Nemours veut que ses écoles brillent et ne le cèdent pas à ses monuments. »

L'école, l'école laïque et républicaine, l'école où se forment les générations ascendantes des libres citoyens, a le droit, en effet, d'être signalée partout aux regards de tous, par l'ampleur et l'harmonie de ses lignes architecturales. Honorer l'école, c'est pour une ville s'honorer.

Le groupe scolaire de Nemours est déjà ouvert. Déjà vos filles, vos fils s'y pressent en foule. Dans ces écoles modernes j'exprime le désir qu'on donne une instruction moderne. Sur les murs des classes reluiront, je l'espère, des images géographiques, historiques, permettant à l'imagination enfantine d'élargir son horizon. On y verra briller la Déclaration des droits de l'homme et du citoyen, où l'on apprend le devoir de les défendre et pour soi et pour autrui.

Dans l'école de filles, il est à souhaiter qu'on s'occupe un peu d'enseignement ménager, d'économie domestique, qu'on rapproche la classe de la famille.

Dans l'école de garçons, l'instituteur aura à cœur de faire part au travail manuel. Et dans les deux écoles, sur l'instruction à la fois générale et pratique, il conviendra de greffer l'éducation sociale, car à l'heure actuelle, on a autant besoin de tremper les caractères que de développer les intelligences.

Dans les deux écoles aussi, maîtresses et maîtres que je sais si dévoués à leurs disciples, s'efforceront d'introduire la mutualité qui initie écoliers et écolières au sentiment de la prévoyance et de la solidarité, les cours du soir, les conférences populaires qui mettraient, j'en suis sûr, des professeurs volontaires devant des étudiants volontaires. Et un jour viendra, quand la première promotion sera sortie, où une association d'anciennes et d'anciens élèves viendra grossir la « Petite A » de Nemours et grouper autour de vos jeunes écoles des forces jeunes, d'actives gardes d'honneur et de protection.

C'est là ce que j'augure pour cette seconde source de vie qui, elle aussi, aujourd'hui vient de bruire et de s'épandre dans votre « petite patrie ». Et me penchant sur le miroir de sa nappe claire, je l'interroge sur l'avenir de ceux qui, demain, s'abreuveront à ses flots féconds.

Que nous donnera la maison d'école qui vient de surgir sous le ciel? Parmi les appelés, j'attends l'élu de demain. O toi qui t'exerces au calcul, seras-tu un émule du mathématicien Étienne Bezout à qui Nemours éleva une statue? Toi qui t'amuses à pétrir de la terre entre tes doigts malhabiles, nous donneras-tu un sculpteur comme Samson, qui a doté Nemours d'une radieuse statue? Toi, rêveur, qui t'isoles, qui médites, nous rendras-tu la grave figure de ce penseur et de ce politique Dupont qui était fier de s'appeler lui-même, quoique Parisien, Dupont de Nemours?

Qui d'entre les nouvelles recrues de la nouvelle École grossira le nombre des célébrités dont s'enorgueillit la ville druidique?..:.

Mais à défaut d'hommes illustres, une riche floraison d'hommes utiles, d'hommes de bien, sûrement, s'épanouira. Car si l'on ne peut se flatter de devenir un fils glorieux pour sa ville natale, on peut toujours être un bon fils, reconnaissant envers ses frères de la cité, des services qu'ils lui ont rendu aux années d'en-

fance et d'adolescence, et heureux de revendiquer sa
part de labeur dans la tâche commune : et c'est là ce
qui importe dans une République.

LES DEUX JEAN (1)

MESDAMES,
MESSIEURS,

De toutes les fêtes triomphales qui, du Nord au Sud,
des Alpes à l'Océan, dans vingt-cinq mille communes
du pays de France, ont été célébrées en son honneur
et ont déroulé leur splendeur d'apothéose, je suis convaincu que Jean Macé, mon maître, eût préféré la
fête aimable et charmante que Château-Thierry a eu
l'ingénieuse délicatesse de donner comme épilogue et
comme couronnement à la manifestation vraiment
nationale du 19 juin.

Aurait-il jamais osé rêver, en sa modestie si sincère et si fine, experte en l'art des nuances, qu'un
jour, un seul jour même, on unirait son nom à celui
de de La Fontaine, on entrelacerait un instant, en son
honneur, quelques feuilles de chêne au laurier toujours vert dont, chaque année, fervents du souvenir,
vous ceignez le front de votre immortel concitoyen ?

La fête des deux Jean, originale, témoigne en faveur de votre sens critique, singulièrement averti, qui
a su saisir entre les deux hommes et les deux écrivains certaines affinités de caractères, de goûts, de
tendances naturelles qui ont permis de les rapprocher, malgré la distance séparant le talent du génie,
et qui se précisent dans la soudaine évocation suscitée
par la cérémonie d'aujourd'hui.

(1) Discours prononcé le 26 juin 1902 à Château-Thierry. (Fête des
Écoles.)

Comme Jean de La Fontaine dont Voltaire disait :
« Ce fut le plus simple des hommes », et qui n'aima
rien tant que la liberté, Jean Macé fut affable et cor-
dial, accessible à tous, épris d'indépendance.

Comme Jean de La Fontaine, comme le « contem-
plateur », Jean Macé adora la nature, les courses à
travers champs, au bord de « l'onde transparente », et
les prés et les bêtes, et, aux lieux mêmes que chanta
le poète, sur vos vertes collines, il alla souvent ou
promener sa rêverie, ou chercher l'inspiration, lui
aussi, dans « l'innocente forêt », « loin des cours et
des villes », près des « Neuf Sœurs », ou bien encore,
le soir, il étudia

Les noms et les vertus de ces clartés errantes

dont il suivait la lueur subtile et mélancolique
dans le silence et le mystère des nuits champenoises.

Comme Jean de La Fontaine, Jean Macé eut le don
de vivacité rayonnante, de gaieté spirituelle et prime-
sautière, de verve jolie, « à la française », et sa prose,
vive, preste et légère, se ressent du commerce qu'il
entretint avec la poésie ailée de son auteur préféré,
de celui dont si souvent il répétait les vers, sous les
« sombres asiles » des hêtres et des sapins.

Comme Jean de La Fontaine, Jean Macé cultiva
l'apologue, et cela dans ses discours, dans ses articles de polémique, dans ses leçons, dans ses livres
de vulgarisation comme : *la Bouchée de Pain, les Serviteurs de l'Estomac, l'Arithmétique du Grand-Papa*, où
si souvent la fable « fait passer le précepte », et même
lui aussi fut conteur : témoin *Friquet et Friquette, la
Hache et le Pot-au-Feu, la Montre enchantée*, mais ses
contes n'allaient pas à la même adresse que ceux du
Bonhomme. Et si Jean Macé fut professeur, « professeur de demoiselles », « professeur du peuple », par
vocation, par passion de propagande, Jean de la Fontaine, au vrai, ne le fut pas moins, quoique involon-
tairement, car n'est-ce pas être professeur que d'être

classique et que de meubler de belles histoires la mémoire des enfants et des hommes dans tous les pays, et à toujours ?

Enfin, par une curieuse conjonction de leurs destinées, de même que Jean de La Fontaine eut Château-Thierry comme berceau, Jean Macé, après avoir vécu non loin de votre pittoresque cité, près d'elle, à Monthiers, a son tombeau.

Et je ne doute pas qu'aux « Champs Elyséens », tout semés d'asphodèles, où la légende veut que les âmes sœurs se rejoignent, les deux Jean s'étant rencontrés, leurs ombres ne conversent doucement de ce qui leur fut cher sur la « machine ronde » et qu'à leurs causeries, toutes relevées de finesse et de saveur gauloise, les Lucien, les Fénelon, les Renan, n'assistent charmés, avec le regret de n'avoir pu fixer de si attachants entretiens dans leurs « Dialogues des morts ».

C'est, Messieurs, le 29 septembre 1872, qu'au pays de Jean de La Fontaine Jean Macé demanda l'hospitalité. Il fut, pendant près d'un quart de siècle, l'hôte de ce coquet village de Monthiers où, chaque semaine, au sortir du Sénat, il se rendait, par vos plateaux onduleux, après avoir passé, comme l'autre Jean :

> Par un chemin montant, sablonneux, malaisé
> Et de tous les côtés au soleil exposé.

qui, de Château-Thierry, s'élance vers les collines prochaines.

Chassé d'Alsace par la guerre, Jean Macé retrouva Beblenheim à Monthiers et y transplanta son pensionnat, si célèbre en deçà comme au delà des Vosges sous le nom de « Petit-Château ».

C'est à Monthiers que j'ai, par trois fois, fait un pèlerinage d'affectueuse et de respectueuse admiration dont le souvenir ne saurait s'effacer de mon cœur.

Je refais d'abord, en pensée, la première visite au maître que je trouve entouré de ses élèves, j'assiste à une classe combien active et vivante, je me promène dans le parc, à travers les allées, je parcours la demeure féodale, devenue foyer de travail intellectuel.

Puis, en décembre 1894, avec les disciples du fondateur de la Ligue de l'Enseignement, du précurseur qui voulut et obtint l'école vraiment nationale, je m'achemine, au penchant du coteau, vers le petit cimetière où le maître dort son éternel sommeil, sous une pierre tombale en granit rose des Vosges.

Enfin, à l'occasion de la fête dite de la 3 000ᵉ, car 3 000 sociétés étaient adhérentes à la puissante Ligue de l'Enseignement, je revois le Petit-Château, le cimetière, enfin l'école de Monthiers où, tant de fois, auprès de Dugué, l'instituteur, celui-là même qui a été avec M. Couesnon, le promoteur de la cérémonie actuelle, Jean Macé accourait pour échanger avec lui ses impressions, ses vues éducatrices.

Déjà ce jour-là — il y a un an — Jean Macé commençait à entrer dans la gloire. On s'inclinait devant le novateur, on comprenait l'immense et utile effort de celui qui, avec Emmanuel Vauchez, avait si vaillamment lutté, par la plume et par la parole, pour arracher par un pétitionnement de plus d'un million de signatures le vote des lois scolaires, et pour élever l'enfance et l'adolescence urbaine et rurale vers le progrès et vers la lumière.

Et ce jour-là aussi, Monthiers, entouré d'une prestigieuse auréole, participait de la célébrité conquise par son hôte, comme l'Yverdon d'un autre Pestalozzi, comme l'Isnaïa Poliana d'un autre Tolstoï. Le nom de Monthiers était indissolublement lié au nom de Jean Macé.

Et s'il m'était permis de formuler un vœu, je souhaiterais que le « Petit-Château » de Monthiers, dont l'appellation figurera dans l'histoire de l'instruction publique en France, devînt, soit comme « colonie scolaire », soit comme « asile de retraite pour les institutrices », une maison d'amitié, d'effective solidarité, où se rendraient chaque année les admirateurs de Jean Macé et, sur cette terre d'élection où il médita, où il élabora ses plans, prendraient des forces nouvelles pour les entreprises réformatrices de demain. Car ne devons-nous pas, nous aussi qui nous réclamons de l'idéal rationnel et républicain, ne devons-nous pas instituer des pèlerinages civiques des pèlerinages de légende laïque, où la foule communiera dans la piété du souvenir, dans le réconfort de la loi sociale puisée aux origines, aux sommets, là où frémit la pensée, là d'où s'élança l'action ?

Mais aujourd'hui, il me semble que mon désir, que mon rêve est debout et en marche, dans un rythme antique de formes, de couleurs et d'harmonies. La fête de l'enfance que donne Château-Thierry en l'honneur de Jean Macé est l'annonce et comme le gage des permanentes commémorations que réclame la gratitude populaire.

Jeunes filles, qui défilez en théorie gracieuse devant le buste de celui qui enseigna vos aînées, qui vous voulut instruites et qui vous voulut armées pour vos futurs devoirs, d'épo   et de mères, jetez des roses avec des li-   ez l'envol des strophes dans la lumière joy u   de l'air. Le geste joli et l'accent sincère de votre hommage eussent été agréables au grand éducateur féministe, au doux et souriant apôtre, au « camionneur d'idées » libératrices qui se consolait de toute peine et « dans l'âme » de qui « se faisait le jour » quand il se penchait — comme il l'a dit — vers « une petite tête rieuse d'enfant, où sommeille une âme qui va bientôt s'éveiller ».

LES VOYAGES SCOLAIRES [1]

MESSIEURS,

Vous me faites beaucoup d'honneur en m'appelant à la présidence de votre assemblée générale, et j'en sens vivement le prix. Au vrai, je crois que M. André, le promoteur de votre œuvre, m'a demandé de venir au milieu de vous, parce qu'il me sait un grand voyageur. Je dois à mes pérégrinations de propagandiste sur les routes de France, l'agréable supplément de tournée pédagogique qui, au dernier jour du dernier mois scolaire, m'arrive dans la vieille cité rémoise.

Vous parlerai-je des voyages en général, de leur utilité ? Vous me permettrez, comme il ne s'agit pas d'une distribution de prix et qu'on n'est pas condamné à choisir un sujet de si heureuse originalité, de me dérober à un inutile exercice de rhétorique qui m'amènerait à célébrer la louange des « yachtmen », depuis Ulysse et Télémaque jusqu'aux « globe trotters », comme Gaston Stiegler, et d'unir, dans des périodes enguirlandées au pédestrianisme des coureurs antiques l'automobilisme de Marcel Renault qui fut mon élève, en passant par la vélocipédie, le patinage, l'équitation, l'alpinisme, la navigation aérienne, sous-marine, que sais-je encore ? Car le tourisme aquatique et terrestre et céleste est à la mode, et l'on peut disserter à l'infini sur les différentes formes qu'affecte la locomotion de l'animal humain, riche en audaces et en fantaisies.

Je tiens à vous parler de vous-mêmes à vous-mêmes et à exprimer tout le bien que je pense de votre œuvre si nouvelle et si attachante des voyages que vous avez si bien dénommés scolaires.

____

(1) Discours prononcé à Reims (juillet 1904), à l'assemblée générale des voyages scolaires.

Ils sont scolaires. Et c'est là leur marque propre. Ils sont scolaires, sans rien d'hirsute et de rébarbatif.

Ils sont, vos voyages scolaires, une école combien attrayante, combien curieuse, de voyages. Oui, une école de voyages. Et il fallait que cette école fût fondée, que cette école spéciale et nécessaire, due à l'initiative privée, s'inspirât, à côté des écoles officielles, même des grandes écoles, car elle sera sûrement imitée et rendra de précieux services à des milliers d'enfants. Grâce à votre école de voyages, écolières, écoliers savent préparer un départ, utiliser leur temps, ménager leurs forces, voir exactement et à propos, noter avec netteté leurs impressions, en faire une relation précise.

Ils sont, vos voyages scolaires, une école d'émulation, car on n'est de la caravane d'honneur que si l'on a enlevé de haute lutte, avec la mention très bien, le certificat d'études primaires.

Ils sont une école de solidarité, car les candidats aux excursions acquittent, au profit de leurs camarades les plus méritants, la contribution volontaire de dix centimes.

Ils sont une école de géographie vivante et pittoresque et ils font envier la « petite patrie », votre Marne fière de son passé historique qui résume les annales de la grande patrie, fière de ses vignes, fière de ses industries. Ils associent au culte que l'on doit avoir pour le pays natal, ville ou village, l'amour de la France, car il est permis à vos jeunes mutualistes de l'excursionnisme de visiter l'Aisne, les Ardennes, une partie de la Meuse, de l'Oise, et aussi Versailles et Paris. Et ils n'excluent pas la connaissance de l'étranger, car ils ont aidé et vos pupilles et votre idée à franchir la frontière et à pénétrer chez nos voisins les Belges.

Ils sont une école d'assiduité. Savez-vous, Messieurs, que vous nous apprenez, à nous autres, gens du métier, comment il faut s'y prendre pour combattre l'absence — le plus grand des maux... scolaires, — comme a presque dit le grand poète champenois. Mais vous apportez au difficile problème de la fréquentation une solution élégante à souhait. La présence en classe est exigée de vos nombreux appelés pour qu'ils deviennent des élus.

Oui, des élus, car vos voyages scolaires sont une école d'apprentissage électoral. C'est le suffrage des électeurs qui désigne la phalange des caravaniers. Vous initiez au mécanisme du vote, au mystère du bulletin, les futurs citoyens. Un avis, lu dans les classes, remplace l'affiche, et dans un sage esprit d'économie. Même, en apôtres d'un féminisme qui devance les temps et prépare l'avenir du pays, vous conférez le droit électoral aux écolières, qui, après avoir savouré l'avant-goût du breuvage sacré aux années d'enfance, ne voudront sans doute pas renoncer à ses douceurs dans l'âge mûr. Ecoliers, écolières courent à l'urne, — mais est-ce bien une urne? — à qui mieux mieux. Interview, enquêtes... déjà avaient manifesté de façon bien amusante leur sympathie pour le système de l'élection, à quoi décidément ils tiennent beaucoup. Un garçon écrit : « Le procédé est très juste. Les élèves, se connaissent bien entre eux. Si le maître désignait lui-même celui qui doit faire le voyage, il y aurait des jaloux. » Une fillette écrit : « Si c'était le plus *savant* de l'école qui fasse le voyage, ce ne serait pas toujours le meilleur camarade. Donc. vite le vote. » Et dans l'article très documenté, très spirituellement rédigé, qui a paru, sous la signature de M. André, dans la *Revue pédagogique* et dont j'extrais ces deux citations, je trouve ce passage que je livre à la méditation de mes contemporains :

« Nos électeurs en herbe se sont admirablement comportés. Ils ont fait preuve d'une droiture, d'un jugement et d'un désintéressement qui pourraient servir d'exemple aux électeurs de l'ordre politique.

« Fort peu d'enfants se sont donné leur voix et

beaucoup d'entre eux ont été élus, au premier tour, à la majorité absolue.

« Un certain nombre d'heureux avaient échoué à l'examen du certificat d'études primaires. Leurs camarades, bons appréciateurs du mérite réel, ont tenu à réparer l'injustice du sort.

« Partout, le vote a excité un vif intérêt et s'est effectué de la façon la plus correcte.

« Très rares ont été les tentatives de petite corruption électorale — corruption n'est pas trop fort — tentatives qui n'ont pas échappé aux instituteurs et aux institutrices.

« Et c'est bien l'élite qui a été nommée, chaque année.

« C'est que l'enfant possède au plus haut degré le sentiment de la justice et qu'il est très fier de la confiance que son maître lui témoigne. »

Messieurs, votre œuvre a cinq ans d'existence. Elle a fait participer 1 311 enfants à son action. Elle a pu dépenser utilement plus de 20 000 francs. Elle a su grouper autour de l'école plus de 2 000 amis et collaborateurs. Elle a l'appui des municipalités urbaines et rurales.

Et c'est surtout ce dont je loue le président et ses collaborateurs qui auront sûrement la joie de voir leur œuvre, de locale, devenir nationale et faire, par l'école, le tour de France.

Car l'école, l'école laïque a besoin, à l'heure présente, de se rendre populaire par ses bienfaits. Il faut, puisqu'elle s'assure la prépondérance, qu'elle s'unisse à la famille, qu'elle s'appuie sur la cité. Elle construit. Elle élève. Mais elle a une tâche plus ardue et plus féconde aussi à remplir. Elle doit être la maison d'amitié. Ouverte pour l'enfance à qui garderies, cantines, ouvroirs, enseignements ménagers sont dus. Ouverte pour l'adolescence à qui sont dus : cours du soir, conférences, lectures, associations, patronages, mutualités, qui savent faire s'assembler à la veillée pères, mères, jeunes gens communiant dans la même reconnaissance pour les instituteurs et pour les éducateurs volontaires du peuple.

L'école, l'école laïque, ne sera grande et forte que si, par des annexes, comme l'œuvre des voyages scolaires, nous la complétons et l'étayons, que si nous lui conquérons, au prix d'un effort obstiné, l'influence que donne le dévouement mis au service de la foi sociale.

L'ASSOCIATION ERNEST-RENAN (1)

MESDAMES,
MESSIEURS,

Ce m'est un honneur, et dont je sens tout le prix, que de présider la séance inaugurale de l'association de la « Fraternité laïque » qui, pour marquer nettement de quel idéal elle se réclame, s'est placée sous le patronage d'Ernest Renan. On ne saurait trop féliciter les promoteurs de l'œuvre d'avoir rendu un hommage de reconnaissance, de filiale piété au penseur qui eut foi dans les progrès de l'humanité, dans l'avenir de la science, qui aima la jeunesse, et qui lui disait, dans un discours demeuré célèbre : « Dans tous les états sociaux que vous pourrez traverser, il y aura du bien à faire, du vrai à chercher, une patrie à servir et à aimer. »

Votre part d'action et de dévouement, vous la revendiquez aujourd'hui, et vous devez supposer avec quelle joie sincère vous accueillent les amis de l'éducation populaire. Ils attendaient de voir s'affermir en vous la

(1) Discours prononcé pour la fondation de la Société (décembre 1905).

volonté de passer de la théorie à l'application. Ils espéraient, ils escomptaient votre secours.

Dès 1897, à la Sorbonne, à la distribution des prix du concours général, l'un d'entre eux, un professeur, se permettait d'adresser un appel à la jeunesse des écoles en faveur des institutions post-scolaires et leur disait :

« Les universités qui viennent d'être organisées ne doivent-elles pas être à la fois des universités savantes et des universités populaires ? Les étudiants n'ont-ils pas un poste d'honneur à occuper dans les classes d'adolescents et dans les cours d'adultes ? C'est « l'action nécessaire » où les convient les ouvriers de l'œuvre nouvelle... Ils se pencheront vers qui a soif d'apprendre, et l'eau vivifiante, puisée aux sources, près des cimes, ils la répandront autour d'eux en nappes bienfaisantes. Ils iront aux « étudiants populaires », eux, les étudiants des universités. Ils les aideront, de fraternel élan, à monter vers le progrès et vers la lumière. Ils combleront des inégalités pour les hausser à une égalité supérieure... On s'égayera peut-être de les voir si graves, étant si jeunes. Peut-être les moquera-t-on ? Mais qu'importe ! N'y a-t-il pas une assez grande attente à remplir, assez de bien à réaliser, pour qu'on puisse hardiment s'exposer comme rançon à la malignité d'éphémères épigrammes ?... Bientôt, jeunes gens, vous serrerez les rangs dans cette même armée du devoir et de la solidarité qui s'organise ?... A quoi dépenseriez-vous mieux une heure de votre repos qu'à établir un courant de chaude sympathie entre vous, qu'on nomme les « intellectuels », et l'adolescence ouvrière, qu'à faire retentir, au-dessus des intérêts et des passions attisés et avivés par tant d'autres, une parole de paix et d'amour ? N'est-il pas permis d'augurer de ce rapprochement passager, qui aura pour durée la préparation aux examens et aux concours, un rapprochement plus étroit et plus solide qui aura pour durée la vie tout entière ? Plus tard, il y aura concert, émulation d'efforts au profit d'auditeurs, de collaborateurs comme au temps de la jeunesse studieuse. Il y aura élan de travail en commun, de progrès économique et social. »

L'appel était sans doute prématuré. Il en est des institutions sociales comme des fruits : elles ne se forment et ne mûrissent qu'au temps prescrit par la saison et le milieu. Peut-être était-il nécessaire que les œuvres fissent leurs preuves, pussent affirmer leur vitalité, grandissent sous l'effort d'une première génération de collaborateurs professionnels, avant que la loi de l'évolution ne fît entrer des aides volontaires dans l'immense champ de labour pour y creuser d nouveaux sillons.

Aujourd'hui, Messieurs, vous accourez en troupe nombreuse, et tous résolus à payer votre part de dette sociale. Vous avez compris que l'heure était grave. qu'elle faisait date dans l'histoire de ce pays. Vous vous êtes rendu compte qu'il fallait vous grouper, vous concerter, former un faisceau de forces jeunes et agissantes pour la défense des idées émancipatrices que d'autres associations attaquent avec une inlassable ardeur. Vous avez voulu opposer une organisation laïque à des organisations fidéistes que chaque jour davantage fera surgir la loi sur la séparation des Églises et de l'État. L'arme dont on use contre la République, contre l'école et son lendemain, vous la maniez pour la protection et l'extension de l'éducation républicaine.

M. Mousset, votre secrétaire général, qui, avec ses codélégués, MM. Marcel Braibant, Vincent, Hubert, Mazerand, a bien voulu m'entretenir de vos projets, a nettement délimité le cadre où pourra se mouvoir votre activité. Il a fixé, d'accord avec ses camarades, le programme de travail, le plan d'action. Peut-être est-il possible d'y ajouter quelques commentaires que sa modestie lui interdisait d'introduire.

Votre œuvre, Messieurs, opère un rapprochement ; elle fait vraiment, selon son titre, l'Union entre les étudiants universitaires et les étudiants populaires ; entre les élèves des grandes écoles : École normale supérieure qui a fourni à elle seule vingt adhérents, École des Chartes, à laquelle appartient votre secrétaire général, École de Médecine, Faculté de Droit, École des Hautes-Études, et les élèves et anciens élèves des écoles primaires. Elle établit des liens étroits entre le monde du travail intellectuel et le monde du travail manuel. Et elle a tenu à le prouver en fixant son siège social, sa permanence, son office de consultations, de renseignements, son secrétariat du peuple, en plein centre d'activité commerciale et productive, rue Saint-Marc.

C'est moins aux universités populaires, aux sociétés d'instruction qui ont leur personnel de lecteurs et de conférenciers que vous pourrez rendre d'utiles services, qu'aux associations d'anciennes et d'anciens élèves, qu'aux patronages dont l'importance s'affirme à l'heure actuelle et dont il faut s'occuper d'urgence. Et c'est l'originalité de votre œuvre — une œuvre vraiment démocratique, à l'abri des crises présidentielles, et pour cause, — c'est ce qui la différencie des autres sociétés qui, en premier plan, placent l'enseignement, tandis que vous faites une part prépondérante à l'éducation sociale.

Sans doute, la tâche que vous avez librement choisie sera moins éclatante. Elle mettra moins encore les talents individuels en évidence. Elle sera même inglorieuse et pauvre. Car la tenue, la surveillance d'un patronage, d'un groupement post-scolaire ne fait guère de bruit dans le monde. Mais quelle besogne pratique, féconde, il vous sera donné d'accomplir ! Quels bienfaits vous répandrez en vous communiquant, en faisant profiter de moins favorisés que vous de ce savoir qu'un heureux privilège vous a permis d'acquérir ! Et quelles satisfactions vous éprou-

verez à voir se fortifier les volontés naissantes, s'élargir l'esprit de vos disciples, grâce aux leçons, aux
conseils affectueux que vous leur prodiguerez en
frères aînés. Vous reconnaîtrez vite, à l'user, qu'il
n'est pas au-dessous de votre mérite de vous faire les
humbles éducateurs de l'enfance, d'assumer le pré-
ceptorat moral et social des écolières, des écoliers
débutants.

C'est par la musique, le chant, la lecture, la conférence que vous récréerez, que vous instruirez vos coopérateurs, vos associés. J'attends beaucoup de votre
intervention. J'ai l'espoir que vous saurez composer
des spectacles d'art et de beauté, que vous nous aide-
rez à proscrire des préaux d'école certains numéros
de programmes qui sont loin d'exercer une salutaire
influence sur les auditeurs, que vous ferez autour de
vous l'éducation du goût public. Certes le rire, le rire
robuste et sain, le rire franc dont nos grands auteurs
comiques amusent la foule, accueillez-le, faites-lui sa
place. Mais condamnez résolument et chassez le rire
né de l'équivoque, le rire grivois et grossier, provoqué par des monologues et refrains improvisés par de
dangereux entrepreneurs d'immonde littérature. Pui-
sez la joie à des sources pures. Faites aussi sa part à
l'idéal contenu dans les œuvres, soit classiques, soit
contemporaines, et élevez vers lui l'âme populaire.

Les *lectures* s'ajouteront aux représentations. Elles
feront connaître, élargissant l'action de Maurice Bouchor, la transplantant en d'autres milieux, poètes et
prosateurs d'hier et d'aujourd'hui. Vos équipes vo-
lantes vulgariseront de belles anthologies, toujours
renouvelées par vos patientes recherches et par votre
curiosité de lettrés délicats et avertis.

Les *conférences* faites par les « Ernest-Renan » —
car on vous appellera bientôt ainsi — présenteront ce
caractère de nouveauté, qu'elles ne seront pas isolées,
disparates et comme aheurtées, mais qu'elles formeront, par séries, de véritables cours gradués, qu'elles

constitueront, grâce à la spécialisation des orateurs, des leçons qui, pour être vivantes et éloignées du pédantisme et de l'ennui, n'en seront pas moins fortement documentées.

Quant à vos *causeries-promenades*, elles ne seront point l'imitation de visites-conférences pratiquées par d'autres groupements, et avec succès. Vous ne vous en tenez pas à la découverte et à l'explication du Paris monumental, historique, artistique. Vous voulez initier vos compagnons d'exploration au mécanisme du Paris de l'assistance publique et privée, du Paris de la pitié, de la solidarité humaine. Vous entreprendrez avec eux un long voyage au pays de la souffrance et aussi de la bonté. C'est là une innovation qui fait honneur à votre esprit de généreuse initiative, aux sentiments d'altruisme dont vous êtes animés. Et c'est une voie où vous serez suivis, car jamais on n'éprouva autant le besoin de connaître le problème de la misère, jamais on n'eut tant le désir d'en trouver la solution.

C'est là, Messieurs, ce que vous apporterez à la jeunesse des écoles primaires, aux étudiants populaires, vous, les étudiants universitaires. Et avec cela, qui, en apparence, n'est que promesses et intentions, la volonté d'agir, le don de vous-mêmes, l'élan de vos intelligences et de vos cœurs. Vos après-midi du jeudi, du dimanche, vos heures de rêve, de flânerie, de loisirs délicieux, vous les consacrerez sans compter à vos amis, à vos frères.

Mais eux, les étudiants populaires, en échange, ne vous offriront-ils rien ?

J'ai la conviction que la prise de contact des « deux jeunesses » sera profitable à toutes deux également.

De l'enseignement que vous donnerez, vous retirerez aussi un précieux et robuste enseignement. Quelles leçons de patience, de ténacité dans le travail vous recevrez des étudiants populaires ! Cet apprenti, cet employé, qui, après avoir peiné tout le jour, s'en viennent

le soir, à l'association, au cours de perfectionnement, ne sont-ils pas de vrais professeurs d'énergie?
Ils vous révéleront la dignité, la noblesse du travail
manuel. Ils vous initieront à la vie ouvrière. Et cette
fillette, ce garçon qui, au patronage, en pleine ouverture de cœur, vous parleront, quelle détresse matérielle et morale ils vous découvriront trop souvent et
comme ils vous indiqueront le devoir qui s'impose à
vous de lutter pour restreindre les ravages de l'alcoolisme, de la tuberculose, pour faire pénétrer toujours
plus d'air, plus de lumière dans l'habitation du travailleur rendue enfin habitable à l'être humain !

Oui, Messieurs, par l'association des efforts, c'est
vraiment l'union que vous scellez entre les fils d'une
même patrie qui ne peuvent s'ignorer, se méconn-
naître.

De Paris, de la montagne Sainte-Geneviève et de
Montmartre, où elle est née, l'œuvre gagnera les départements, d'écoles en universités. L'association
Ernest-Renan se greffera sur les associations d'étudiants dans toutes les villes de Facultés. Partout l'apprentissage de la vie sociale se fera en commun dans
la France scolaire. Des sections se fonderont, conser-
vant leur autonomie, s'adaptant aux besoins de
chaque région, mais reliées à la société mère et s'inspirant de sa pensée. Et les étudiants universitaires,
et les étudiants populaires, au Nord, au Midi, s'atta-
cheront à construire, dans la joie de l'aide mutuelle.
la Cité de demain, le Cité de justice, de paix et
d'amour.

FÊTE CIVIQUE DE LA JEUNESSE (1)

Mesdames,
Messieurs,
Jeunes Gens,

« Je remercie la Fédération régionale des Petites A. d'avoir associé M. le ministre de l'Instruction publique à votre originale Fête de la Jeunesse qui met de l'allégresse dans tous les cœurs et aussi de l'espérance, par tout ce qu'elle tient et par tout ce qu'elle promet. Vous l'aviez, l'an dernier, à la célébration inaugurale, placée sous les auspices d'un historien, M. Aulard, qui, d'un verbe précis et fort, en un discours d'ouverture où la documentation se haussait à l'évocation, montra les liens qui la rattachent aux fêtes lyonnaises de la Révolution, et qui en font une journée digne d'entrer dans l'histoire. C'est à un modeste éducateur que, cette année, vous décernez l'honneur d'une présidence dont il sent le prix délicat, et qui vous est reconnaissant, en pleine sincérité de cœur, de l'avoir admis à collaborer à la grande journée de l'Éducation populaire.

La Fête civique de la Jeunesse, qui ne pouvait demeurer manifestation unique. vite effacée des mémoires, et qui est une suite, une continuation heureuse et logique, en attendant de devenir une tradition lyonnaise et demain nationale, est une fête de joie réconfortante, car elle confond en une synthèse charmante la joie de la nature et la joie de la vie humaine en leur fraîche nouveauté, en leur floraison naissante. C'est le printemps de l'année qui, de ses fleurs. de sa parure rajeunie, forme un verdoyant

(1) Discours prononcé le dimanche 17 mars 1907. à l'hôtel de ville de Lyon, à la Fête civique de la Jeunesse.

décor au printemps de la vie. C'est le renouveau de la sève montante aux bois, aux prés, aux monts, s'unissant au renouveau des générations ascendantes.

La Fête civique de la Jeunesse est fête du devoir aussi et de la reconnaissance. Ceux qui ont vingt ans viennent remercier les aînés, les devanciers, d'avoir formé leurs intelligences, trempé leurs caractères, de leur avoir donné le viatique des pensées droites et des calmes volontés.

Et la Fête civique de la Jeunesse est surtout et vraiment la fête de la cité tout entière. Elle rapproche dans l'hôtel de ville, où chaque pierre rappelle une date de vos glorieuses annales, hommes, femmes, enfants, vieillards — âges et métiers confondus; elle les fait communier en un même idéal, en un même amour, en un même élan de confiance. Dans ce cadre du passé, elle salue et consacre ceux qui portent en eux l'avenir.

On ne saurait trop vous louer et vous remercier d'avoir été dans Lyon, ville des œuvres, les promoteurs de cette œuvre originale qu'est la Fête civique de la Jeunesse. C'est une victoire de la décentralisation. Vous avez su prouver qu'une grande métropole provinciale pouvait et savait donner un exemple qui doit être proposé à l'imitation de Paris et du pays tout entier.

La Fête civique de la Jeunesse vient à son heure et de façon précise, et singulièrement heureuse et appropriée étroitement aux circonstances.

Fête d'art, fête de goût, elle est, dans la pensée de celui qui la voulut et la réclama, M. Bador, et elle s'affirme dans la réalisation, comme une manière d'énergique protestation contre les spectacles douteux, contre les numéros de cafés-concerts, de gaieté si factice et si attristante, qui sévissent encore trop dans les milieux post-scolaires.

Elle offre le type de ce que doit être la matinée littéraire dédiée à la famille assemblée. Elle combine musique, poésie, toujours puisées aux sources les plus pures, en une juste mesure d'harmonie et d'équilibre. Elle fait sa part à la gaieté, mais à la gaieté saine et robuste qui, sans alliage du comique grossier, fait épanouir rires et cœurs. Elle prouve que la joie n'a pas besoin de se dégrader pour récréer, que même elle a une vertu éducatrice.

Vous avez compris qu'à ce moment de l'évolution historique, aux fêtes d'inspiration fidéiste qui, de leurs chants, de leurs pompes, par la magnificence de l'apparat, agissaient sur l'âme des foules, il fallait, pour remplir le vide qu'elles laissent par leur disparition, substituer des fêtes d'inspiration humaine. Vous comptez que la foi sociale, aux heures de loisir, de repos, comme aux heures de labeur, saura bercer l'humanité comme le fit la foi religieuse.

Votre Fête civique de la Jeunesse ouvre une voie où l'on s'engagera sûrement. D'autres fêtes auront lieu et dans les cités et dans les villages, qui renoueront la tradition révolutionnaire. L'Enfance, la Nature, les Moissons, le Renouveau seront célébrés.

L'art populaire — art lyrique, art dramatique, art décoratif, art du plein air et des cortèges — saura découvrir des formes toujours renouvelées, toujours rafraîchies, saura prêter et la grâce et la force aux manifestations de la publique allégresse.

Mais en attendant que se lève l'aurore de ces fêtes variant avec les saisons, avec l'ambiance économique et sociale, de ces fêtes pieusement commémoratives, permettez-moi de souhaiter que la Fête civique de la Jeunesse s'étende bientôt, à Lyon comme dans toutes les autres cités, à toute la Jeunesse.

Ce sont les « Étudiants populaires » qui l'ont inaugurée. Je forme le vœu que les Étudiants universitaires se joignent à eux, et que jeunesse des magasins et jeunesse des laboratoires, jeunesse des ateliers et jeunesse des lycées, collèges et facultés, toute la jeunesse de France, nourrie aux doctrines de l'Université, célèbre, le même jour, à l'entrée de la vie civique, la Fête de la Cité, prenne le même engagement de loyalisme, de solidarité agissante devant la Nation.

La Fête aura de la sorte toute son ampleur et sa signification morale et politique. Elle rapprochera ceux que les hasards de la naissance, de la fortune, des vocations, ont séparés aux années d'adolescence. Elle unira dans une même pensée, dans le rythme du même geste, tous les enfants de la famille appelés à creuser même labour dans le champ de l'activité nationale, pour collaborer au progrès de la Patrie et de la République.

LA LUTTE SCOLAIRE

LES DEUX JEUNESSES

On a épilogué beaucoup, à droite et à gauche, sur la victoire républicaine remportée aux élections de mai 1906. « Quelles en sont les causes ? » se demandait-on. Il va de soi que l'opposition les fait remonter à la pression gouvernementale, qui, existât-elle, n'exerce pas grande action, à la découverte du complot, qui, au vrai, peut n'avoir pas été sans influence.

Mais il est des causes profondes — toute une préparation méthodique, un entraînement progressif et rationnel — que seuls les initiés connaissent, et qui ont, lentement mais sûrement, avec une précise exactitude, déterminé le succès.

La jeune génération formée par l'école laïque, surtout par son lendemain, par ses œuvres annexes, depuis douze années ininterrompues d'ardente et ferme propagande, a fait enfin son entrée dans la vie civique. Apprise à la pratique de la liberté disciplinée, ouverte à l'esprit de discussion, formée à la solidarité dans les associations d'anciens élèves, dans les jeunesses républicaines, dans les jeunesses laïques, qui sont les cadres même de la jeune démocratie qui s'organise, elle a fait ses débuts électoraux, et elle a exprimé sa pensée nettement.

C'est l'éducation populaire qui a dessiné le geste du 6 mai. C'est elle qui, selon le mot admirable de Jean Macé, le fondateur de la Ligue de l'Enseignement, a fait, non les élections, mais les électeurs ! C'est elle qui, depuis 1891-1895, les initie aux idées de réforme, leur explique les lois nouvelles, les lois en projets, dans les cours du soir, dans les groupements fraternels où se presse l'adolescence ouvrière et rurale. C'est elle qui a été l'organisatrice de la victoire.

Je sais plus d'un député, issu de ces œuvres sociales, qui leur doit son succès. Il a été choisi, adopté, porté par elles du préau d'école à la Chambre où il donnera une note nouvelle.

Non que la politique active soit à la surface des organisations post-scolaires. Les questions de parti, de personne, n'y sont pas abordées. Mais on y fait le tour des idées. On y étudie les problèmes qui se posent devant l'opinion. On s'y fait une raison consciente. Et le jour où il faut agir, on est tout prêt à ajuster le devoir aux ordres de la volonté éclairée et réfléchie.

Nos adversaires ne s'y trompent pas. A cette interrogation : « D'où viennent-ils, ceux qui ont causé notre défaite ? » ils répondent : « Ce sont les cinq cent mille électeurs des jeunes générations qui votent pour la première fois. » Suivent des récriminations, qui sont dans l'ordre et la règle.

Mais les partis de droite — au grand dam du parti libéral — ont gagné de leur côté quatre cent mille voix, perdues par leurs alliés.

D'où viennent-elles, ces quatre cent mille voix ?

De l'autre jeunesse, de la jeunesse qui a grandi à l'ombre des patronages confessionnels, des œuvres, des cercles, des instituts catholiques, opposés front à front aux œuvres laïques.

Cette jeunesse, dressée à l'intransigeance, affirme ses opinions outrancières, qui ne sauraient s'attarder aux nuances, aux sous-entendus des atténuations et précautions chères aux progressistes. Elle va droit là où on l'a entraînée, à la combativité violente. Elle réclame la réalisation des idées rétrogrades qu'on lui a savamment inculquées. Elle s'est substituée à la passive et neutre génération d'hier que le temps emporte, que la mort décime, et qui ne reconnaîtrait pas ses fanatiques et durs successeurs.

La jeunesse à qui l'on a enseigné la République — et avec la République, la patrie — l'a emporté.

Il faut lui souhaiter d'aider à l'accomplissement de nécessaires réformes, mais d'unir à la fermeté la sagesse, de tempérer de tact aimable son énergie, d'adoucir sa force de calme et de mesure, de faire tourner son activité réglée et prudemment hardie aux progrès sériés de la chose publique.

Et, dès demain, il faut que les milliers de collaborateurs professionnels et volontaires de l' « action nécessaire », qui ont par leur labeur inglorieux et obscur, assuré ce triomphe, se remettent à l'œuvre, creusent de profonds et droits labours pour les moissons de l'avenir.

PROPAGANDE NÉCESSAIRE

On a paru s'étonner beaucoup, au sujet des inventaires et des associations cultuelles, des sentiments rétrogrades qu'en nombre de départements ont manifestés ou la bourgeoisie urbaine ou les masses enrôlées. On a été surpris, car « on ne s'y attendait pas ». Le mot a été imprimé souvent, souvent prononcé, même à la tribune. Il a été parlé d'explosion soudaine, de subite conspiration.

Pour qui parcourt la province, comme je fais depuis quinze ans, prenant contact avec hommes et faits sociaux, l'événement était attendu. La préparation n'avait pas manqué.

Combien de fois ai-je signalé, et dans la presse, et dans les congrès, notamment à Biarritz, le travail constant, méthodique, de patience entêtée, auquel le parti fidéiste se livre, enveloppant l'enfance, l'adolescence, la jeunesse, surtout féminine, dans un étroit et souple réseau d'œuvres savamment organisées ? N'ai-je pas dit et redit qu'il était temps de se ressaisir et d'agir ? N'ai-je pas, me réclamant de cette liberté même. qui, en face, est sans cesse invoquée, répété en combien de conférences, qu'il fallait logiquement, nécessairement, opposer une contre-propa gande laïque à la propagande qui exige de nous la neutralité et qui obstinément la viole ?

La République est dans les lois. Elle n'est pas encore dans la mentalité générale, dans les mœurs. Le prêche, les organisations sociales fidéistes, qui exercent partout une si grande influence, n'ont pas partout leur contrepoids.

Sans doute écoliers et écolières affluent, numériquement, dans les écoles de l'Etat. Mais quel avantage a-t-on à les enseigner, s'ils sont repris, reconquis dans la période même de la scolarité, par la coalition des intérêts adverses? L'ignorance, les préjugés ont vite pénétré dans des intelligences qui n'ont été défrichées qu'à la surface et à intervalles souvent espacés ; car la fréquentation scolaire, qui est obligatoire, ne vaut pas la fréquentation paroissiale, qui est libre et qui exerce son action par de pratiques moyens d'attirance.

Trop de politique locale et de clocher — pas assez de politique générale, sociale et d'école : c'est là trop souvent l'ordre et la règle.

L'éducation populaire, qui a empêché un recul, doit être organisée fortement, en vue d'une marche progressive en avant.

L'initiative privée, qui s'use dans des luttes misérables, trop souvent de personnes, doit se grouper, former un faisceau de forces, pour un immense effort en faveur de la diffusion des lumières dans les masses. *Elle doit aider les institutrices, les instituteurs, qu'elle a laissés trop isolés,* par une action qui doit être nationale.

L'Etat, de son côté, doit comprendre ses responsabilités, faire preuve de prévoyance, aider qui s'aide et qui l'aide à « enseigner la République ».

PAROLES LAÏQUES

Quand un général prend possession de son commandement, il adresse une sorte de proclamation aux troupes. Entre-t-il dans le cadre de réserve, se retire-t-il, il fait afficher une lettre d'adieu. Ces manifestes militaires ont revêtu depuis quelque temps, de-ci de-là, un caractère soit de fronde chagrine, soit d'affirmation loyaliste. Selon les opinions que professe le chef de corps, selon qu'il vient ou bien s'en va, sa prose prend un air de bataille pour ou contre Marianne. Et le lecteur est le troupier, qui au vrai abonde plus dans le sens d'un Peigné que d'un Cornulier-Lucinière.

Dans l'armée pacifique que forment les instituteurs, les inspecteurs d'académie, généraux sans épée et sans galons, semblent adopter cet usage du salut à l'arrivée, de l'adieu au départ.

L'adieu est le plus souvent verbal. Un inspecteur, surtout un inspecteur primaire, est-il atteint par la limite d'âge, on lui offre un banquet, et, parmi les fleurs et les toasts, le « retraité » prend congé de ses collaborateurs. Le festin est généralement gai, et la mélancolie de la rupture est atténuée gentiment. En quelques paroles classiquement émues, le partant résume l'œuvre accomplie dans la circonscription, jette un regard sur le passé et souhaite la bienvenue à son successeur que l'on a associé aux agapes dignes, sans banalité, d'être appelées fraternelles.

Dans le Morbihan, le nouvel inspecteur d'académie. qui. en qualité de professeur, avait contribué au développement de l'éducation populaire, M. Camille Léger (1), auteur d'un vaillant petit livre : *l'Éducation laïque*, et fondateur du cercle d'éducation morale, à

(1) Décédé en 1905, M. Camille Léger, un des bons ouvriers de l'éducation primaire, avait fondé l'U. P. de Beauvais.

Beauvais, a, par la voie du *Bulletin départemental de l'instruction primaire*, adressé une circulaire fort bien accueillie des institutrices et des instituteurs bretons.

La lettre vient à son heure dans ces pays de l'Ouest où la lutte pour la laïcisation est ardente, et où il est nécessaire de faire retentir d'énergiques *sursum corda*.

Elle combine bienveillance et fermeté. Elle est d'un administrateur qui a conscience des responsabilités qui pèsent sur lui et qui sait peser les droits et les devoirs respectifs du chef et des soldats. Ni M. Camille Léger n'exagère l'autorité, ni il ne l'affaiblit. Il montre aux éducateurs la voie droite, la voie de raison et de justice où il les invite à marcher avec lui. Lui aussi condamne la recommandation, abomine le favoritisme.

Mais voici la circulaire qu'il a rédigée :

« Je tiens, écrit M. Camille Léger, dans le premier *Bulletin départemental* signé de mon nom, à saluer les instituteurs et institutrices du Morbihan.

« Bien que débutant dans les fonctions d'inspecteur d'académie, je sais quelle lourde tâche vous assumez. et je sais aussi que dans ce département elle vous est parfois particulièrement rendue difficile.

« Ma sympathie vous est donc tout acquise. Je n'ai pas besoin de vous promettre la justice complète et la franchise absolue dans les rapports que j'aurai avec vous. Je soutiendrai toujours ceux d'entre vous qui seraient injustement attaqués pour avoir fait leur devoir, mais je vous demande de vous conformer strictement aux règlements et aux lois. J'insiste notamment sur les règlements relatifs à la neutralité religieuse.

« N'oubliez pas que vous devez non seulement donner aux enfants l'instruction, mais encore former des consciences et faire comprendre les grandes idées de liberté, de solidarité, qui sont le fondement et la raison d'être de la République.

« La République veut recevoir de vos mains une jeunesse qui ait le sentiment de sa dignité, qui soit incapable d'aucune violence injuste, d'aucun mensonge, qui ait l'amour du travail et ne veuille obtenir son bien-être que de ses efforts et de son mérite. Vous devez donc aux enfants et aux jeunes gens l'exemple de ces fortes vertus laïques.

« Je sais que votre situation est souvent très modeste et que vous souhaitez légitimement l'améliorer. Je vous promets d'examiner toutes vos demandes avec l'impartialité la plus complète et d'y faire droit dans la mesure du possible. Mais je considérerais comme contraire à votre dignité et à la mienne que vous tentiez de m'imposer vos désirs au moyen de recommandations quémandées ou obtenues par des complaisances qui abaissent. Je n'admets que les recommandations qui peuvent m'éclairer sur la valeur et le mérite d'un homme. Les autres ne peuvent qu'être la source d'injustices dont vous seriez les premiers à souffrir.

« Je suis persuadé que vous comprendrez qu'en vous parlant ainsi je reste dans la vraie tradition républicaine qui exclut tout favoritisme.

« Et maintenant, faisons chacun notre tâche avec courage et confiance, et nous rappelant que l'avenir de la France et de la République dépend en grande partie de l'éducation que nous donnons aux enfants qui nous sont confiés. »

Cette circulaire a fort belle allure : elle sera comprise et appliquée.

L'ÉGLISE ET L'ÉCOLE

L'archevêque d'Avignon vient de prescrire l'obligation, pour tous les enfants qui suivent l'enseignement aux écoles libres, de verser une cotisation mensuelle de 5 francs.

Petite nouvelle, mais de grande importance.

Non que l'école libre soit entièrement gratuite. Certains élèves versent un droit d'écolage. Mais, qui ne peut rien donner ne donne rien — et d'ailleurs n'en est pas mieux traité, dit-on.

Désormais, « en Avignon » et son ressort, 50 francs par an sont exigés de la clientèle bien pensante, qui parfois ne laisse pas que d'être pauvre.

Et d'Avignon, force sera que, d'archevêché en évêché, l'écolage soit imposé par les circonstances du Sud au Nord, de l'Est à l'Ouest.

Car tout s'entre-tient, tout se lie, en mécanique sociale et religieuse.

On ne veut pas de la « cultuelle ». Soit. Mais, alors, il faut prévoir que pensions et allocations pourraient être supprimées.

Et alors, il faut choisir entre l'Eglise libre et l'école libre.

De quel côté penchera la préférence, il est aisé de le deviner.

Le clergé s'occupait de l'école. Il a désormais à s'occuper de l'Eglise, et surtout de lui-même.

Soutenir, avec les deniers des fidèles, le frère, la sœur, qui portaient l'uniforme de l'armée ecclésiastique, c'était de bonne guerre.

Mais de faire un double effort financier, qui soit durable, de pourvoir aux frais de l'école, c'est tentative où l'on ne se risquera pas, par prudence, par habileté.

La séparation s'imposera donc entre l'école libre et l'Église — effet logique de la séparation de l'Église et de l'État.

Et une autre séparation suivra : celle des familles et des écolières et des écoliers pauvres de l'école libre payante.

L'école d'État verra donc bientôt venir à elle des milliers de nouveaux disciples, et elle doit se mettre en mesure de les accueillir joyeusement et paternellement. La République, à les instruire, ne perdra rien.

RECRUES NOUVELLES

Les recrues nouvelles affluent à l'école laïque. Elles se décident à venir de l'école congréganiste. Quelque temps, pères et mères ont gardé chez eux fillettes et garçons, attendant qu'on rouvrît. Mais la réouverture ne s'est pas faite partout comme on l'annonçait bruyamment, et l'on n'a pu, de façon systématique et prolongée, organiser l'absentéisme scolaire, la grève des écolières et des écoliers.

De plus, là même où les sécularisations se sont produites, nombre de parents, ouvriers, petits boutiquiers, employés, n'ont pas demandé mieux que de prendre le prétexte offert, ou plutôt l'occasion attendue, et ont reconquis leur liberté — cette liberté dont on se réclame tant dans le parti fidéiste, mais qu'on refuse à fournisseurs, à salariés.

Enfin, l'habit faisant le moine, la cornette faisant la sœur, le déchet a été grand de la population enfantine dans les écoles entretenues par les sociétés civiles et tenues par de pseudo-laïques. La ruse des substitutions a déplu à un peuple qui aime la franchise, la loyauté. qui est simpliste et répugne aux finasseries des chassés-

croisés opérés de commune à commune, de canton à
canton, par des maîtresses et des maîtres qui ont
charge d'âmes enfantines.

Vers l'école laïque se sont donc dirigés, en longue
théorie, les petites et les petits qui, hier encore, étaient
élevés par les frères et par les sœurs.

Partout il leur est fait bon accueil. Des bancs, des
tables ont été ajoutés, parfois une classe est créée, et
« nouveaux » et « anciens » promptement fraternisent.
Les filles, les fils des « républicains », dans tout cet
Ouest poitevin et vendéen que je parcours, ont, d'instinct, le sens de la situation dont ils comprennent
l'importance historique. Ils se rendent compte qu'un
événement sérieux, qu'un fait « nouveau » se produit
dans la cité et dans l'école. Ils ouvrent leurs rangs en
toute sympathie, en pleine cordialité, sans moquerie,
sans allusion maligne à la métamorphose, à leurs
camarades qui, vite, sont en confiance, sont chez eux.
Des recommandations n'ont-elles pas été adressées par
les institutrices, par les instituteurs, aux disciples
ordinaires? Je ne sais et cela peut être. Mais partout
on peut constater que la fusion s'opère en perfection
entre les divers éléments et que partout on tend à
l'harmonie, à l'unité morale, prélude de l'union
sociale.

Ce qui frappe aussi, quand on prend contact avec
ces « classes » d'abord disparates, où le niveau des
connaissances est tout d'abord si variable, c'est la
peine qu'est obligé de prendre l'éducatrice, l'éducateur.

Institutrices et instituteurs mettent leur amour-
propre à dégrossir ces nouveaux venus formés à des
méthodes surannées, en qui l'on a développé la
mémoire plus que la raison. Quel labeur patient pour
les éveiller à l'observation, pour les amener à répondre
à eux-mêmes, après avoir vu, compris ! Et avec quelle
bonne grâce, avec quel entrain, quel désir de réussir,
institutrices et instituteurs s'inclinent sur ces jeunes

fronts, s'efforcent d'y faire entrer la lumière des idées librement acceptées !

Les progrès sont rapides. Les familles les plus récalcitrantes, les plus hostiles mêmes, celles qui, à contre-cœur, ont confié leur progéniture aux « laïques », sont obligées de convenir que chez les « messieurs » et chez les « demoiselles » on travaille, on s'occupe des élèves, on prend soin d'eux. Elles avouent que les leçons sont sues, les cahiers bien tenus, que les « leçons de choses » portent. Elles ont vite de quoi moins regretter les enseignants disparus. L'on dit même qu'elles se félicitent d'avoir eu un peu la main forcée, et qu'elles commencent à adorer ce qu'elles brûlaient hier — ou voulaient brûler.

Petits détails que tout cela, direz-vous ?

Je tiens qu'il ne s'agit rien moins que du plus grand acte qui, depuis longtemps, se soit accompli dans la politique intérieure. La vie du pays s'en trouvera transformée, sans bruit à la surface, profondément.

LA FRONDE SCOLAIRE

Vous rappelez-vous l'outrance réclamière qui signalait le zèle pieux, l'apostolique dévouement de femmes ou nobles ou riches, de jeunes mondaines qui, en 1902-1903, à la rentrée d'octobre, renonçaient aux visites, aux réceptions, aux bals, et se consacraient à l'instruction de l'enfance menacée de tomber sous le joug détesté de l'État enseignant ?

Ce fut un concert de louanges dans la presse bien pensante. Des dépêches étaient lancées qui proclamaient la combative activité des intrépides « remplaçantes » donnant le lait du savoir aux écolières en danger moral. Des noms étaient publiés, des déclarations d'ouverture d'école annoncées avec fracas.

Des « bonheurs du jour », des coffrets où ils dormaient sortirent des brevets — surtout l'élémentaire — que leurs titulaires utilisaient pour le bon combat.

Un vent de fronde souffla sur l'ouest breton, vendéen, limousin, poitevin. Il y eut une levée de diplômes de la Rance à la Charente.

Pendant quelques mois, ou plutôt quelques semaines, les institutrices improvisées montèrent en chaire, jouèrent à l'éducatrice comme leurs aïeules jouaient à la bergère au temps de Louis XVI. Tout leur était nouveau dans les fonctions, d'abord amusantes, qu'elles assumaient. Et puis la griserie de la bravade les soutenait, les fouettait.

Mais aujourd'hui il paraît que l'excitation est tombée. L'élan, dit-on, se ralentit. La monotonie du labeur scolaire se fait sentir.

A se lever matin, à parler, à corriger des devoirs, on se fatigue. La lassitude est venue.

Alors, à ce qu'on raconte — avec preuves à l'appui — on a tenté de substituer, de-ci de-là, des sous-maîtresses en remplacement des premières remplaçantes. On a délégué des chargées de cours.

Mais parfois ces « personnes substituées » n'ont pas de titres, pas le moindre bout de parchemin universitaire. Et l'on a dû appeler les directrices pourvues d'autorisation au respect de la loi. Des tribunaux leur apprennent qu'il n'en va pas de l'enseignement comme de la domesticité, qu'on ne peut s'absenter de l'école comme de son château en mettant à sa place un régisseur ou une gardienne.

Enthousiasme mort, et, bref, tentative avortée. C'est une retraite en mauvais ordre après l'ébauche d'un beau geste.

Où les frondeuses seront plus à redouter, où il y a danger qu'elles réussissent mieux, c'est dans l'organisation de patronages.

Le patronage exige moins d'assiduité, ne nécessite pas la production de diplômes. L'ouvre, le tient qui veut,

Les « belles madames » ne se font pas faute de le vouloir.

Sous la direction de vicaires qui les stylent en perfection, elles attirent à elles fillettes et garçons, surtout ceux de l'école laïque. La leçon, la répétition de catéchisme sert de prétexte aux réunions du jeudi, du dimanche. Jeux et goûters s'ajoutent aux exhortations pour le salut des âmes.

Là est le danger, la fissure.

Partout ce genre d'organisations souples, adroites, enveloppantes, prend force et cohésion. C'est, avec méthode, avec précision, un mouvement général.

Comme il ne faut renoncer qu'une ou deux fois par semaine à la vie des salons, on pourra, sur ce terrain, résister longtemps, et avec succès.

Mais il va de soi que le mouvement tournant, si habile qu'il soit, a éveillé l'attention du parti laïque.

Et c'est ce qui explique pourquoi en face de ces œuvres féminines d'inspiration fidéiste se dressent des comités de dames laïques dont l'apparition est une « nouveauté » sociale de capitale importance.

INSTITUTEURS BRETONS

On ne saurait s'imaginer, à distance, quelle somme d'efforts, quelle patience, quelle vaillance représente pour les institutrices, pour les instituteurs bretons, la défense de l'école laïque. Ils sont tous tendus vers la lutte, car de Vitré à Brest la concurrence est bataille acharnée et méthodique.

Gagner des élèves, les retenir auprès de soi, enfoncer toujours plus avant un coin au profond de l'ignorance et de l'erreur : c'est le but vers quoi, d'une volonté obstinée, ils tendent chaque jour.

Leur seul souci, c'est de s'ingénier pour laïciser avec succès. Ils ont à combattre l'indifférence, l'hostilité. Ils vivent au milieu des haines se traduisant en menaces, en actes parfois. Peu importe. Ils sont soutenus par la force de leurs convictions et ils tiennent bon contre l'orage.

Les institutrices, surtout à l'heure actuelle, ont une dure et parfois dangereuse tâche à remplir. En face d'elles, à la place des « bonnes sœurs », sont celles que le clergé depuis deux mois, appelle les « bonnes demoiselles ».

Ce sont des « bonnes sœurs » qui ont quitté la cornette, et qui, revêtues d'un nouvel uniforme noir, de coupe civile et non plus ecclésiastique, ont pris la coiffe, le bonnet du pays.

Le christ en cuivre qui brillait sur leur poitrine, a fait place à un christ en os sculpté, bonnes sœurs hier, elles sont bonnes sœurs aujourd'hui. Mais, sous le nom de « bonnes demoiselles », elles passent d'un arrondissement, d'un département dans un autre, et, brevetées, elles se remplacent les unes les autres par un stratégique chassé-croisé dans les écoles où la loi, habilement tournée, les autorise à être considérées comme « laïques ». Ce sont les « novices », les plus jeunes, et aussi les plus ardentes, que l'Église enseignante met ainsi en avant.

C'est à elles que l'institutrice vraiment laïque a affaire. Et la partie est dure à livrer.

Car M. le recteur et tous les nobles du pays et tous les riches, toutes les forces de la réaction coalisées, se groupent autour des « bonnes demoiselles » qui tiennent l'école chrétienne.

Une sorte de Terreur noire — le mot n'est pas exagéré — plane sur les campagnes.

D'une part, les fermiers, tenus par des baux savamment rédigés par les propriétaires, n'osent, sous peine d'être renvoyés, confier leurs filles à la maîtresse de l' « École sans Dieu ».

D'autre part, les écolières, les mères de famille, sont menacées des tortures éternelles, vivent dans la peur de l'enfer, du diable, et, pour éviter les supplices dont la perspective les épouvante, pour gagner le salut au ciel, se courbent sous les ordres du prêtre, qui, en chaire, au confessionnal, dans des visites incessantes aux familles, jette l'anathème sur l'enseignement de la République.

Il faut un véritable courage à des jeunes filles pour vivre dans une atmosphère chargée de colère, de superstitions effroyables.

Ce courage, elles l'ont.

A les voir à l'œuvre, on s'en rend compte.

Et elles finiront par remporter la victoire, et avec elles la raison et le progrès.

Les écoles laïques gagnent sur la clientèle des écoles confessionnelles.

Les « bonnes sœurs », en se transformant en « bonnes demoiselles », ont perdu le prestige que donne le costume. On a moins confiance en elles. On commence à trouver qu'elles coûtent plus cher aux budgets des paysans que les laïques, car elles multiplient les quêtes. Elles ont déplu par l'esprit de ruse que dénote leur métamorphose.

Et de cette désapprobation latente les laïques bénéficient. La revanche est proche. Elle est bien méritée.

FÉODALITÉ TERRIENNE

Dans ce bocage vendéen que je parcours et où survivent les souvenirs de la chouannerie, la grande propriété triomphe comme en certaines parties de la Bretagne. L'aspect du pays est trompeur. Le sol est vallonné. Il s'entrecoupe de chemins creux, de haies, où naguère on s'embusquait contre les Bleus. Il se fragmente en carrés, en losanges, et semble dénoter que le régime parcellaire s'y est implanté. Mais ce n'est qu'une apparence.

Au vrai, il n'est pas rare qu'une commune comprenant plusieurs centaines d'hectares appartienne à deux ou trois familles.

D'où il suit que les gros propriétaires dominent le pays.

Ils y maintiennent le paysan dans les traditions, les préjugés que le curé étaye de toute son influence. Entre la cure et le château l'accord est parfait. C'est à qui des deux rendra plus épaisses des ténèbres hors desquelles le prestige des maîtres s'évanouirait. Car ici le détenteur du sol s'appelle « not'maître ».

L'alliance scellée entre le curé et le maître se résoud en guerre contre l'école laïque, symbole de la République.

Un métayer ne peut envoyer sa fille, son fils chez l'instituteur, l'institutrice. Un bail, illégal sans doute, mais qui a force de loi, l'en empêche. Sinon, point de ferme, point de terres labourables. Et c'est la liberté de l'enseignement, la liberté du père de famille.

Une institutrice, un instituteur laïques sont-ils nommés dans une commune rurale où l'influence du curé et du maître est prépondérante et où l'école libre a été fermée? Le boycottage est organisé. On est allé jusqu'à refuser de l'eau à un instituteur. Il a fallu qu'on menaçât la municipalité de faire creuser un puits aux frais de ses administrés pour qu'on donnât à boire au nouveau venu. C'est encore une façon de respecter la liberté de l'enseignement.

Parfois la lutte prend des formes comiques. L'on me citait, récemment, la combinaison imaginée par un propriétaire qui ne voulait pas laisser aller les filles de ses fermiers à l'école laïque et qui n'avait pu rouvrir l'école libre. Il a, tout l'hiver, fait transporter en omnibus ses protégées dans un village voisin où l'école congréganiste fonctionnait.

Mais cette guerre scolaire coûte cher. Elle est financière au premier chef. Ajoutée à d'autres œuvres dont on se sert comme armes contre la Gueuse, elle grève lourdement le budget des « féodaux » poitevins, vendéens, bretons, que l'agriculture est loin d'enrichir.

De plus l'absentéisme sévit en ce coin de France, tout comme en Irlande. « Not'maître » réside à Paris. Il ne vient que rarement dans son domaine. Il ne consomme pas sur place. Il fait exécuter ses ordres par un intendant, par un gérant qui les pousse à l'outrance.

L'on dit que les fonds commencent à s'épuiser, que les fortunes baissent. Les emprunts hypothécaires se multiplient et le paiement des annuités aura raison de ces obstinés, de ces combatifs qui perdent confiance dans le retour de la monarchie, sur quoi ils tiraient une forte lettre de change.

Ils ne désarmeront pas d'eux-mêmes. Mais ils succomberont dans la mêlée des intérêts économiques.

Bientôt le métayer qui est sous leur main aura sa part d'une terre qu'il faudra vendre, morceler.

Dans un quart de siècle, dans un demi-siècle au plus, la féodalité terrienne aura vécu. Et l'on parlera sous le chaume, comme d'une légende de la Grande Guerre que la cure et l'Eglise firent à l'école, au progrès humain, à la pensée libératrice.

COMMENT ILS S'ORGANISENT

La fermeture des écoles congréganistes, les décrets qui ont atteint les ordres religieux ont, sur le premier moment, jeté le désarroi sur l'Eglise enseignante.

Mais force est bien de reconnaître qu'appuyée par la Société générale d'éducation et d'enseignement — le Ministère de l'instruction libre, le Ministère... d'en face ou d'à côté — conseillée supérieurement par des jurisconsultes et des hommes d'action, clercs et laïques mêlés, elle a su, avec son ordinaire souplesse, se ressaisir, parer aux coups, reprendre l'offensif adroitement.

Les écoles, on les avait. Il fallait des maîtres. Il fallait des ressources. Comment se les procurer?

Les institutrices, on les a recrutées assez facilement. La plupart des sœurs se sont sécularisées, et comme on ne peut, le plus souvent, saisir la preuve de la persistance de l'état congréganiste, elles ont suffi aux besoins du service, avec l'appoint fourni par des brevetées aisément embrigadées. Mais le stock s'épuise, il faut songer à demain.

Les instituteurs, on les a en moins grand nombre. La sécularisation de très nombreux frères a été réelle. Ils sont entrés dans le siècle par la voie du mariage, de la libération intellectuelle. Ils ont demandé un gagne-pain à d'autres métiers que celui d'éducateurs. Des vides se sont produits dans les rangs. Il a fallu les combler, et dès aujourd'hui.

Tant bien que mal, des annonces, un habile usage de la réclame, la promesse d'avantages pécuniaires infiniment plus goûtés que l'entrevision de récompenses célestes, ont attiré quelques professionnels, qui ont à peu près l'esprit et l'air de la maison.

Mais une organisation méthodique, continue, est devenue nécessaire pour maintenir la durée de l'effort, pour affirmer la pérennité de l'œuvre.

Et, avec habileté, l'on imite l'État, on se modèle sur l'État dont on reconnaît que les institutions ne sont pas sans valeur, bien qu'on les attaque avec un systématique acharnement.

Comme, d'après des statistiques récentes, il faut à l'enseignement libre environ trente-cinq mille instituteurs et institutrices, il est nécessaire de découvrir, chaque année, de mille à douze cents « vocations ».

Eh bien, ces « vocations », on les couvera dans des écoles normales. Déjà un cours, amorce d'une école, existe dans la pieuse Lozère, réservoir d'enseignants ecclésiastiques, qui drainera l'apport religieux de l'Aveyron, de l'Ardèche, de la Haute-Loire. Dans la Seine-Inférieure, l'école normale de Mesnières est en plein fonctionnement. En janvier 1904, on y comptait six élèves; en 1905, il y en avait cinquante-six. Les sujets prennent l'engagement d'honneur de se consacrer pendant dix ans à l'enseignement libre. On dirait vraiment qu'il s'agit des candidats à des fonctions de l'Etat ! Les frères, qui n'ont plus de noviciats que pour les missions étrangères, forment, pour la France, des instituteurs dans leurs internats. Pendant les cinq dernières années à Paris, ils ont fait recevoir cent vingt jeunes gens au brevet, et ils ont pu reconstituer les trente écoles qui ont été fermées. Et le mot d'ordre donné de par en haut est de fonder, dans chaque diocèse, une école normale, surtout d'instituteurs, recevant une « virile formation chrétienne et pédagogique ».

Mais les maîtres, les maîtresses qui professent déjà, ne fera-t-on rien pour les fortifier dans la « vocation »? Ne prendra-t-on aucune précaution pour qu'ils demeurent fidèles à la sainte cause?

L'Etat, oui encore l'Etat, la loi d'Etat, loi combien vilipendée, fournit le moyen de resserrer les liens qui unissent les dévotes troupes à l'état-major fidéiste.

Les grands chefs du catholicisme scolaire poussent les institutrices et les instituteurs privés à s'unir en... *syndicats !* Des associations départementales se forment de divers côtés, à l'imitation de la Loire, de la Seine-Inférieure, de la Drôme.

Et les ressources ? Car il en faut pour les écoles, les maîtres, les bourses affectées aux écoles normales, les retraites.

Les « associations d'éducation », les « associations scolaires de pères de famille », les « associations pour favoriser l'enseignement chrétien », les « actions catholiques », les « patronages de bienfaiteurs », trouvent et dépensent l'argent sur place.

Et ces groupements se multiplient pour défendre l'école du jour et l'école prolongée. Dans le seul mois de janvier 1906, aux publications du *Journal officiel*, on n'en compte pas moins de vingt-deux qui ont fait la déclaration légale. On en pouvait noter vingt en décembre 1905. C'est la France noire de l'association qui se substitue à la France noire de la congrégation.

FUTURES INSTITUTRICES

Ces jeunes filles que je viens de voir à l'école normale de X..., et qui préparaient leur brevet, se penchaient, en étude, sur les « auteurs du programme », seront demain des institutrices.

Et je songe à ce que sera leur tâche, aux épreuves qu'elles endureront, au temps de crise et de transformation religieuse et sociale où auront lieu leurs débuts.

Il faut en convenir. Jamais l'œuvre que l'institutrice aura à accomplir n'aura été plus belle, mais jamais elle n'aura été plus rude.

L'institutrice remplacera la sœur enseignante et aussi la sœur des pauvres, qui doublait l'effort et l'influence de sa compagne. Elle devra non seulement professer, tenir l'école, mais encore se substituer à ce qui s'en va, prendre des services, exercer une action que l'ancienne pédagogie n'avait point prévus.

La laïcisation ne s'opérera qu'au prix d'une lutte

ardente, obstinée. Quelle sera la situation de l'institutrice, plus faible, plus exposée que l'instituteur, en face de l'Association cultuelle ? On peut le présumer: L'Association aura encore moins d'égards, de retenue que la cure, sur qui le pouvoir civil avait quelque prise.

Aussi, cette institutrice, à qui l'on confiera un poste toujours difficile, parfois dangereux, il est nécessaire qu'on la défende — elle et l'école avec elle — par la constitution d'un comité, d'un conseil patronal, d'une association d'anciennes élèves peut-être. Il est impossible de la laisser isolée, désarmée, en face d'attaques qui, logiquement, forcément, se produiront.

Elle arrivera, du reste, préparée à sa mission. En nombre d'écoles normales, elle subit l'épreuve du brevet supérieur après la deuxième année d'études. Elle peut consacrer ainsi toute la troisième année à un apprentissage professionnel pratiqué de façon désintéressée, sans souci d'examen.

Elle a pris contact, dans des écoles autres que l'école annexe, avec des élèves. Elle a été formée à la lecture populaire, à la tenue de la réunion de jeunes filles. Elle est apprise à la mutualité, à l'enseignement ménager, à l'économie domestique, aux œuvres sociales, qu'elle n'a qu'à adapter aux besoins locaux de la commune où elle résidera. Même elle part pour son poste munie d'une petite pharmacie où elle pourra puiser les quelques remèdes permettant de porter secours à des malades avant l'arrivée du médecin. Non qu'elle ait été dressée soit à être tout à fait une infirmière, soit à donner dans la pharmacie clandestine. Mais elle a reçu de sérieuses et pratiques notions d'hygiène appliquée, et elle saura les utiliser dans l'intérêt des enfants ou bien même des familles auprès desquelles elle se trouvera.

Vienne la nomination préfectorale. Elle est prête, cette jeune fille, à faire vaillamment son devoir.

Mais, vis-à-vis d'elle, un devoir s'impose aussi.

L'appui, l'aide effective que la sœur trouvait auprès
des fidèles, l'institutrice doit pouvoir le trouver,
grâce à un groupement fortement constitué des forces
laïques.

L'INSTITUTRICE NOUVELLE

L'institutrice laïque, en dépit de sa modestie, attire
actuellement l'attention. Elle remplace la sœur en
des centaines d'écoles et contribue par son labeur,
son énergique patience, à la victoire du progrès. Elle
est au poste de combat et, avec une jolie vaillance,
brave colères sourdes, haines déclarées.

L'obstacle l'attire, loin de la rebuter. Elevée à
l'école normale, ou bien à l'école primaire supérieure, aux cours secondaires, au collège, au lycée,
elle a l'esprit franchement laïque. Elle appartient à
une génération beaucoup mieux libérée, d'esprit plus
affranchi que la précédente. Elle a le dessein bien
arrêté de répandre autour d'elle l'idéal scientifique
dont elle est tout imprégnée. Elle exercera une
influence nettement émancipatrice sur l'âme de ses
disciples.

Elle ne vit plus isolée comme faisaient ses devan-
cières. Elle demeure en contact, par correspondance,
avec sa directrice d'école normale ou bien ses professeurs. Elle leur demande conseil. Elle en reçoit indications, suggestions. Elle n'est pas effrayée par la
pratique de l'organisation syndicale. Elle fait partie
de la société de secours mutuels où, fraternellement,
elle est traitée sur le pied d'égalité par l'instituteur,
qui, là encore, se montre novateur. Elle entre dans
l'association amicale, où elle peut constater qu'on y
réclame pour elle, à travail égal, à titres égaux, salaire

égal, et que sa présence fait s'élargir à l'altruisme solidariste l'égoïsme masculin, si volontiers triomphant en tant d'autres groupements. Elle assiste aux réunions, s'initie aux discussions d'intérêt collectif et d'intérêt professionnel. Elle fortifie son intelligence au contact d'autres mentalités. Elle se fait une âme qui correspond aux aspirations des temps nouveaux.

Elle se donne tout entière à sa tâche d'éducatrice nationale. Elle s'emploie à réunir aux après-midi de dimanche les jeunes filles, comme aux jours de semaine elle instruit les fillettes. J'en sais qui tiennent le cours d'adultes, font, le soir, la classe aux garçons, aux jeunes gens, sous la surveillance d'un père de famille, qui n'a jamais à maintenir l'ordre. Contre les patronages confessionnels, les confréries si redoutables, l'institutrice lutte par les associations d'anciennes élèves. Elle organise enseignement du ménage, de la cuisine, de la couture, de l'hygiène domestique. Elle se fait, sinon conférencière, du moins lectrice populaire, s'agrégeant à un groupe de collègues, à une équipe de lecteurs cantonaux, et elle fait pénétrer au profond des cœurs le culte de la beauté par la diffusion des chefs-d'œuvre. Elle sait que sur les ruines qu'il faut édifier et qu'à l'idéal religieux qui s'effondre il faut substituer un idéal d'humanité supérieure.

Elle reste rarement fille. Le type de l'institutrice célibataire, sèche et revêche, disparaît. L'institutrice nouvelle se marie et, le plus souvent, épouse un instituteur. C'est même grande difficulté pour nombre d'inspecteurs d'académie que de décerner des « postes doubles ». Mais quelles garanties pour les familles offrent ces couples d'enseignants : le mari directeur, la femme adjointe dans la même école, tous deux s'appliquant dans une harmonieuse collaboration, à la même œuvre de lumière! Comme on s'éloigne, grâce à ces unions intelligentes, de l'exploitation à quoi se livraient tant de « maris d'institutrices»,

jeunes retraités de la vie, qui, dans la beuverie
et le bavardage, vivaient du « mois » touché par
l'infortunée « intellectuelle ». L'institutrice voit plus
clair et mieux dans ses intérêts, et, travailleuse,
épouse un camarade travailleur comme elle. Elle y
gagne en bonheur, et aussi en influence, en accroissement de savoir et d'expérience. Et l'école laïque y
gagne aussi.

INSTITUTRICES LAÏQUES

Et voici encore une circulaire intéressante qui
assigne à l'école primaire une exacte orientation, qui
est de nette et ferme inspiration. Elle est due à
M. Maurellet, hier encore inspecteur d'académie dans
le Lot, maintenant dans la Nièvre. Elle est tout empreinte des idées que M. Ernest Lavisse développa
dans un discours demeuré classique sur ce thème :
Être laïque.

M. Maurellet s'adresse à « Mesdames les institutrices ». Il sait que l'avenir de l'instruction est lié à la
collaboration de la femme, que trop longtemps on a
négligé d'affranchir la mentalité féminine.

Il informe « Mesdames les institutrices » que, dans
le Lot, la laïcisation des écoles publiques de filles est
terminée.

« Est-ce à dire, Mesdames, que notre tâche soit
terminée? Elle n'est que commencée. »

La laïcisation officielle administrative, légale, aux
yeux de M. Maurellet, n'est pas tout. Elle est l'apparence. Or, il faut aller au fond des choses, des idées.

« Laïciser, en effet, écrit-il, ce n'est pas simplement
remplacer des femmes revêtues de l'habit religieux
par d'autres portant le costume civil: c'est aussi, c'est

surtout confier la direction de nos écoles à des institutrices animées du véritable esprit laïque et capables de donner à leurs élèves un enseignement et une éducation vraiment laïques. »

M. Maurellet se plaît à espérer que ses lectrices seront les éducatrices laïques qu'il souhaite. Mais, avec une éloquente précision de langage, il leur indique ce qu'elles ont à faire pour répondre aux espérances qu'on fonde par elles. Il leur trace la ligne de conduite à suivre.

Il définit d'abord ce qu'est l'esprit laïque :

« L'esprit laïque, c'est l'esprit de libre examen ; c'est celui qui, dans la recherche de la vérité comme dans la conduite de la vie, ne fait appel qu'à la conscience et à la raison et ne s'incline que devant leur autorité. Il a sa source dans le sentiment profond de la dignité humaine. L'indépendance et l'activité incessante de la pensée, la sincérité, la modestie, la tolérance, la foi dans le progrès et la volonté ferme de le réaliser, la poursuite perpétuelle d'un idéal de justice, de paix et de bonheur, voilà ses traits distinctifs. »

M. Maurellet montre ensuite aux institutrices comment elles peuvent et doivent se rapprocher de cet idéal, faire passer dans l'application les principes dont elles se réclament. Avec beaucoup de tact, de mesure mais aussi de fermeté, il leur donne des directions à la fois pédagogiques et morales.

La page qu'il leur a dédiée est d'un maître éducateur. Elle mérite de passer de la presse spéciale et professionnelle dans la presse qui s'adresse au grand public. Je la transcris, car il est bon que les pères et mères de famille républicains sachent comment on comprend l'école laïque féminine dans une démocratie, quels nobles principes on entend, on veut graver au profond des intelligences et des cœurs :

« Vous serez laïques, Mesdames, si, bien pénétrées de cette vérité que tous les progrès accomplis dans l'ordre intellectuel et moral sont l'œuvre exclusive de la raison et de la conscience, vous soumettez à leur contrôle toutes les opinions, toutes les croyances ; si, comme le dit Descartes, vous ne tenez pour vrai que ce que votre esprit aura connu évidemment être tel ; si, en un mot, vous vous faites sur toutes choses des convictions personnelles.

« Vous serez laïques si, mettant d'accord vos actes avec vos principes, vous savez vous gouverner vous-mêmes, faire preuve d'initiative, de décision, de caractère, vous soustraire à l'influence souvent si capricieuse et si tyrannique de la tradition ou de la mode, combattre les préjugés et les erreurs, sans toutefois heurter ou braver inutilement l'opinion publique.

« Vous serez laïques si, apportant dans l'étude de toutes les questions qui sollicitent votre activité intellectuelle et morale, cette sincérité qui est la marque propre de l'esprit scientifique et des consciences droites, vous savez, à l'occasion, convenir de vos erreurs, ne pas vous obstiner dans des opinions mal fondées, et, selon le mot de Montaigne, rendre les armes à la vérité aussitôt que vous l'aurez aperçue.

« Vous serez laïques si, reconnaissant que votre conscience est parfois obscure, que votre intelligence a des bornes et que la science, malgré ses découvertes merveilleuses, n'a encore exploré qu'une faible partie du domaine illimité qui s'étend devant elle, vous savez être et rester modestes, vous montrer respectueuses des sentiments et des croyances d'autrui, vous garder sévèrement de tout sectarisme haineux et étroit, et, pour tout dire, pratiquer la grande vertu laïque, la tolérance.

« Vous serez laïques si, ayant puisé dans l'étude du passé la conviction que l'humanité suit, par évolution lente mais continue sa marche ascendante vers un avenir meilleur, vous employez toutes vos énergies, vous consacrez les ressources infinies de votre esprit et de votre cœur à lutter contre l'ignorance, l'égoïsme la misère et le mal, à propager autour de vous l'idée féconde de solidarité, à contribuer ainsi, dans la mesure de vos forces, au perfectionnement de notre état social.

« Vous sèrez laïques, enfin si, ne « limitant point à l'horizon visible la pensée humaine », et ne vous interdisant point la recherche d'une cause suprême, vous savez élever vos âmes vers l'idéal de lumière, de vérité et d'amour que poursuit sans trêve, depuis ses origines, l'humanité pensante, et qu'entrevoient les plus nobles intelligences, les plus puissants· esprits. »

C'est sur le même ton de pénétrante sincérité, d'émotion grave et forte, que l'instruction, que l'appel se poursuit.

« Et vous serez, Mesdames, des éducatrices vraiment laïques si, par l'application judicieuse de ce que nous appelons les méthodes actives, c'est-à-dire des méthodes qui mettent en jeu toutes les forces vives de l'esprit et du cœur, vous habituez vos élèves à réfléchir, à raisonner, à juger, si vous éclairez leur conscience, si vous leur donnez le sentiment de leur dignité personnelle, si vous affermissez leur volonté, si, en un mot, vous les rendez capables de penser et d'agir par elles-mêmes.

« Vous ferez œuvre laïque en développant chez les jeunes filles la modestie, l'esprit de sincérité et de tolérance, en cultivant leurs qualités de douceur, de grâce et de bonté natives, qui semblent les avoir prédestinées, dans la famille comme dans la société, au beau rôle de ministres de concorde et de paix. Vous servirez l'idée laïque — partant l'idée républicaine — si vous formez des femmes qui puissent comprendre et pénétrer la vie moderne, qui soient de vraies filles. de vraies épouses et de vraies mères de citoyens. »

M. Maurellet termine sa « lettre » éloquente, qui répond si exactement aux préoccupations de l'heure présente, au moment où les « laïcisatrices » luttent vaillamment sur la brèche, par cette déclaration qui

peut être invoquée comme argument contre les détracteurs de l'école neutre :

« Et vous aurez, enfin, bien mérité de la cause laïque,
si, par l'éducation intellectuelle et morale que vous
donnez à vos élèves, par l'exercice méthodique et
incessant de toutes les facultés de leur âme, vous sus-
citez en elles une vie intérieure assez intense pour
leur permettre de concevoir et d'aborder le grand problème de la destinée humaine. Vous répondrez ainsi
d'une manière décisive aux détracteurs de l'école
laïque, à ceux qui l'accusent d'être « une école sans
« Dieu », vous leur montrerez que, si nos élèves n'acceptent plus aveuglément les dogmes d'un autre âge,
leur esprit n'en est pas moins accessible aux plus
hautes vérités morales, et que « c'est dans des âmes
« ainsi préparées et remuées que le sentiment reli-
« gieux peut pousser ses racines les plus vivaces et
« porter ses fruits les plus savoureux. »

Belles et sereines paroles d'un philosophe qui comprend la mission de ses collaboratrices, qui les
adapte à leur milieu, à leur temps, qui sait leur
apprendre à éviter violence, parti pris, et qui, par des
voies sûres, les dirige vers un but précis.

VOCATIONS ?

La fameuse crise que, récemment encore, des alar-
mistes appelaient le péril primaire, et qui se
manifestait par une pénurie passagère d'instituteurs,
est parfaitement conjurée. Le recrutement des candidats aux fonctions enseignantes est devenu des plus
faciles : il a suffi d'augmenter un peu le traitement.
Dix mille élèves se pressent dans les Écoles normales,
ouvertes en outre aux auditeurs libres.

Il faut s'en réjouir. Mais ne convient-il pas de se demander si toutes les jeunes filles, si tous les jeunes gens qui aspirent à instruire l'enfance urbaine et rurale ont vraiment le don, l' « étincelle sacrée » ?

J'avoue que j'ai des doutes sur nombre de vocations subitement écloses. Sur certains points du territoire, qui étaient réservoirs des forces ecclésiastiques, brusquement le « métier » d'instituteur est recherché. Hier, les familles nombreuses « établissaient » frère de la Doctrine chrétienne, ou bien curé, un des garçons, religieuse une des filles. C'était habitude locale.

Les écoles libres se fermant, les cures devenant d'un rapport aléatoire, on se tourne vers l'Etat, vers l'Etat... providence. On veut « établir » instituteur un des fils, institutrice une des filles. Des opinions étrangement laïques se révèlent en des milieux singulièrement réfractaires.

Mais passons. L'évolution fait son œuvre là comme ailleurs. Et peut-être la sincérité naîtra-t-elle de la nécessité qui, dit-on, fait loi ?

Mais, toute réserve faite sur les tendances, ces milliers de futures institutrices, de futurs instituteurs surgissant tout à coup, ont-ils bien tous mesuré leurs forces, se sont-ils bien tous assurés qu'ils sauront se livrer, se communiquer, qu'ils ont les qualités requises pour l'apostolat qu'ils revendiquent ?

Quand j'entre dans une classe... supérieure de ces Écoles primaires supérieures où trop fréquemment l'institution a été faussée et où l'on prépare toute la promotion au brevet... supérieur, j'éprouve un réel effroi à la pensée que la plupart de ces travailleurs se trompent — quand ils ne sont pas trompés — sur leurs aptitudes réelles, font fausse route, qu'ils s'entraînent au malheur et ne feront pas le bonheur de l'enfance confiée à leurs soins. L'erreur d'aiguillage m'apparaît trop souvent tangible pour combien de ces laborieux — et aussi de ces laborieuses — qui, mieux conseillés, trouveraient ailleurs qu'entre les quatre murs d'une classe l'emploi de leurs facultés.

Que de déceptions en perspective ! Que de doléances à recueillir sur la route ! Que de mécontentements et de colères, de jalousies et de révoltes ! Car s'il n'y a pas de profession plus enviable, plus digne d'être exercée, plus noble que celle d'institutrice, d'instituteur quand on l'aime et que de tout cœur on s'y dévoue, quand on a là flamme intérieure, il n'en est pas qui entraîne plus de déboires et de rancœurs, pas qui, par le contraste entre la réalité et les espérances et les ambitions, « déclasse » davantage, au vrai sens du mot, les malheureux voués à la « classe », abattant l'ouvrage à l'heure, tournant la roue des leçons et des devoirs mécaniquement distribués à un auditoire d'enfants dressés mécaniquement.

LAÏCISATRICES

On laïcise, et surtout des écoles de filles. A la rentrée d'octobre, un millier d'institutrices vont être placées aux postes de combat que fièrement elles revendiquent.

L'on choisira celles qui, par leurs aptitudes professionnelles, leurs qualités morales, leur dévouement, se sont déjà signalées, et qui avec le plus de chances de succès affronteront la concurrence, conquerront la clientèle à l'école d'Etat.

Dure est la lutte, surtout dans l'Ouest, pour l'éducatrice à qui est confiée la mission de séculariser l'enseignement. On ne saurait croire quelles haines l'attendent, qui, sous formes de calomnies, souvent d'attaques directes, se manifestent ouvertement. Un

boycottage méthodique est organisé contre la « laïci-
satrice ».

Que de récits lamentables m'ont été faits en Bretagne des scènes qui se déroulèrent, au temps des
« décrets » ; à l'âge héroïque de l'enseignement primaire, quand les « demoiselles » succédèrent aux
sœurs dans nombre de localités !

L'on parle de persécutions, de martyres infligés aux
religieuses. Il a fallu une admirable énergie aux
jeunes filles, aux jeunes femmes qui étaient placées à
l'avant-garde pour subir les avanies, pour affronter
les colères dont les sectaires du fanatisme religieux
tentèrent de les accabler.

J'en sais à qui l'on refusait le pain, la viande. J'en
sais à qui la nourriture fut portée par la gendarmerie.
J'en sais que l'on voulut chasser par la terreur en bri-
sant les vitres de l'école, en organisant de hideuses
scènes nocturnes, en accrochant immondices, cra-
pauds, serpents, à la sonnette de la porte.

La bataille pour le progrès a eu ses victimes,
tombées au champ d'honneur. L'anémie, l'épuisement,
la folie, nés de l'épouvante, ont eu raison de quelques
vaillantes parties obscurément... Un jour viendra où
cette histoire, qui ne fera certes pas honneur aux
prétendus défenseurs de la tolérance et de la liberté,
sera rédigée. Elle s'inscrira, inglorieuse mais combien
significative, dans la marge des annales générales, et
elle fera plus pour le triomphe de l'idée républicaine,
par la réprobation qu'elle soulèvera dans la conscience populaire, que discours sonores et éloquentes
déclamations.

Mais surtout elle excitera estime et reconnaissance
dans la partie saine de la nation pour ces obstinées,
pour ces humbles qui, disputant des intelligences à
l'Église enseignante, ont, patiemment, unité par
unité, détaché quelques disciples de l'école rivale,
gagné quelques familles aux idées d'émancipation
intellectuelle, et, parfois, grâce à leur douceur enté-

tée, ont amené à elles toutes les fillettes d'un village enfin arraché à l'ignorance méchante et à la piété cruelle.

La foule exalte les soldats victorieux qui, dans la griserie, dans la mêlée, épris de gloire, accomplissent un beau fait d'armes.

Un jour viendra où elle accordera mêmes acclamations aux nobles et ignorées propagandistes de l'Idée qui, devant l'injure, la menace, la brutalité bestiale des actes, ont donné l'exemple modeste et continu du courage civique chaque jour affirmé par la pratique de la solidarité.

L'on compte double campagne aux gradés et soldats qui partent aux colonies, qui sont commandés pour une expédition.

C'est double campagne aussi que fournissent ces femmes braves et bonnes, ces missionnaires laïques qui, tenant tête aux préjugés, aux rancunes barbares, fondent obscurément mais sûrement la Cité de l'avenir.

FEMMES LAÏQUES

Qui parlait d'engouement passager, de mode sans lendemain, au sujet de l'éducation populaire ? On en est à la quinzième année de fécond labeur, et le mouvement s'étend et se fortifie.

Les œuvres féminines, d'abord négligées, gagnent de proche en proche. L'initiative privée, d'inspiration laïque, dispute à l'Église la jeune fille, la femme.

Dans le sud-ouest que je parcours depuis quelque temps, des comités de dames s'organisent, répondant à l'appel de Mme Jules Ferry et de la Ligue de l'Enseignement.

Chaque ville adopte une institution ajustée aux mœurs locales. Partout il y a variété de formes souples, s'accommodant au milieu ; et partout il y a unité d'idées directrices.

La raison d'être des œuvres féminines est de venir en aide à l'école laïque, à l'écolière, à l'ancienne élève. Les modes d'action sont nombreux et complexes.

A Ruffec, le comité des dames a un ouvroir. Il a doté l'école maternelle d'une cantine dont il fait tous les frais.

Le comité des dames, à Angoulême, s'appelle : l'Amie de l'école. Il soutient les œuvres post-scolaires. Il a eu la très ingénieuse, la très pratique idée de fonder une bibliothèque théâtrale où sont réunis saynètes, monologues, pièces dramatiques, choisis avec soin et avec goût et destinés à fournir les fêtes scolaires de prose et de vers vraiment dignes d'être présentés au public.

Le comité des dames, à Cognac, est un vaste patronage pour les écoles.

Et l'on pourrait continuer ainsi l'énumération, la revue, ville par ville.

Partout on trouverait même élan réglé, même dévouement, même foi sociale.

C'est là une nouveauté dont on ne saurait trop souligner l'importance.

Les femmes qui ont loisir, argent, savoir aussi, qui ont conquis des brevets, prennent enfin, auprès de l'école, la place que jusqu'ici elles n'avaient pas su vouloir revendiquer. Révolution, évolution plutôt significative, dont on verra bientôt les heureux effets.

———

SÉCULARISÉS

Dans l'ouest, les sécularisés abondent, et on peut les étudier de près, essayer d'en fixer la physiologie, — comme on disait à l'époque romantique.

La plupart du temps, c'est sur place qu'ils ont troqué la soutane contre le veston ou bien la jaquette. On ne saurait croire avec quelle facilité ils ont accepté une métamorphose que peut-être, au fond du cœur, ils souhaitaient, ils escomptaient. Les politiciens et doctrinaires locaux ont plus réclamé en leur faveur, on sait dans quel intérêt, qu'ils ne l'ont fait eux-mêmes et qu'ils ne souhaitaient qu'on le fît.

Ils sont entrés, les frères d'hier, dans leur nouveau personnage, et dans le « siècle », avec une aisance suprenante.

Ils ont même toute autre allure, tout autre maintien que la veille. L'on dirait qu'en eux le ressort moral, longtemps comprimé, se détend enfin. Plus de glissements le long des murailles, plus de dos courbés, plus de figures à l'air béatement soumis. Est-ce reprise de soi, est-ce affectation de liberté s'affirmant et s'extériorisant ? Ils prennent plaisir à se montrer en public, à passer par les rues, par les promenades les plus fréquentées. Ils portent moustache et barbe. Ils fument. Ils vont au café. Je n'invente rien. Je ne force pas le portrait. Je le crayonne face aux modèles.

Même il me revient qu'ils ne sont plus soumis, comme autrefois, au cher directeur. Ils n'acceptent plus des ordres aveuglément. La forte discipline d'antan est brisée. Vous verrez que ces messieurs, — tout comme de vrais laïques, — se syndiqueront pour la défense de leurs intérêts.

Au vrai, les « sécularisés » n'iront guère au delà de la génération présente. Ce sont des types sociaux de passagère durée. Le recrutement en est tari. Déjà des défections se produisent. Ceux qui ont des parents, des relations dans le commerce, entrent dans des bureaux comme comptables et utilisent l'impeccable tenue de leur calligraphie et de leur orthographe.

Comment d'ailleurs les fameuses « sociétés civiles » trouveraient-elles des adhérents? Elles les paient mal. Les curés qui centralisent les fonds et qui font l'office de payeurs ne remettent guère que 5 à 600 francs par an aux instituteurs pseudo-laïques. C'est trop peu pour assurer un suffisant gagne-pain à un homme — qui a renoncé à la règle stricte de la congrégation et qui a pris goût aux douceurs, aux « plaisirs légers qui font aimer la vie ».

Et rien, dans l'ouest vendéen et breton, rien ou peu à attendre des familles, comme rétribution scolaire. Les châteaux se lassent de mener contre la République et contre l'école une guerre d'argent. Et les parents des écoliers ne la soutiendront pas de leurs deniers... absents.

Car il ne faut pas oublier que la clientèle à peu près aisée, la clientèle vraiment libre, qui ne craint ni le féodal terrien, ni le patron urbain, envoie ses filles, ses fils dans les écoles de l'Etat. Quand on a un peu de pain devant soi, l'on a la joie et la fierté de se proclamer républicain et d'agir à sa guise. Et dans les écoles laïco-congréganistes vont les enfants de ceux qui, au nom de la liberté d'enseignement, sont tenus par bail, par ordre, de renoncer à la liberté.

Encore quelques années, et l'on cherchera le dernier des sécularisés, et, avec lui, la dernière des écoles dites libres.

———

SÉCULARISÉES

Les anciennes sœurs qui ont pris le vêtement laïque et se sont sécularisées, semblent entrer plus malaisément que les anciens frères dans leur nouveau rôle. Sans doute, il en est qui, non sans une joie intérieure adroitement dissimulée, ont pris leur parti de la métamorphose. Quelques-unes, enfin éclairées, pouvaient regretter d'avoir, trop jeunes, par inexpérience et inconscience, contracté des vœux. Elles ont passé, avec une amusante. et bien naturelle coquetterie de femmes, de la coiffe blanche tout unie au chapeau à plumes, de la robe uniformément drapée et noire à des étoffes parfois trop claires et trop voyantes, d'un goût douteux.

Mais elles ne sont que l'exception.

Il faut reconnaître que les pseudo-laïques ont l'air emprunté, l'allure gauche sous des vêtements très simples, très austères, proches de la vêture monastique. Elles ont pris le pli du costume porté depuis le couvent et ne le perdront pas. Elles restent religieuses d'aspect, de tournure, comme d'âme.

Elles sont plus combatives, elles font une plus belle défense que les ex-congréganistes hommes. Elles ont plus de vaillance, plus de sincérité dans la conviction. D'ailleurs elles réchauffent leur zèle et leur piété aux exercices religieux que l'on multiplie pour elles. Elles se persuadent, non sans quelque vanité, et se laissent persuader par leurs conseillers qu'elles représentent, par leur faiblesse même, une force en face de l'État laïque, qu'elles gagnent le ciel en résistant, en allant au-devant de ce qu'elles croient être martyre et persécutions.

Plus près du peuple, mieux au courant de ses besoins que leurs collègues du sexe fort, elles demeurent plus sympathiques, plus populaires. Elles retiennent plus facilement la clientèle, par des visites, des démarches sans cesse renouvelées. Elles ne sont guère, à peu près partout, abandonnées par leurs élèves, qu'elles s'attachent par les liens de la religion, par l'artifice des patronages, des ouvroirs.

Elles ne font guère défection, non plus. Elles n'ont pas, comme les hommes, des professions qui, dans le commerce, dans l'industrie, soient ouvertes à leur activité. L'enseignement est le seul gagne-pain possible.

Mais il ne leur fournit que des ressources aujourd'hui vraiment insuffisantes. Les sécularisées ne touchent guère, en moyenne, que 300 francs par an. C'est peu pour se nourrir, pour s'habiller; et la toilette laïque coûte plus cher que le costume de l'Ordre. Il est vrai qu'il y a des prestations en nature, que les parents des élèves donnent beurre, œufs, légumes.

Je crois que les sécularisées tiendront bien plus longtemps que les sécularisés. Les écoles libres de filles se fermeront moins tôt que les écoles de garçons.

Même, je ne serais pas surpris que le recrutement des maîtresses fût assuré encore pendant quelques années — alors que la conscription des maîtres aura cessé.

Par le confessionnal, par les confréries, par les œuvres post-scolaires qui s'organisent avec méthode sur tant de points, l'Église militante tiendra la jeune fille, la femme, la marquera de son empreinte, la vouera à l'enseignement. La chaire du prêtre et les institutions féminines qui y sont annexées fourniront encore longtemps des institutrices d'aspiration fidéiste, d'habit laïque à l'école. Tout l'indique et l'annonce.

LENDEMAIN D'ERREUR

Il est, parmi les anciens congréganistes, des désabusés, des malheureux, que je ne puis m'empêcher de plaindre. Ils avaient eu foi dans l'Ordre qui les avait embrigadés dès l'enfance. Ils avaient par pitié, par conviction sincère très souvent, par naïveté confiante, fait leur apprentissage dans les noviciats. Pendant dix, quinze ans et davantage, ils avaient donné le meilleur d'eux-mêmes à l'Eglise enseignante et militante, sans rien recevoir que le gîte et le couvert.

Les congrégations dissoutes, ils ont éprouvé une terrible désillusion. Les chefs, comme toujours, se sont tirés d'affaire. Ils ont mis à l'abri, hors des frontières, la caisse riche de dons, de legs, de ventes aussi, car ils se sont défaits de terres, objets d'art. Ils sont allés à l'étranger.

Et les soldats se sont débrouillés comme ils ont pu.

Les uns se sont sécularisés, ont repris du service dans l'enseignement libre pseudo-laïque. Mais, cette fois, ils ont signé des contrats, exigé des garanties, pris leurs précautions pour la retraite. Et, deux par deux, en vertu d'une vieille habitude, on les voit déambuler, se surveillant l'un l'autre, à travers les rues des petites villes provinciales.

Les autres, maudissant leur imprévoyance, ou bien ont frappé à la porte de l'Etat, ou bien se sont tournés du côté de leurs familles, qui les ont vus revenir sans enthousiasme. Ils comprennent, mais un peu tard, qu'ils ont été les jouets et les instruments de politiques habiles qui ont su les exploiter avec une extraordinaire âpreté, sans jamais les admettre aux bénéfices de l'entreprise, et qui, le jour de la liquidation, ont pris le gain pour eux-mêmes en jetant sur le pavé leurs infortunés collaborateurs.

Le compte a été vite réglé. A ces hommes qui avaient sacrifié, sans jamais réclamer d'argent, jeunesse et santé, on a donné — ceci est historique — deux chemises, deux vêtements de confection, une paire de souliers, et un ticket de chemin de fer pour la gare du pays d'origine. Et c'est ainsi que de longs services ont été payés, que l'avenir a été sauvegardé, quand soi-même on détenait de quoi vivre à l'aise et de quoi refaire les internats de combat en Belgique ou en Italie.

Les confidences de ces victimes, pour la plupart inconscientes, de l'aberration fidéiste, sont navrantes. Comme les yeux se dessillent et les intelligences s'ouvrent à la lumière ! Quels regrets et quelle amertume !

Et le contre-coup de l'erreur commise se fait sentir au foyer où retournent ces fils qui ne furent pas prodigues certes, mais qui, naguère, furent sacrifiés par l'ignorance ancestrale à des préjugés, à un fanatisme savamment entretenus par de pieux intérêts.

Dans l'Aveyron, la Haute-Loire, la Lozère, ces réservoirs des forces ecclésiastiques, une crise économique, curieuse mais inattendue, se produit aux fermes et métairies. Le sol est dur et ingrat. Il nourrit malaisément les habitants. Pourtant la classe rurale est prolifique. Il n'est pas rare de voir sept, huit enfants dans les familles. Hier encore, on « établissait » une ou deux filles comme « sœurs », un ou deux garçons comme « frères ». C'était une situation toute trouvée. Le « bien » était mené par les « restants ». Les « partants » débarrassaient la maison.

Aujourd'hui il faut renoncer à ce mode de placement religieux et financier. Et de plus les « frères », les sœurs, dont on ne se préoccupait plus, reviennent, réclament leur place, leur part d'héritage, avec l'in-

sistance de gens qui n'ont rien à se mettre sous la
dent. Et la colère individuelle des ex-congréganistes
que le patronat ecclésiastique a si fortement lésés,
s'élargit en colère collective des familles sur qui
retombent tant de bouches inutiles. Je ne dis pas
qu'on ne s'en prenne pas aussi à la République. Mais,
au vrai, avait-elle à s'occuper de ces combinaisons
quelque peu commerciales et à les garantir ? Tant
qu'elles ont réussi, lui en a-t-on su gré ?

ÉVIDENTE LASSITUDE

Ah ! mais non, non, il ne faudrait pas croire et laisser croire que l'on ait fait œuvre vaine, au point de
vue scolaire, en fermant les maisons tenues par les
congréganistes. Sans doute, la plupart d'entre elles
se sont rouvertes, des pseudo-sécularisations ont eu
lieu, les tribunaux se sont montrés indulgents. N'importe. Dans les villes, le gain réalisé par les écoles
laïques est notable. Et il est encore plus accentué,
surtout plus significatif, dans les campagnes.

La lassitude est partout au camp qui, dans la lutte
scolaire, a, pendant plus de trente ans, trouvé la
forme la plus efficace de résistance à la République.

Les familles se fatiguent à payer des frais d'écolage, minimes il est vrai, mais répétés mensuellement
et dont elles peuvent se dispenser, elles le savent, en
confiant leurs enfants à l'école de l'Etat. Même, elles
se montrent moins généreuses pour le paiement en
nature. On est habitué à plus de bien-être dans les
fermes. Surtout on apprécie davantage l'argent. Et de
cette volaille, de ces pommes de terre, de ce vin — je
suis dans le Midi — que, hier encore, on donnait
sans compter à la sœur, au frère, que l'habit religieux

désignait d'ailleurs au geste aumônier, on se montre moins prodigue, car l'on peut en faire de la monnaie, employée à des achats sollicités par l'offre des marchandises urbaines, si tentantes, et de pénétration de plus en plus vulgarisée. Les provisions se font rares.

Rares aussi les pièces d'or, rares les pièces blanches allouées, sous forme de traitement, par les gros messieurs, les riches dames obéissant à l'inspiration de la Société d'enseignement et d'éducation, le ministère... d'en face. Depuis un trop long temps, il faut verser des subsides. La Gueuse dont, au fond des châteaux, on escomptait la mort, a la vie dure, et il en coûte vraiment trop cher pour avoir sa peau. L'espoir baisse de la victoire rêvée, et, avec lui, l'aide pécuniaire. Et puis, en vérité, il y a trop de personnes à nourrir. Les congrégations, en se dispersant, ont joué un bien méchant tour aux croyants. Elles s'en sont remises sur eux du soin de nourrir, vêtir, payer la légion des enseignants entrés dans le siècle et dans des habits neufs, et aussi des prétentions et des appétits connaissant moins la contrainte et la discipline. Les malins, les riches ont émigré, se sont tirés d'affaire. Les pauvres ont été passés habilement à la gent dévote, qui porte avec peine le fardeau dont on s'est soulagé sur elle.

Lassitude enfin chez le clergé, et lassitude qui croîtra. Il s'occupait de l'école. Il a désormais à s'occuper de l'Église, et surtout de lui-même. Soutenir, avec les deniers des fidèles, le frère, la sœur, qui portaient l'uniforme de l'armée ecclésiastique, c'était de bonne guerre. Mais, le traitement une fois supprimé, il deviendra plus utile, il sera nécessaire de préférer l'Église à l'école. Y a-t-il apparence qu'on octroie à d'autres ce dont on a besoin pour soi ? Première charité... C'est humain, même quand on n'a cure que du divin.

L'ÉCOLE POUR LA VIE

L'ÉCOLE POUR LA VIE

I

C'est une formule française. J'en ai trouvé l'appli·cation exacte en Belgique — où l'on s'en est assimilé l'esprit, où l'on en a retenu la lettre.

A Liége, dans les salles où se déroulait l'Exposition scolaire organisée par M. Ch. Rémy, on remarquait en frise, au-dessus de chaque paroi, des fresques représentant les productions agricoles, industrielles, minières de chaque province. Et, au-dessous des tableaux narrant la vie économique, dans les vitrines, sur la cimaise, les travaux d'élèves correspondaient avec une mathématique précision à la représentation picturale résumant les métiers, rendant le geste des ouvriers de l'usine et de la terre. Il y avait corrélation entre le travail humain et le travail scolaire. La vie vivante disait son labeur, et l'école disait comment elle y préparait, avec quelle entente des nécessités prochaines.

J'avais été frappé de l'immense effort de décentralisation qui se manifestait sous les regards des visiteurs.

Le désir d'adapter l'école au milieu, je le retrouve dans le monument pédagogique que vient d'édifier le directeur de l'enseignement supérieur en Belgique, M. Van Overbergh, sous le titre significatif de la *Réforme de l'Enseignement.*

Réforme qui n'est pas limitée à un pays, mais qui est universelle. Réforme où la France peut trouver à glaner.

M. Van Overbergh n'en est, au vrai, pas l'initiateur. Mais il en a provoqué l'idée, amorcé le plan en réunissant, à Mons, le congrès international d'expansion économique mondiale, qui y a tenu ses séances en septembre 1905.

De ce congrès, qui provoqua des milliers d'adhésions et où les débats très importants eurent lieu, M. Van Overbergh, en deux volumes fortement documentés, dit les tendances, présente les vœux.

Il n'a pas dépouillé moins de quatre cents rapports rédigés par les éducateurs les plus connus du monde entier.

Les quatre cents rapports, quelque spécialité qu'ils abordent, ont tous un point commun, une idée directrice. Dans tous, les rédacteurs se posent cette question qui appelle une réponse immédiate dans tous les pays : « Comment élever l'enfant, l'adolescent, corporellement et intellectuellement, pour qu'il devienne homme d'initiative et d'action, pour qu'il sache sortir de sa patrie, pour qu'il réussisse dans les carrières mondiales ? Comment lui donner une éducation pratique ? Comment ajuster l'enseignement aux conditions nouvelles de la lutte industrielle et commerciale ? »

Le labeur collectif fourni par le Congrès d'expansion mondiale fut considérable. M. Van Overbergh, avec une grande force de concentration et de pénétration, l'analyse.

Il range les conclusions adoptées sous sept rubriques : éducation physique, langues vivantes, instruction primaire, enseignement moyen, universités, écoles mondiales, documentation.

Toute une encyclopédie est contenue en ces sept chapitres qui enferment les règles de l'avenir pour les écoles de tous les pays. Il est à souhaiter que partout on la consulte, on s'en inspire pour se dégager de routines et préjugés envieillis. C'est la charte éducative des temps nouveaux, rédigée en une monarchie, à l'usage même des républiques. Il est vrai qu'elle est due à la collaboration de réformateurs venus des quatre points de l'horizon.

La vérité n'est-elle pas contenue en ce vœu que je trouve dans la partie relative à l'enseignement primaire ?

« Le Congrès émet le vœu que, par une discipline forte, mais qui laisse à l'enfant entière liberté de se déterminer, l'école donne à la volonté toute son énergie ; qu'en montrant la puissance de la coopération, en secouant nos habitudes casanières, en éveillant les vocations, elle éveille l'esprit d'entreprise. »

Je détache encore ce vœu — qui est à retenir pour les bibliothèques scolaires et populaires dont le fonds est constitué par des envois de l'État :

« La petite bibliothèque sera pourvue de quelques publications spéciales : voyages et découvertes, histoire de l'industrie et du commerce, extraits appropriés de rapports consulaires, petites monographies de pays étrangers, cultures et plantes coloniales. Beaucoup de livres de prix auront le même objet. »

Et je pourrais glaner dans la moisson des vœux. J'en recueille encore un à qui, en France, peuvent et doivent faire bon accueil, non seulement l'école, mais les associations d'anciens élèves, les patronages :

« Il est désirable que les élèves visitent, sous la conduite des maîtres, et après un entretien préalable, des exploitations agricoles, des usines diverses, quelques régions particulièrement intéressantes du pays, ses grands centres industriels, ses grandes villes, leurs musées commerciaux et coloniaux, des expositions, et enfin les métropoles commerciales et les ports. »

Oh ! cette école souple et mobile, cette école de plein air et de lumière, cette école vraiment ouverte sur le dehors, cette école où l'amour de la nature se conciliera avec le culte de la science, cette école de la vie, pour la vie, quand l'aurons-nous ? Qui nous la donnera ?

Je la vois, unie pour les études générales, pour les tendances sociales, mais régionale, décentralisée, ajustée aux besoins locaux. Elle recevra l'impulsion d'en haut pour l'instruction théorique. Mais elle sera faite à l'image de chaque « pays de France », ici maritime, là industrielle, ailleurs commerciale, et elle façonnera l'écolier pour s'ajuster à l'ambiance qui l'attend.

II

Ceux-qui ont fondé vraiment l'école nationale en France, à la suite de Guizot, d'Hippolyte Carnot, les Jules Ferry, les Ferdinand Buisson, les Paul Bert, ont dû aller au plus pressé. Ils ont procédé par lois d'ensemble. Ils ont fait élaborer des programmes de large compréhension, s'étendant à tout l'enseignement primaire.

Comme ils voulaient d'une poussière d'écoles faire sortir l'École, ils ont adopté, pour les constructions, un même type; pour le travail une même discipline intellectuelle, de mêmes études pour les enfants. Ils ont visé à l'harmonie, à l'unité. Du chaos a surgi l'ordre.

Maisons d'école, femmes et hommes d'école, écolières, écoliers, sur tous les points du territoire, tout, choses et êtres, a reçu le mot d'ordre d'en haut, a dû obéir à des lois fortement centralisatrices. Des idées directrices, pensées et réalisées par la pédagogie administrative, ont imprimé une orientation uniforme au monde de l'école.

C'était la marche à suivre que nécessitaient les circonstances. L'œuvre des fondateurs ne pouvait être autre. Et c'est ce qui leur vaut la reconnaissance de la nation.

Mais, à l'heure actuelle, et à la veille du jour où tous les enfants du peuple s'assiéront sur les bancs de l'école, l'évolution commande d'inévitables réformes, exige d'urgentes améliorations.

Que l'État garde la haute main sur l'école, nul n'y contredit.

Mais, lorsqu'il se sera fait sa part, et largement, il doit, pour satisfaire aux intérêts économiques et sociaux du pays, vouloir, préparer, effectuer l'adaptation de l'école aux différents milieux ; il doit, de lui-même, sous sa surveillance et son autorité, donner une place à la décentralisation.

L'école ne saurait plus être la même sur tous les points du territoire, quand, dans la variété des régions, les différences s'accusent de plus en plus dans la production, dans les conditions du travail.

L'école du peuple, qui a pour fonction de préparer le peuple à la vie, doit s'y ajuster, se modeler sur elle.

Elle ne remplira utilement son rôle que si elle acquiert souplesse et mouvement, que si elle se renouvelle au renouvellement de l'ambiance.

La rigidité du plan primitif est à briser.

L'unité de l'école sera maintenue, et fortement, si l'État prescrit partout un horaire minimum — trois heures pour chaque journée — et un programme minimum comprenant les connaissances élémentaires que doit posséder toute écolière, tout écolier, et qui sera élaboré par ses soins.

Ce sera la part de connaissances exigibles, au Nord, au Midi, dans tout le pays.

Mais la variété de l'école sera obtenue par une innovation que réclame le progrès.

On donnerait plus d'influence, on laisserait plus d'initiative aux autorités universitaires dans chaque département, dans chaque arrondissement. Inspecteurs d'académie et primaires, conseil départemental, assemblées d'institutrices et d'instituteurs, qui seraient ouvertes aux représentants de la délégation cantonale, de la caisse des écoles, des commissions scolaires, accommoderaient le reste de l'horaire, les programmes d'instruction pratique, utilitaire, aux besoins de chaque « pays de France ».

L'école du peuple deviendrait alors réellement l'école populaire. L'absentéisme, la non-fréquentation baisseraient vite, car chaque enfant viendrait s'armer pour obtenir un gagne-pain dans l'industrie, dans le commerce, dans l'exploitation rurale de chaque région.

L'école serait la vie même de la nation, non pas comprise comme une institution vague et imprécise, non pas entrevue dans des lointains nuageux, mais observée, saisie, dans ses réalités précises et toutes proches.

On ne peut pas ne pas concevoir ainsi l'enseignement, et bientôt, car l'école, en régime démocratique, ne peut pas ne pas être toute à tous, de façon efficace et directe.

A la mettre en contact avec qui doit l'utiliser, en tenant compte des fins qu'elle doit poursuivre, on lui donnera force, influence rayonnante.

L'âme commune de la nation continuera à être en elle, à l'inspirer.

Mais la vie, la vie changeante, la vie que vivra l'enfance ouvrière et rurale, la pénétrera au profond de son organisme.

Comme le disait Michelet dans une entrevision prophétique : « L'enseignement, un jour, aura mille formes... On n'enseignera point un enfant de la Creuse, futur maçon, comme on enseignerait le petit marin de Marseille ou son jeune commerçant. »

Sans doute, des essais ont été tentés. Des épreuves, dites spéciales, ont été introduites dans le certificat d'études, différenciées selon les localités. Des cours de marine ont été ouverts sur les côtes.

Mais ce n'est là qu'une indication, qu'une ébauche.

La réforme doit être totale. Et le moment est propice pour y penser et pour en parler.

L'AME DE L'ÉCOLE

Il en est qui vont la cherchant, dans l'espoir de ne pas la découvrir. Il en est qui la déforment dans le sens de leurs passions. En général, par esprit de parti, on s'attache à l'abaisser, à signaler ses seules erreurs et défaillances.

Ce qu'elle est vraiment, un témoin impartial le montre, qui l'a observée de près et qui s'est attaché à la révéler non à des Français, mais à des étrangers.

M. Gaston Rouvier, à la fin d'août 1903, a été chargé, à Upsal, en Suède, dans l'antique cité des légendes d'Odin, de faire à des professeurs, à des étudiants, à des instituteurs, un cours sur l'évolution scolaire dans notre pays. Il a parlé des expériences pédagogiques, à forme sociale, qu'a tentées depuis quelques années la France et qu'au dehors on suit avec un intérêt si passionné, si ardent. Et il nous donne les conférences qu'il a développées en les réunissant sous ce titre : *L'Enseignement public en France au début du XXe siècle.*

M. Gaston Rouvier a comme préfacier M. le vice-recteur Liard qui, en quelques lignes, résume nettement la portée de l'œuvre : « Bonne fortune à votre livre... Ce que vous y avez mis, ce n'est pas le détail aride et fastidieux d'une organisation administrative. c'est vivant, et toujours chaud, l'admirable effort de la République française pour vivifier ses écoles, les petites comme les grandes, suivant son idéal de science et de liberté et en faire, à des degrés divers, des organes de culture intellectuelle et d'éducation sociale et civique ; ce sont les vues d'ensemble et les idées directrices qui, depuis un quart de siècle, l'éclairent et la guident dans la refonte de notre enseignement national. Dire tout cela, dans les termes où vous l'avez dit, c'est faire acte de bon Français, car c'est montrer aux étrangers, qui ne la voient pas toujours, une France sérieuse et pensante, toujours éprise de hauts problèmes qui ne l'intéressent pas seule au monde. »

Elle est à montrer aux Français aussi, cette France du travail intellectuel, si inconnue, si méconnue.

En un admirable tableau, de nette, de forte concentration, avec des raccourcis de ferme sobriété, il nous la montre tout entière, dans l'ensemble et dans le détail. Cent trente pages y suffisent — qui valent par l'ordre, la clarté, la solidité de la composition, et qui pourraient servir de modèles à nombre de compilateurs, ou de métier ou d'occasion.

M. Gaston Rouvier pose son sujet dans un chapitre préliminaire : *Les trois ordres d'enseignement*, et il prouve qu'ils tendent à l'unité. Ce sera l'idée maîtresse de l'exposé écrit, comme elle le fut des leçons orales : « La préoccupation nouvelle d'enseignement national, civique, moral, d'éducation nationale en un mot, vous la retrouvez dans l'humble école de village, dans le lycée, dans l'université ; c'est elle qui aujourd'hui justifie la tendance à l'unité ; c'est elle, vraiment, qui est au fond de toutes les réformes et qui agite à cette heure l'enseignement public à tous les degrés. »

C'est le « leit-motiv » qui reviendra au cours de tout le développement.

Successivement, M. Gaston Rouvier traite de l'enseignement primaire, puis il résume l'historique de l'ancien régime à la troisième République. Puis ce sont : les lois de la République, puis les tendances actuelles de l'école qui peuvent s'enfermer dans cette formule : « Respect de soi-même ; amour de la patrie ; solidarité humaine. » Et, en effet, toute l'âme de l'école contemporaine est là, dans sa vivante vérité.

M. Gaston Rouvier, après avoir indiqué l'orientation de l'enseignement primaire supérieur, consacre un chapitre au lendemain de l'école, dont les multiples modalités attirent si fort l'attention des éducateurs étrangers. Puis, c'est la question de l'enseignement secondaire, de la réforme de 1902, de l'éducation morale de la « jeune bourgeoisie ». Et l'unité réapparaît : « L'enseignement primaire, on l'a vu, écrit M. Rouvier, a mis au premier,rang de ses préoccupations la formation morale de l'enfant. Voici que l'enseignement secondaire se préoccupe à son tour de la formation morale des jeunes gens, qui lui sont confiés. Et, à tous ces futurs citoyens, écoliers de village, lycéens de la ville, ce sont les mêmes devoirs qui sont enseignés, le même idéal de dignité personnelle, de patriotisme, de solidarité humaine. L'université est devenue l'éducatrice de la nation. »

L'enseignement secondaire des jeunes filles, l'enseignement technique et professionnel, la renaissance des universités, — qui restera l'œuvre de M. Liard, — les grandes écoles, l'enseignement supérieur en province fournissent la matière d'autant de chapitres qui sont autant de monographies très complètes dans une forme très abrégée. On ne s'étonnera pas que M. Gaston Rouvier consacre une étude spéciale, en conclusion, aux étudiants étrangers en France.

La « revue » de l'enseignement à tous les degrés, M. Gaston Rouvier la caractérise par cette éloquente appréciation :

« La France, en vingt ans, a renouvelé son enseignement public à ses trois degrés ; elle l'a étendu, fortifié, surtout elle lui a insufflé un esprit nouveau.

« C'est cet esprit que je me suis appliqué à faire apparaître à travers les chiffres et les textes.

« Et cet esprit, que vivifie de plus en plus la parole de nos maîtres les plus renommés et celle de nos plus modestes instituteurs de village, comment le définir, sinon la préoccupation constante de donner à l'enfant comme à l'étudiant moins le souci de son bagage scientifique ou littéraire que le souci de sa personne morale ?

« Ainsi se vérifie que la France, dans ses écoles, tente aujourd'hui une nouvelle et essentielle expérience, et veut éprouver s'il est vraiment impossible de former la conscience du citoyen par le seul enseignement du devoir qu'a tout homme de respecter l'homme, dans sa propre personne et dans la personne d'autrui. »

MAITRE JACQUES

C'est un thème à plaisanteries faciles et à doléances démesurement enflées. L'instituteur serait devenu, depuis quelques années, une manière de Maître Jacques. Il le dit, et surtout on le dit beaucoup pour lui. Il a dans les communes rurales la charge de tout : écoles du jour et du soir, secrétariat de mairie, office de renseignements pour tous ministères, associations, patronages, mutualité scolaire, etc.

Il est indéniable que l'instituteur a beaucoup, a trop à faire. L'initiative privée se décharge adroitement sur lui de nombre d'améliorations qu'elle signale, qu'elle exige à grand fracas, que trop souvent elle ne réalise pas elle-même, bien qu'elle en réclame le profit. Les œuvres complémentaires de l'école s'ajoutent à la besogne professionnelle de l'enseignant et au surcroît de labeur qu'il s'impose, et à raison, pour la défense de ses intérêts corporatifs.

Mais n'est-il pas évident que ces fonctions ont acquis, avec plus d'ampleur, plus d'attrayante utilité; qu'elles lui ont donné prestige, autorité réelle? L'instituteur se fatigue à accrocher le soir la petite lanterne du progrès, de l'émancipation intellectuelle, à la porte de l'école, à grouper les adolescents, à tenir les « veillées laïques », à « faire des électeurs », selon le mot de Jean Macé,

Cela est vrai. Mais hier encore il sonnait la cloche, chantait au lutrin. C'étaient aussi là des œuvres extra, péri, circum, post-scolaires et humiliantes, et qui pis est, obligatoires, ce que ne sont pas les œuvres sociales que l'on accepte, que l'on quitte à son gré, en libre citoyen.

Le surmenage de l'instituteur est réel. Mais c'est le hasard — le bonheur des temps plutôt — qui en est cause. La génération présente d'éducateurs qui est à la peine ne pouvait pas ne pas y être, historiquement. Elle a dû, à une heure précise, accomplir la tâche que les forces d'erreur, d'ignorance, de préjugés, avaient empêché ses devanciers de réaliser. Ainsi l'ont voulu les contingences.

Sans doute, il faut faire effort, il faut lutter. Mais ceux que la Convention saluaient par avance du titre d' « éducateurs nationaux », pouvaient-ils assister indifférents au mouvement libérateur qui emporte notre époque? Pouvaient-ils se refuser à aider la nation à s'organiser? Le savoir qui est en eux, ne devaient-ils pas le communiquer à la jeunesse ouvrière et rurale qui en réclame une part?

Faut-il regretter d'avoir enseigné, édifié la République, d'avoir préparé par une sûre empreinte donnée aux intelligences, les lois politiques?

Et si l'on n'avait pas revendiqué son poste de combat, si l'on n'avait pas pris possession des chaires populaires, croit-on qu'elles n'auraient pas été occupées? D'autres ne demandaient, ne demandent qu'à s'en emparer, qui comprennent de quelle influence ils se sont laissé déposséder.

N'y a-t-il pas lieu, au contraire, d'accepter avec joie, avec une « jolie vaillance », le travail que l'on fait pour « ceux de demain », qui n'auront pas mêmes servitudes à secouer, mêmes constructions nécessaires à substituer aux nécessaires destructions

D'ailleurs, à la période d'improvisation qui a été fiévreuse, épuisante, on peut reconnaître, à des signes

certains, qu'une période de méthodique organisation
va succéder, où toute peine aura le salaire qu'exigent
l'équitable utilisation des hommes, la juste distribution du travail.

Dur encore pendant quelque temps, pourra être le
labeur, durs les sacrifices à consentir, mais n'est-ce
rien que d'avoir pu vivre des vies utiles à la cité ?

Nos fils nous devront des jours meilleurs. Acceptons
pour eux les jours de nobles et fécondes épreuves.
C'est un honneur que de les avoir connus, que d'avoir
coïncidé, dans le temps, avec la date attendue de leur
bienfaisante aurore. Maître Jacques, l'instituteur?
Oui, sans doute. Mais Maître Jacques travaille pour
Jacques Bonhomme. Et aux deux Jacques l'entr'aide
s'imposait et s'impose.

AFFICHE SOCIALE

S'il est autour des lycées des pères de famille qui
surveillent faits, gestes et paroles des professeurs,
pour s'en faire les dénonciateurs, tout en réprouvant
bruyamment la délation, il y a, par contre, autour des
écoles primaires laïques, de bons citoyens qui se font
un devoir de signaler les services rendus par les instituteurs et de les publier hautement.

Je trouvais hier dans mon courrier la lettre d'un
ancien trésorier-payeur général. Il me dit que, se
rendant dans une école laïque de Paris, en sa qualité
d'administrateur d'un bureau de bienfaisance, pour
s'assurer de l'assiduité à l'école d'enfants appartenant
à des familles assistées, il a lu une affiche dont il a
aussitôt pris copie.

Mon correspondant a trouvé les conseils du directeur aux parents de ses élèves « si sages, si élevés », qu'il a voulu les porter à ma connaissance. Et il désire que j'en fasse bénéficier d'autres que les clients forcément limités d'une seule école.

J'ai lu l'affiche en question, une affiche tout empreinte de foi sociale, qui a été dictée au directeur et à ses collaborateurs par l'amour de l'enfance, la passion de se rendre utiles aux chers êtres qui leur sont confiés, et, comme mon correspondant, j'en suis tout secoué, tout ému, et je comprends qu'il m'écrive au sujet d'éducateurs comprenant ainsi leur mission : « Ils sont aujourd'hui plus utiles que les soldats les plus braves ».

L'affiche civique est adressée « aux Familles » par « le personnel enseignant et le directeur de l'école ». « Ils ont la charge de l'éducation et de l'instruction de vos chers enfants, y peut-on lire ; ils vous demandent votre aide et votre collaboration actives et incessantes. »

Des conseils suivent, marqués au coin de l'expérience, surtout d'une bonté avertie, sur le travail, la fréquentation, les dangers de la rue, cette ennemie de l'école.

Je transcris cet excellent passage, qui souligne toute l'importance des liens qu'il est nécessaire d'établir entre l'école et la famille, les deux forces éducatrices :

« Toutes les deux semaines environ, vos enfants doivent vous remettre leur livret scolaire ; rendez-vous compte de leurs progrès ou de leur arrêt dans les études ; qu'ils sentent que vous êtes en communauté d'idées avec leurs maîtres ; réprimandez-les plus par persuasion que par violence ; encouragez l'effort et la bonne volonté ; mais enrayez les vices naissants, surtout la paresse et le mensonge. Venez sans crainte me trouver ou trouver MM. les instituteurs ; nous vous donnerons tous les avis, tous les conseils possibles pour le bien de vos enfants. »

La suite de l'affiche a trait à la *Mutualité scolaire*, qui est chaudement recommandée.

Elle se termine sur cette vibrante et pressante péroraison :

« Lorsque vos enfants quitteront l'école pour prendre une place honorable dans la cité des travailleurs, qu'ils reviennent dans cette maison bienaimée ; ils y retrouveront leurs anciens maîtres et leurs camarades de classe; ils renoueront à l'*Amicale des anciens élèves* les sentiments d'affection et de solidarité qu'on leur inculquait dans leurs jeunes années; un frère uni à son frère est fort contre l'adversité.

« Parents, nous voulons votre bonheur et celui de vos enfants ! Aidez-nous de toute votre énergie et de toute la force de votre amour pour eux !

« Pour le personnel de l'école,
« 4, rue Foyatier :
« Le Directeur, E. Levasseur. »

Ce qu'il y a de sincérité et d'élan dans sa conviction, on le sent dans ce document qui échappe à la déclamation inhérente au genre. L'appel chaleureux, de simplicité démocratique, qui est affiché rue Foyatier, aurait bien droit à l'affichage dans toutes les écoles urbaines de France. L'exemple est à imiter.

PLACEMENT SOCIAL

Si certaines Universités populaires s'enferment dans le rôle médiocrement utile de parlottes à l'usage d'auditoires déjà convaincus, il en est, notamment en province, qui exercent une action sociale de cette utilité.

En passant à Tarbes j'ai eu le plaisir de constater

que l'U. P., qui est un centre de conférences, un patronage, que l'U. P., qui envoie ses pupilles en colonies de vacances, se mêle de façon directe et pratique à la vie ouvrière.

L'U. P. de Tarbes vient de prendre une initiative qui est unique parmi les sociétés d'éducation populaire.

Après un an et demi d'études préparatoires, de démarches, de travail intense, elle est parvenue à se doubler d'une société d'habitations ouvrières à bon marché.

Grâce à son fondateur, M. Récéjac, professeur de philosophie au lycée, qui a le sens de l'organisation et des réformes utiles, elle a émis des actions de cent francs, obtenu l'appui financier de la caisse d'épargne. Elle a constitué un capital de vingt-quatre mille francs. Elle a acheté des terrains et elle s'apprête à édifier six petites maisons pour autant de ménages ouvriers.

Ses locataires sont membres de l'U. P. Par voie d'amortissement, ils deviendront propriétaires. Grâce à une ingénieuse combinaison d'assurances, ils offrent toute garantie à la société, en cas de décès anticipé.

Il est évident que ce n'est là qu'un essai. On commence par six maisons, avec jardin attenant. Si l'entreprise réussit, l'association fera plus et mieux.

Et l'exemple est donné. Il est à souhaiter que nombre d'U. P. l'imitent.

Les mutualités scolaires pourraient aussi entrer dans la même voie. Quel meilleur emploi peuvent-elles faire de ce fonds commun qui est si discuté, si combattu, parce qu'il apparaît virtuel et lointain ?

Le « placement social » en habitations à bon marché serait d'un bon rapport matériel pour la retraite. Et quel profit moral l'enfance et l'adolescence associées en retireraient !

SOLIDARITÉ ENSEIGNANTE

J'ai assisté récemment à l'assemblée générale de la Société antituberculeuse de l'enseignement primaire de la Seine, et j'ai été frappé des progrès que l'esprit de solidarité utile et pratique réalise parmi les institutrices et les instituteurs.

Ces isolés d'hier, qui travaillaient souvent côte à côte, et qui ne se connaissaient pas, se sont vus, concertés, ont appris à exercer une action commune dans leurs associations amicales. Ils ont traité de leurs intérêts, de questions professionnelles

A l'user, ils se sont aperçus des lacunes que présentait la société de secours mutuels et de retraites.

L'aide matérielle assurée aux malades les a amenés à l'aide préventive.

Ils ont résolu de former entre eux un syndicat de préservation, de prévoyance ou plutôt de prévision, pour combattre ce mal des enseignants : la tuberculose, que développe le séjour dans les classes surpeuplées, surchauffées, où larynx et poumons sont soumis à si dure épreuve. Ils ont constitué, de leur propre initiative, avec leurs seules ressources, une société d'assistance médicale.

Et les résultats obtenus par une propagande et une action admirablement méthodiques et ardentes, les voici :

La société compte 2 688 membres actifs. Elle a dirigé vers son dispensaire gratuit, sis rue Sedaine, 14 707 consultants, qui ont bénéficié de 3 600 consultations, avec horaire adroitement adapté aux moments de liberté dont disposent les intéressés. C'est le dimanche, le jeudi, deux jours par semaine après la clôture des cours, qu'on peut demander un conseil, une ordonnance aux docteurs qui, gratuitement, se sont mis à la disposition des fondateurs du dispensaire.

Je note, dans l'avis à afficher, cette indication, qui est encadrée, soulignée spécialement :

« Il est plus facile de prévenir la tuberculose que de la guérir. Venez au dispensaire quand vous êtes fatigué par un long rhume ou à la suite d'une maladie. »

Le « rhume négligé », voilà l'ennemi.

On le connaît maintenant, on n'en fait pas fi — et on le combat.

MM. Delobel, Sérout, Dubois qui, avec une attention passionnée, ainsi que MM. les docteurs Beaumann, Lumineau, Roblot, s'attachent à préconiser la méthode prophylactique, ont la joie de proclamer l'excellence des résultats.

Quand on n'a pas recours au dispensaire tardivement, dans un stade avancé de la tuberculose, on guérit.

« Chez la plupart des consultants, dit le docteur Beaumann dans son rapport, nous avons pu enrayer les débuts insidieux de ce mal, qui, négligé, pardonne rarement.

« Nous avons donné en 1901 près de 3 000 consultations. Parmi les consultants, certains sont venus par peur de la tuberculose nous prier de les examiner ; chez quelques-uns, l'auscultation n'a dévoilé rien d'anormal et les a tranquillisés ; chez d'autres, au contraire, et ils sont nombreux, cette peur a été salutaire, car nous avons découvert en eux des candidats à la tuberculose, des prétuberculeux. A ceux-là, nous avons jeté le cri d'alarme. Nous leur avons donné les conseils nécessaires pour éviter le mal, nous leur avons prescrit une vie de modération et d'hygiène, et nous les avons engagés vivement à venir nous voir à la moindre alerte. *Les résultats ont été merveilleux : aucun des consultants de cette catégorie n'a vu son état s'aggraver ;* tous ont pu se débarrasser des symptômes fâcheux qui menaçaient leur existence, et ont évité ainsi d'être victimes d'une des plaies les plus terribles de ce siècle. »

Mais le traitement entraîne des dépenses.

Des secours ont été accordés. Mais des institutrices, des instituteurs, par une fierté légitime, renonçaient à y avoir recours. Que faire pour empêcher en eux l'aggravation du mal ? Pour sauvegarder et leur dignité et leur santé, la Société a institué un prêt sur l'honneur.

Et tout bien est fait avec des ressources minimes. La cotisation annuelle est de 2 francs par an. Recettes et dépenses s'équilibrent aux environs de 10 000 francs.

Je ne connais pas d'œuvre qui mérite plus d'attirer l'attention de quiconque s'intéresse à l'école. Elle devrait pouvoir compter sur tous les concours officiels, notamment sur les fonds du pari mutuel. Elle a le dessein de construire un dispensaire définitif. Elle mérite qu'on lui permette de mener à bien son utile entreprise.

D'ailleurs, préserver l'instituteur de la tuberculose, c'est en préserver l'enfant. Il s'agit d'un intérêt national.

VERS LE TROUSSEAU

Il y a déjà quatre ans que, sur les hauteurs de Ménilmontant, dans la rue Riblette, j'avais assisté à la naissance de l'œuvre du Trousseau, due à l'initiative pratique d'une directrice d'école laïque, Mᵐᵉ Béguin.

Cette œuvre transforme la leçon de couture, encore si théorique à l'école, en application directe, utile. Les fillettes forment entre elles une manière de coopérative ouvrière, ou plutôt de coopérative de l'apprentissage. Elles mettent en commun des cotisations. Elles travaillent, une après-midi chaque semaine, à la confection des pièces du trousseau que plus tard elles emporteront chez elles.

Par mois, les « petites mains » versent 50 centimes. On commence à neuf ans. On finit à peu près à dix-huit. Et à cet âge on peut posséder un trousseau composé de soixante-quinze pièces et qui revient à 54 francs.

De la rue Riblette, l'œuvre du Trousseau, à qui je prédisais de brillantes destinées, a conquis écoles et écolières.

Elle a des adeptes dans le XIe, le XIIe arrondissement.

Elle s'est implantée en province : à Rouen, à Reims, à Nîmes, à Caen, à Auch, à Sedan, à Tours, à Laon.

J'ai pu constater récemment à Saint-Emilion le succès qu'elle obtenait. Là, on l'allie à la mutualité scolaire, — ce qui fait que les petites lingères sont doublement coopératrices.

A cette série de victoires remportées par l'aiguille, il fallait la sanction d'une fête.

Elle a eu lieu à Versailles. J'ai eu le plaisir d'y remercier les éducatrices, notamment Mmes Damé et Thévenot, qui ont introduit l'innovation dans les écoles.

C'est le 23 avril 1900 — il n'y a pas de petites dates, pas de petits faits dans l'histoire de la solidarité qui peu à peu se substitue à l'histoire des guerres, — que l'œuvre a été fondée dans la cité du grand roi. Elle comptait alors 68 participantes : aujourd'hui les petites lingères sont au nombre de 350.

Versailles a fait école — dans l'école.

Les petites coopératives de production « pour le blanc » fleurissent à Rueil, Poissy, Sèvres, Meudon, Bougival, Pontoise, Montmorency, Presles, Athis-Mons, etc.

Sept cent cinq fillettes cousent, taillent à l'envi.

Elles sont encadrées par les anciennes élèves, par les mamans — qui se rapprochent ainsi de l'école, s'y intéressent. Les collaboratrices volontaires s'appellent les « secouristes ». J'avoue que j'aimerais mieux un autre nom et qui rappelât moins l'ambulance. Mais si

la dénomination est à changer, la fonction toute de
dévouement est à conserver. Elle cimente l'union qui
doit exister entre l'école et la famille.

Et les ressources ? Car l'argent est nerf de la paix
agissante, promotrice de progrès.

En caisse, les jeunes associées ont 2 243 francs.

Le fonds de roulement est de 12 751 francs.

Le bilan financier est excellent.

Meilleur encore le bilan moral et social.

CIRCULAIRE SOCIALE (1)

La lutte contre la tuberculose — et aussi contre le
taudis, l'alcoolisme, car tout se tient et s'enchaîne —
continue ardente, méthodique. Je sors d'assister à
une réunion privée, qui a eu lieu chez M. le professeur Grancher, et où a été fondée l'œuvre des conférences d'hygiène sociale, qui est vraiment originale
par sa composition, par son objet. Elle est fondée sous
la présidence effective du docteur Grancher (2), sous
la présidence d'honneur de M. Casimir-Perier (3).

L'œuvre scelle une étroite alliance entre des médecins, pour la plupart des hôpitaux, comme MM. Courtois-Suffit, Rist, Jacquet, Renault, Triboulet, Bergé,
Thoumas, Laubry, Lesné, de Massary, Boulloche,
Weill-Mantou, et des mutualistes, comme J.-C. Cavé,
des éducateurs.

Elle fera, dans les mairies, dans les groupements
corporatifs, dans les milieux post-scolaires, des conférences mi-médicales, mi-sociales, qui contribue-

(1) Décembre 1905.
(2) Décédé en 1907.
(3) Décédé en 1906.

ront à combattre le terrible fléau. Un spécialiste, un docteur, traitera de la tuberculose, de la préservation ; un mutualiste, un universitaire, un volontaire de l'enseignement populaire, parlera de l'entente à établir entre les institutions ou publiques ou privées pour mener à bien la bonne entreprise.

Et, en même temps que cet effort s'affirme, un autre est préparé par une circulaire, par une admirable et touchante lettre que M. Liard, vice-recteur de l'Académie de Paris, membre de l'Institut, adresse aux élèves des lycées et collèges, garçons et filles.

M. Liard leur montre l'étendue, les ravages du mal. Il leur signale l'œuvre de la préservation de l'enfance, fondée par le professeur Grancher. Il leur cite des faits, des exemples, les met au courant de réconfortantes statistiques.

Et il écrit :

« Vous voyez les résultats. Voulez-vous y contribuer ? Voulez-vous, enfants des classes riches ou aisées, sauver quelques-uns de ces trop nombreux enfants qui, à Paris, sont sous le coup de la contagion ? Voulez-vous avoir votre part dans cette œuvre vraiment nationale, sociale et humaine ? Voulez-vous, dès le lycée, pratiquer la solidarité entre enfants d'un même pays ? Voulez-vous apprendre la fraternité sociale autrement qu'en paroles ? Rien ne vous sera plus facile.

« Formez dans chaque lycée une association qui ait pour but d'entretenir dans une des colonies de l'œuvre un ou plusieurs enfants. Je connais trop les sentiments de vos maîtres et de vos maîtresses pour n'être pas certain qu'il s'en trouvera beaucoup pour vous aider, vous conseiller et vous guider. Organisez vous-mêmes cette association, administrez vous-mêmes ; chaque mois ou chaque trimestre, versez pour l'œuvre une petite cotisation régulière. Et, dans certaines circonstances joyeuses pour vous, un jour de fête, un jour d'anniversaire, sur le cadeau reçu prélevez une part pour vos petits pupilles.

« Car ce seront vos pupilles. L'association de chaque lycée aura les siens. On vous dira leurs noms, vous saurez où ils seront ; plusieurs fois chaque année, on vous rendra compte de leur santé, de leurs progrès, de leurs travaux d'écoliers, de tout ce qui pourra vous intéresser à leur vie, et vous aurez la joie et la douce fierté d'avoir contribué à sauver quelques existences.

« Si vous le voulez, vous pourrez en sauver beaucoup. En effet, chaque enfant transplanté de Paris à la campagne coûte seulement 1 franc par jour, soit 365 francs par an. Donc autant de fois vous aurez, dans chaque association, 365 francs, autant de pupilles vous pourrez avoir. »

L'appel sera sûrement entendu, non seulement dans les neuf départements de l'Académie de Paris, mais dans les sept Académies de France.

Et je suis convaincu que les associations d'anciennes et d'anciens élèves, que les patronages, continuant leur action, unissant leurs ressources, que les « étudiants populaires » auront aussi leurs pupilles, les aideront fraternellement.

LA CUISINE A L'ÉCOLE

La laïcisation des écoles de filles se poursuit, calme, méthodique. Il n'est pas de jour qui ne soit pas marqué par des arrêtés préfectoraux substituant des « demoiselles » à des sœurs.

Dure sera la tâche des laïcisantes. Les institutrices à qui incombera l'honneur d'être aux postes de combat seront choisies parmi l'élite. Elles auront à lutter contre préjugés, défiances, hostilité ouverte.

Elles triompheront par l'énergie, la patience.

Elles vaincront aussi par la supériorité de l'enseignement, par l'adaptation des méthodes aux besoins locaux.

Elles sauront rendre l'école laïque populaire en l'ajustant au milieu, en lui donnant un caractère de vulgarisation, simple, pratique, en gagnant les familles par les services rendus à l'enfance.

On ne saurait croire, à ce sujet, combien l'introduction de l'enseignement ménager peut contribuer à fortifier l'influence de l'école, de l'institutrice. La cuisine, l'humble cuisine, s'associant à l'école, lui assure influence, rayonnement.

La clientèle s'accroît là où l'enseignement ménager s'organise.

La clientèle viendra là où l'on saura que l'écolière est apprise à devenir maîtresse de maison, reçoit leçons d'hygiène, d'économie domestique, s'initie au choix, à la cuisson des aliments. Milieux ouvriers, milieux ruraux sont vite gagnés à cette propagande par le fait — qui, d'exemple, prouve qu'à l'école laïque on sait greffer l'éducation sur l'instruction.

J'ai visité des écoles dans le Nord, le Nord-Est, au cours de l'hiver et du printemps derniers. J'ai constaté de quelle estime les populations entouraient l'institutrice qui ouvrait un cours d'enseignement ménager. Les mères ne refusent ni quelques sous, ni quelques provisions, pour contribuer à la dépense occasionnée par la confection des plats pas chers. Elles remercient oralement et par lettres les professeurs improvisées. Elles se rendent compte du service qui est rendu aux futures épouses mises à même de préparer la nourriture de leurs maris, d'y faire entrer le ragoût de la nouveauté et le condiment de la variété. Elles font refaire, chez elles, pour le père de famille, par la fillette, le mets qui a été appris le jour même. Et elles s'intéressent ainsi à la vie de l'école, à sa vie matérielle certes, mais bientôt elles seront entraînées à faire connaissance avec « l'autre ».

Dans les écoles qui vont être ouvertes en octobre, il y a lieu d'insister pour que, dès le début, l'école ménagère se conjugue avec l'école intellectuelle.

Les municipalités refuseront un débours, même léger? Soit.

Qu'un comité de dames se forme. Les femmes laïques, par foi sociale, ne sont-elles pas capables d'accomplir mêmes actes de dévouement scolaire que les femmes catholiques par foi religieuse ?

Il ne faut pas grands frais pour acheter le matériel nécessaire à un cours. Mme Demailly, qui, à Lens (Pas-de-Calais), a installé une cuisine-type, estime, dans une note adressée à la Ligue de l'Enseignement, le prix des objets indispensables à 100 francs.

Une souscription aura tôt fait de trouver la somme.

Et les cotisations du comité fourniront de quoi assurer le fonctionnement de l'œuvre : achats de denrées, récompenses aux meilleures élèves.

La nécessité de fonder autour des écoles laïques des comités de dames s'occupant ici de cours ménagers, là de cantines, ailleurs d'ouvroirs, etc., s'impose. Et ces comités, qui se rattacheront au comité de la Ligue de l'Enseignement, entoureront l'école d'une atmosphère d'affection révigorante.

———

ÉCHANGE D'ÉCOLIERS

J'ai reçu récemment la visite en mon lointain domicile — la Maisonnette Blanche des œuvres laïques, comme on l'appelle, — de M. Toni Mathieu, examinateur au ministère du Commerce, qui venait m'entretenir d'un curieux, d'un intéressant projet, et si pratique!

M. Toni Mathieu, comme tant d'amis de l'école, se mêle à la vie scolaire, qui doit faire partie de la vie nationale. Il entend collaborer à ses progrès.

Il s'est demandé comment il pourrait contribuer à l'assimilation des langues étrangères par les jeunes Français, et il a eu une idée simple, si simple, que tout le monde croirait avoir pu la trouver, ce qui est le propre des idées simples.

Il s'est dit que, malgré l'introduction des méthodes directes de l'enseignement oral dans les classes de langues vivantes, il y avait encore mieux à faire.

Il a appris que, grâce à un professeur, qui est un novateur en son genre, M. Melle, une correspondance internationale a été établie entre collégiens, écoliers des pays les plus distants.

« Mais s'il y a échange de correspondance, m'a-t-il dit justement, pourquoi n'y aurait-il pas échange de correspondants ? Pourquoi des écoliers français n'iraient-ils pas en Allemagne ? Pourquoi des écoliers allemands ne viendraient-ils pas en France, et précisément chez les parents des enfants envoyés outre-Rhin, et dans la famille des jeunes Germains émigrant chez nous ? Comme on apprendrait vite la langue du pays où l'on résiderait quelque temps ! Entre familles interéchangistes, l'on se piquerait d'émulation pour que l'hôte du dehors pût se faire comprendre passablement et avant son camarade en chassé-croisé ! Et quelle ouverture des intelligences ! Combien de préjugés tomberaient, si l'on franchissait ainsi Alpes, Pyrénées, Manche, si nos fils allaient au foyer d'amis étrangers, si leurs fils s'asseyaient au nôtre ! »

A mesure que le plan de M. Toni Mathieu se dessinait, une objection se précisait dans mon esprit.

Je la formule devant mon visiteur :

« Mais y songez-vous ? Et les examens, et les concours, et les classes, qui, de pays à pays, ne se correspondent pas ! On va vous accuser de bouleverser les programmes, de faire perdre une « année d'études » aux futurs bacheliers ! Vous aurez les mères contre vous !

— Qu'à cela ne tienne ! réplique M. Toni Mathieu. Je supprime l'obstacle... au début. L'interéchange peut n'avoir lieu que pendant les vacances. »

C'était parler d'or... économiquement. Car l'interéchange, pour tous frais, ne coûtera que le billet de chemin de fer ou de bateau, et j'espère que les Compagnies se montreront aimables.

Je demande à M. Toni Mathieu s'il est prêt à faire face aux demandes, s'il a ébauché une organisation, si son plan est simplement théorique, s'il peut l'appliquer au moins en partie.

Il a songé à tout, pourvu à tout. Il ne peut faire grand, car il est seul et agit avec ses seules ressources.

Mais déjà, grâce aux lettres qu'il a échangées avec des correspondants étrangers, il a deux demandes d'Angleterre, six d'Allemagne pour la France, cinq de France pour l'Allemagne.

Les écoliers qui, cet été, feront l'essai de l'interéchange, ne seront pas nombreux. L'entreprise tentée par M. Toni Mathieu est encore modeste.

Mais je crois que l'idée fera son chemin. Elle est dans l'air, comme on dit.

M. Toni Mathieu sera amené forcément, par le succès même, à constituer un comité qui fortifiera, étendra son action.

Le bureau central français, qu'il a établi boulevard Magenta, 36, prendra de l'importance. Il servira d'intermédiaire aux échanges de nation à nation autres que la France. Il aura à fournir renseignements, références matérielles et morales, à s'informer des conditions de séjour, etc. Et l'humble bureau pourrait bien devenir une véritable agence aux multiples et complets rouages.

LA PETITE PATRIE

L'on cherche, et à raison, à enrayer l'exode si souvent suivi de misère et de déchéance qui attire le paysan vers les « villes tentaculaires », comme les appelle Verhaeren. L'on voudrait attacher le cultivateur au sol natal.

Nombre de moyens pourraient être employés : moyens intellectuels, qui préserveraient, aux veillées d'hiver, la population rurale de l'ennui qui la fait s'évader aux cités : fondation au village de lectures populaires, de divertissements avec théâtre lu, partie de concert ; moyens économiques : vulgarisation des coopératives agricoles, des mutualités pour les achats de plants, d'engrais, de machines, contre les risques d'incendie, de grêle. La France rurale vaut qu'on s'intéresse à elle, qu'on l'aide à s'organiser socialement, moralement, qu'on la fasse participer à des joies artistiques, à des avantages matériels aussi, que l'association bien comprise peut procurer à ses adeptes. Elle lit, cette France, elle a passé par le régiment. Elle s'est ouverte à des idées qui sont devenues besoin impérieux. Elle veut être récréée, elle aussi, instruite, apprise à la solidarité pratique. Elle a droit à la lumière de l'esprit, aux joies de la parole, du chant, de la musique. Tout comme l'ouvrier se détend, après la rude journée de labeur, aux réunions urbaines, il faut à ce fermier, à ce laboureur qui, depuis l'aube, est penché sur le sillon, un peu de réconfort, de beauté. La « petite patrie » sera par lui la « terre où l'on vit », et d'une vie pleine et forte, si, par des liens autres que l'intérêt, on l'y attache, on l'y retient, en toute liberté d'ailleurs de consentement réfléchi.

Déjà l'évolution se produit. A la soirée ancestrale qu'on passait à écouter des contes, des légendes aujourd'hui trop connus, sous le manteau de la cheminée, a succédé la conférence illustrée, le journal parlé et illustré qui montre à l'assistance les beautés pittoresques, les monuments des pays dont il est question dans les feuilles publiques : le Maroc, le Japon, la Russie. Les sujets que l'opinion met en vedette : retraites ouvrières et rurales, séparation des Églises et de l'État, concordat, impôt sur le revenu, sont développés, expliqués, élucidés devant les intéressés. Des chaires d'instruction civique, d'histoire contemporaine, se dressent dans la plupart des communes. La science révèle aussi ses merveilles à des profanes qui sont avides de savoir, qui sortent des ténèbres où on les a longtemps plongés et hors desquelles le prestige des maîtres d'hier se serait évanoui.

Parmi les matières qu'on aborde devant ces auditoires si neufs, si attirants, il en est une qui surtout contribuera à leur faire aimer le coin de la France où le hasard de la naissance les a jetés. Là où elle est professée, elle est appréciée, réclamée. Partout où l'on pourra l'introduire elle tournera à plaisir et à profit pour les étudiants et les enseignants d'histoire.

Il s'agit de l'histoire locale, de l'histoire du village natal suivie à travers les péripéties de l'histoire générale.

L'histoire de la province, de la région, offre aussi un attrait savoureux.

L'orateur populaire qui en déroule les phases est sûr du succès.

Aussi ne peut-on qu'approuver l'initiative prise par le conseil général de la Côte-d'Or, qui vient de mettre au concours un *Manuel d'Histoire de la Bourgogne*. Le manuscrit approuvé vaudra un prix de 1 000 francs à son auteur.

Le manuel est destiné à être placé entre les mains des professeurs et instituteurs, afin que dans leurs cours soient insérées des notions d'histoire provinciale et locale. Il doit comprendre deux parties : un exposé de l'histoire de la Bourgogne, rédigé conformément à un programme arrêté par une commission et dont chaque chapitre sera suivi de lectures, une série alphabétique de notices biographiques comprenant les hommes célèbres de la Bourgogne.

La liste des personnages à biographier est donnée. Elle est d'un parfait éclectisme. On y voit Bossuet et Lazare Carnot, Désiré Nisard et Piron, Changarnier et Spuller.

Il est à souhaiter que l'exemple donné par le conseil général de la Côte-d'Or soit imité.

On commencera par l'histoire provinciale. On prendra goût ensuite à l'histoire locale, qui fournira aux travailleurs de la terre des raisons pour mieux chérir la « petite patrie », pour s'y plaire davantage, en comparant le présent au passé, même en Bourgogne qui, dit-on, en ce temps était heureuse.

LE THÉÂTRE A L'ÉCOLE

J'assiste, au jour le jour, à la triomphante poussée d'une littérature nouvelle que l'éducation populaire a suscitée. Le théâtre du peuple, rêvé, réclamé et proclamé par tant d'écrivains, s'affirme et grandit à l'école. Associations, patronages, ont des scènes, des décors, des troupes, des auditeurs. Et il ne faut pas sourire des spectacles qu'ils donnent devant des milliers de spectateurs, dans les préaux ornés et parés pour des fêtes d'art et de beauté.

Finie la niaiserie des pièces à l'usage des pensionnats ! Fondue la fadeur des saynètes et monologues dédiés à la jeunesse !

Le théâtre à l'école a ses fournisseurs à la mode,

qui sont des lettrés et des délicats, et qui ont du métier comme les vaudevillistes les plus adroits des théâtres... à côté. Certains de nos plus notoires contemporains n'ont pas dédaigné de mettre debout des actes pour ces nouveaux dauphins, les écoliers de l'école laïque. Ils ont rivalisé de verve, d'émotion, de gaîté aimable et saine, pour tirer pleurs ou rires des auditoires qui se pressent aux veillées scolaires, tant au village qu'aux faubourgs populeux des agglomérations urbaines. Et c'est un trait de nos mœurs démocratiques qu'on ne saurait passer sous silence.

Ces auteurs en vogue, qui sont-ils? Je note parmi eux : Mᵐᵉ Marylie Markovitch, qui, dans des vers tout proches de la fantaisie chère à Banville et à Rostand, a écrit ce joli, ce pimpant recueil : *Pour l'École et la France;* M. Frédéric Trenard, qui a donné : *La Comédie à l'École,* dont les pièces valent par la justesse de l'observation, la vivacité preste du dialogue ; M. Médéric Charot, dont l'œuvre a pour titre : *Pour l'Art et le Bien.*

Le bon poète Maurice Bouchor, qui, avec Jean Richepin, composait des « Mystères » dont les acteurs étaient des marionnettes, brille au premier rang parmi les écrivains dramatiques élus par le théâtre de l'école. Lecteur populaire, il a, d'une part, composé un répertoire de pièces classiques, avec scènes choisies et abrégées par lui et ses collaborateurs. Il a résumé *le Cid, Horace, Polyeucte,* puis *l'Avare, le Misanthrope,* puis *Andromaque, Iphigénie, Athalie.* Il a, dans Shakespeare, porté son choix sur *Macbeth, le Roi Lear, la Tempête, Cymbaline, le Songe d'une nuit d'été,* dont il a publié, sous le patronage de l'Association philotechnique, une édition avec les réductions et les retranchements utiles, et avec un commentaire mettant le fil entre les péripéties des drames.

D'autre part, Maurice Bouchor a écrit un vrai *Théâtre pour jeunes filles,* où il a fait entrer : *la Première Vision de Jeanne d'Arc, le Mariage de Papillonne, la Belle au Bois dormant*. Aujourd'hui même, il fait paraître une délicieuse *Nausicaa*, qui, dans sa pensée, était destinée aux élèves de Fontenay-aux-Roses ; c'est ainsi que Racine composait son *Esther* et son *Athalie* pour les Demoiselles de Saint-Cyr. *Nausicaa* ne laissera pas de donner aux jeunes filles « la plus aimable leçon d'humanité, de sang-froid, de raison et de grâce ».

Et en même temps que m'arrivait la *Nausicaa* de Bouchor, — croquis légèrement crayonnée en marge de l'*Odyssée*, — je recevais de M. Charles Boudhors, professeur au lycée Henri-IV, un *Regnard*, qui entre dans le « Répertoire des Lectures populaires ».

M. Boudhors a fait un très heureux choix de scènes dans *le Joueur, les Folies amoureuses, Démocrite*. Il y a fait preuve de tact, d'adresse, de convenance avertie. Comme il prend contact avec le public, depuis 1891, à la *Société d'aide fraternelle et d'aide sociale*, la devancière et l'initiatrice des universités populaires, il sait ce qu'il faut laisser de côté, ce qu'il est bon de mettre en relief. L'avertissement qui précède son *Regnard* est plein de conseils marqués au coin de l'expérience. Il est court, mais il est plein d'esprit amusant et amusé. Comme on eut raison de recommander aux artistes improvisés «d'avoir le verbe haut, l'œil hardi, l'allure craquante ! Et que dans leur bouche, écrit-il, le vers éclate et vibre, ce vers de Regnard qu'il ne faut pas moduler ou nuancer comme on ferait un vers de Racine, qu'il faut au contraire jeter, éblouissant comme une fusée, ou strident comme une flèche, à la tête des auditeurs ».

Le « Répertoire classique » et le « Théâtre » de Maurice Bouchor obtiennent partout un franc succès.

Les « Divertissements scolaires » qu'ont introduits M. et Mme Chemin, d'abord à l'Association de la rue de Pointoise, puis au patronage de la rue de l'Arbalète, sont fort goûtés aussi et méritent de l'être.

J'ai assisté récemment à une représentation qui a

eu lieu sur le « théâtre de l'Association amicale des anciens élèves de la rue de l'Arbalète », — car cette petite A a son théâtre, — et j'ai éprouvé un plaisir mêlé d'émotion à entendre : *Sur la Route*, tableau symbolique et symphonique, dû, pour les vers, à Mme Claire Chemin, pour la musique à M. Edouard Gravollet.

Les interprètes sont des enfants. Le plus âgé a quinze ans, le plus jeune cinq. Mme Chemin a eu l'habileté d'intéresser un très grand nombre d'écoliers à l'action. Les uns sont personnages en scène ; d'autres, à l'orchestre, comme dans la tragédie antique, font partie de chœurs qui de leurs chants coupent le récit, jugent les événements. Mais les vieillards chers à Sophocle sont des bambins aux voix mordantes et fraîches.

Sur la Route... Le symbole est bien fait pour frapper l'intelligence enfantine. Le Sage, qui personnifie l'âge mûr, attend son fils, qui personnifie la jeunesse. Le fils revient du régiment. Il est accompagné d'un voyageur en qui s'incarne l'inconnu de la vie. Le voyageur, qui est l'ami du soldat libéré, veut l'entraîner vers les pays lointains. Le Sage conseille à son fils de s'établir pour toujours au village. Il va lui montrer que tous les devoirs, toutes les tendresses, tous les bonheurs peuvent se rencontrer sur la route qu'ils foulent en ce moment. Il lui prouve qu'ailleurs il aura mêmes spectacles qu'au pays natal. Et dans cette manière de revue, passent les laboureurs et les marchands (l'Activité), les lavandières (le Plaisir), le médecin (le Dévouement), les soldats (le Courage), les bohémiens (la Liberté), les promis (l'Amour), les époux (le Foyer), le grand-père (la Race), les vendangeurs (le Bonheur). Le fils prend le bon parti. Il restera près du Sage, aux champs paternels.

On ne saurait croire quel effet a produit ce symbole où, dans la poésie, dans la musique, on sentait passer comme une haleine fortifiante des vallons et des forêts. La leçon valait par le contraste du milieu, où protagonistes et récitants évoluaient, cette route fleurie bordée de blés, de vignes, et ce milieu de la Cité pensante, aux rues enserrées de maisons assombries par le brouillard. La grande misère de l'exode aux « villes tentaculaires » apparaissait à tous les spectateurs...

D'un mot, M. Edouard Chemin, directeur de l'école, souligna l'enseignement qui se dégageait du « divertissement ». *Sur la Route* est la dixième pièce d'une série. Si les neuf autres la valent, il est à souhaiter qu'elles soient réunies en un volume, avec texte et partition, qui recevra bon accueil ailleurs qu'à l'école.

CHEZ LES DÉLÉGUÉS CANTONAUX

On se défiait naguère un peu des délégués cantonaux, dont l'institution, datant de 1850, dégénéra trop souvent de protection, d'aide affectueuse en maladroite surveillance. Maintenant, de-ci, de-là on moque les « représentants de la famille », car, vraiment, en nombre de départements, ils ne la représentent guère, ne se montrant jamais, renonçant à leurs fonctions par inertie.

Et pourtant, sur beaucoup de points, la délégation cantonale se réveille, s'affirme, revendique sa part d'action, de responsabilités.

Déjà, en Seine-et-Oise, une union départementale est née, que préside M. Guillaumin ; dans la Somme, une autre est apparue, présidée par M. Fiquet, député, maire d'Amiens, et dont M. Dutilloy, conseiller général, est le secrétaire général. Le Loiret, l'Oise ont suivi, ainsi que l'arrondissement de Brest.

D'importantes réunions ont eu lieu à Amiens, à Angers. Même une fédération est née, qui englobera les unions départementales, et qui a son organe, *le Délégué cantonal.*

L'Union de l'Oise, présidée par M. Bouffandeau, député, a déjà un an d'existence. Elle vient de tenir, à Creil, centre géographique du département, une très importante réunion.

Tout un après-midi, à l'hôtel de ville, on a pu assister à ce réconfortant spectacle : une assemblée, présidée par le préfet, le très lettré, M. d'Auriac, composée de sénateurs, députés, conseillers généraux, de l'inspecteur d'académie, d'inspecteurs primaires, de la directrice et du directeur de l'école normale, du président de l'Amicale des instituteurs, de publicistes, de délégués cantonaux venus de tous les points du département, s'est occupée de pédagogie, d'éducation populaire.

C'est un fait nouveau. C'est une marque très réelle et significative de l'intérêt que, parmi les élus du peuple, parmi les commerçants, les industriels, les gens de toute profession, on porte à l'école du jour et à l'école du soir. Un rapprochement s'opérait entre les hommes d'école et les amis de l'école, entre ces deux forces sociales : l'école et la famille.

La discussion était ardente, serrée, méthodique. Des quatre coins de la salle, des exemples étaient cités à l'appui d'une théorie, des échanges d'idées s'effectuaient. Un maire disait ce qu'avait fait sa ville pour une cantine. Un sénateur, M. Noël, abordait le complexe problème des rapports à établir entre les cantines et les mutualités scolaires. Entre républicains on soulevait la troublante question des patronages confessionnels qui, dans les villes et dans les campagnes, se substituent à l'école libre. Des résolutions étaient prises, que l'on exécutera sûrement cet hiver, là où il convient de porter l'effort.

C'est un journaliste, M. Schmit, délégué cantonal,

rédacteur en chef de *la République de l'Oise*, qui a rapporté les *Colonies de vacances* et qui, en termes pressants, a indiqué à ses collègues quels devoirs leur incombaient, quelle part ils devaient prendre dans l'organisation de ces œuvres nécessaires. Il cite la *Solidarité familiale*, de Beauvais, qui centralise toute l'éducation populaire dans ses formes les plus diverses, qui donne harmonie et unité aux efforts faits en faveur de l'enfance et de l'adolescence ouvrières.

M. Bouffandeau, député, ancien directeur d'école normale, a traité, avec beaucoup de compétence, de la *fréquentation scolaire* et des caisses des écoles. Les applaudissements de l'assemblée lui ont prouvé qu'on lui savait gré d'avoir été le promoteur et de l'*Union départementale* et d'une aussi belle et aussi utile manifestation.

M. Bordès, architecte, a montré l'importance des *Sociétés d'instruction populaire*. Il réclame l'existence de l'une d'elles dans chaque canton, avec rayonnement dans les campagnes.

En bref, bonne journée républicaine, bon dimanche laïque. Ce n'est certes pas le repos hebdomadaire, mais c'est, entre partisans d'une même cause pratique, prise de contact, occasion d'élaborer un plan d'action, un programme de travail qui, dans chaque département, dans chaque région. s'impose de plus en plus au parti scolaire laïque, au parti de l'éducation nationale.

INSPECTRICES DE L'ÉDUCATION

De plus en plus, à mesure que je visite associations de jeunes filles et patronages féminins. la nécessité de nommer des déléguées cantonales, des inspectrices de l'éducation, m'apparaît avec un caractère de réelle urgence.

Inspecteurs d'académie et préfets devraient s'entendre pour, dès cette année, faire des choix, publier des listes. J'ai la conviction que sur bien des points les déléguées cantonales feraient plus de besogne que les délégués cantonaux.

Un administrateur me disait hier : « Les nominations seront plus faciles. La politique s'en mêlera moins. » Et cet administrateur avait raison.

Aussi bien, la Seine a récemment imité la Somme, qui avait pris l'initiative de la chose. Mme Georges Martin, femme de l'ancien sénateur, est depuis un an déléguée cantonale dans le Ve arrondissement. Elle a été nommée sur la proposition du maire, M. Albert Meurgé, dont on connaît l'esprit de décision et de progrès.

Dans une lettre d'un tour charmant, d'une éloquence convaincue, Mme Georges Martin m'annonce le fait.

Elle m'écrit : « C'est à la mère qu'appartient beaucoup plus qu'au père l'éducation des enfants, filles ou garçons. L'admission de la femme dans la délégation cantonale ouvre une voie nouvelle que vous indiquez nettement.

« La mission des délégués cantonaux est de voir si les enfants puisent à l'école de bons principes et surtout de bons exemples de morale, s'ils y sont tenus sainement, s'ils y contractent des habitudes de propreté, de politesse, de bienveillance réciproque, en un mot, s'ils sont bien élevés...

« Les délégués cantonaux sont aux yeux de la loi les représentants de la famille dans l'école. C'est au nom des familles que leur influence s'y fait sentir et que leur autorité s'y exerce. Ils peuvent multiplier les avis et les remontrances paternelles, etc...

« La femme, non moins bien que l'homme, saura

saisir les nuances d'observation. Elle est dans son rôle d'éducatrice. Elle trouvera dans son instinct maternel la parole juste, le procédé doux et courtois pour remettre toutes choses à leur point.

« L'inspection de la délégation cantonale est mixte. C'est là que la femme trouvera ouverte la porte qui est restée close pour elle jusqu'ici.

« Si la mère conserve sur sa fille l'autorité de ses enseignements jusqu'à son mariage ou à sa majorité, son autorité éducatrice diminue sur son fils dès qu'il est entré dans les écoles primaires... Le petit garçon se croit homme bien avant l'âge. Il n'a pas le respect de la femme parce que trop tôt il échappe à l'enseignement maternel. Pendant le cours de sa période d'instruction première, il n'a plus affaire qu'à des instituteurs, des directeurs, des inspecteurs, en un mot qu'à des hommes. Si donc des déléguées cantonales allaient dans les écoles de filles comme de garçons faire des inspections, le petit garçon, voyant la femme investie de la même autorité que l'homme, grandirait avec l'idée que l'action de la mère est égale à celle du père. »

Quand je vous disais que la lettre est éloquente et persuasive !

Et lisez cette conclusion, à quoi je me rallie bien volontiers, car elle est inspirée par un sentiment tout empreint de justice et de vérité :

« Il est temps que l'on comprenne dans notre société le progrès, que l'homme et la femme, ayant une part égale de charges et de devoirs dans la collectivité, devraient de plus en plus se rapprocher de l'égalité des droits. »

LE CHANT POPULAIRE [1]

... C'est soirée chez les adhérents de la Jeunesse républicaine du IIe arrondissement, dans ces salles trop étroites pour la foule qui s'y presse, inaugurées il y a déjà quatre ans par Mesureur, Bellan, les amis de la première heure, et où reçoivent leurs hôtes MM. Verlot et Maurice Schwob.

M. Charles Couyba offre aux auditeurs la primeur des *Chansons du Peuple*. Il a terminé, hier, le rapport du budget des Beaux-Arts. Il est plongé, à l'heure actuelle, dans la rédaction du budget de l'Instruction publique, qui vient subitement, et justement, de lui échoir. Il passe jours et veilles à s'occuper des détails arides que soulèvent les problèmes des traitements, des retraites, des programmes. Et pourtant il a donné sa parole, et il la tient. Il a promis de parler d'art, de poésie, à une élite pensante, et, de Montmartre il est venu au Sentier. Et à le voir si alerte, si souriant, faire sa conférence, on se rend compte qu'à prendre contact avec les intelligences et les cœurs des travailleurs qui l'entourent, il trouve réconfort, rafraîchissement d'idées et de sentiments, par antithèse dans le travail : les rimes le reposent des chiffres, les strophes ailées le soulèvent loin des combinaisons financières.

M. Charles Couyba, dans son exposé, fait œuvre de poète certes, mais aussi d'éducateur.

Il explique pourquoi il a écrit les *Chansons du Peuple*. Il les dédie à l'école, qu'il veut riante, aimable, égayée de rythmes et de sons qui introduisent les phases de la vie, qui disent le labeur humain et la joie de l'effort.

Avant que Marcel Legay, interprète et compositeur

<hr>

[1] Novembre 1906.

à la fois des mélodies adaptées à ses couplets et à ses refrains, avant que Mme Verlot-Crépin entonnent ses *Chansons du Peuple*, M. Charles Couyba en indique l'inspiration, en commente la pensée.

Il nous dit, avec une familiarité à la fois émue et enjouée, quelles scènes de la vie sociale, de l'existence champêtre ont servi de point de départ, de prélude, à la transcription littéraire, puis musicale, de l'impression éprouvée en face des êtres et des choses.

Quel sens il attache à la chanson de la *Violette*, du *Chrysanthème*, de la *Rose Blanche*, où il évoque la fille de Jephté, M. Charles Couyba, en termes très heureux, tout remplis de tendresse vraiment charmante, le révèle en pleine ouverture de chœur.

Puis il traite des fêtes civiques qui remplaceront les fêtes religieuses, et il leur apporte la contribution harmonieuse de chants consacrés à exalter les saisons puissamment caractérisées par la sonorité des vocables qu'affectent les mois révolutionnaires : germinal, prairial, messidor, ventôse.

L'exécution artistique suit la présentation oratoire. Et sur « les étudiants populaires » qui, depuis l'aube, ont peiné à l'atelier, au magasin, au bureau, passe le souffle des prés et des champs, des semailles et des moissons, l'air vivifiant de la vie qui, de l'enfance à l'âge adulte, exalte sa foi dans l'idéal.

On applaudit et M. Charles Couyba, et Marcel Legay, qui a su trouver une notation intimement ajustée aux paroles et qui les a fondues en unité tantôt vibrante, et Mme Verlot-Crépin qui met toujours son beau talent au service des œuvres sociales. Chacun leur adressait un merci reconnaissant et sincère pour les heures de beauté et d'humanité dues à leur intelligente entr'aide.

INDIGENT !

Je garderai toujours au profond du souvenir la vision de cette scène qui se déroula devant mes yeux en un préau d'école.

C'est fête pour les enfants dans un quartier populeux. Des étrennes — on est à la veille du jour de l'an — vont être distribuées. Des tables sont chargées de jouets aux tonalités multicolores, d'objets aux formes variées, dont la description en ses *Contes de Noël*, tenta naguère un Dickens.

Les discours et allocutions sont terminés qu'ont débités des gens graves, car, en France, toute réjouissance s'ouvre sur l'ennui d'inévitables harangues.

Le défilé des écoliers commence qui vont recevoir un cadeau. Tel a un polichinelle, tel autre un petit théâtre. Des exclamations, des cris de joie éclatent.

J'avise un petit voisin, gamin parisien à la mine éveillée, dont les yeux ne quittent pas le fond de la salle, où siègent les représentants de la Caisse des écoles, de la municipalité, et où des instituteurs répartissent la manne attendue, rêvée depuis plus d'une semaine.

« Et toi, mon ami, que vas-tu avoir? Un pantin, une pelle, un moulin à vent ? »

A ma question, le bonhomme répond :

« Ah ! je voudrais bien un jouet, pour sûr.

— Mais tu vas en avoir un. Tout va être donné. C'est là pour cela.

— Oui, mais j'aurai une paire de galoches. J'aurais voulu un chemin de fer. Je suis un indigent. »

Et c'était ainsi. Mon bonhomme était privé de sa part de joie. Il était condamné à l'étrenne utile.

Un indifférent, un maladroit, un homme blasé sans doute sur la misère humaine avait dit à ce tout débutant : « Tu es un indigent. »

A six ans, mon petit voisin savait qu'il y a des catégories, des classes établies par la société, par l'administration, il constatait que des camarades, un peu plus aisés, avaient droit à l'inutile — indispensable à l'enfance — et que lui devait s'en passer, étant voué à l'octroi du nécessaire. Il se rendait compte que celui-ci, par privilège de naissance, pourrait s'amuser avec sa toupie et son fouet, celui-là avec son cerceau, avec ses guides à grelots sonnants, et que lui était éloigné de ce qui vire, et bruit, et luit. Dans l'école d'égalité, il sentait peser sur lui une inégalité dont on aurait dû éloigner de sa conscience trop tôt avertie la notion douloureuse.

« Indigent, nécessiteux » ; termes à employer dans des commissions qui tiennent leurs séances à l'écart, là où ne pénètrent pas les intéressés, mais qui jamais ne devraient résonner à l'oreille des écolières, des écoliers, que le hasard de la naissance a faits pauvres!

Vêtements, chaussures, bons de cantines, feuilles de départ pour colonies scolaires, tout cela, certes, doit aller de picin droit aux plus déshérités, mais sans qu'ils en souffrent dans leur amour-propre naissant, sans rien qui les humilie. Quel tact, quelle délicatesse, quelle ingéniosité dans la bonté, institutrices, instituteurs dépensent, je le sais.

Mais la « guenille » une fois satisfaite, place aussi à la part que réclame le besoin de jouer inhérent à l'enfance. Plus d'indigents, plus de nécessiteux, quand il s'agit, un jour de réjouissance, de donner des joujoux aux bambins. Surtout, que l'on bannisse du vocabulaire que s'assimile la gent écolière ces mots affreux, ces mots de désespoir et de haine : indigent, nécessiteux. L'école n'a pas à les enseigner à ses disciples, et elle doit les armer assez fortement pour que la vie leur épargne la déchéance et l'humiliation de se les voir appliquer plus tard, pour qu'elle les sauve, grâce au travail équitablement rémunéré, d'être des victimes et des vaincus.

Dans un admirable rapport, tout rempli d'humanité, que M. Charles Rémy, directeur de l'enseignement primaire en Belgique, avait adressé à l'exposition scolaire de Milan, je lisais : « La loi interdit d'employer ces expressions : « Enfants indigents. »

A défaut d'une loi qui serait inutile, les mœurs, chez nous doivent suffire à bannir ces épithètes d'une démocratie sincèrement solidariste.

AUTOUR DES PETITES CAVÉ

LA MUTUALITÉ SCOLAIRE [1]

Vous venez d'entendre une communication très nette, très documentée, sur la mutualité scolaire, présentée par le vénéré M. Cavé, par un homme qui a le don de se communiquer, ce qui ne nuit pas aux lois du genre. Il vous a dit les débuts quelque peu malaisés de l'œuvre. Il a rendu hommage à ses premiers collaborateurs, ces autres pionniers de Rochdale, avec cette modestie charmante, ce besoin d'effacement qui est chez lui don de nature.

Après vous avoir dit qu'en 1901, 662 000 écolières et écoliers mutualistes ont versé, deux sous par deux sous, quatre millions de francs, et reçu 800 000 francs pour « journées de maladie », que pourrais-je ajouter que de vains enjolivements et qu'une inutile phraséologie aux explications techniques fournies par le fondateur lui-même sur l'ingénieuse institution née de son cœur ? L'historique est complet. Vous savez tout du passé, et l'on ne saurait y revenir, après la démonstration magistrale de l'auteur, qui fut acteur dans sa propre création.

Il conviendrait donc de couper la communication, puisque communication il y a, mais autour de l'exposé financier, du commentaire économique, il y a des à-côtés moraux qui peuvent être remplis. Le texte initial est entourée de marges où il est permis d'inscrire quelques considérations d'ordre éducatif. Permettez donc au disciple, après le maître, de demeurer quelques minutes au bout du fil.

La mutualité scolaire, Messieurs, a réussi, et nous célébrons sa rapide et surprenante extension. Des hauteurs de la Villette et de Belleville, ces monts sacrés des œuvres sociales, elle est descendue dans

(1) Discours prononcé le 18 juin 1905 à la fête de la Mutualité scolaire.

Paris, qu'elle a conquis, puis, d'école en école, elle s'est répandue dans toute la France.

Mais quelles sont les raisons de ses pacifiques conquêtes ? M. Cavé ne nous les a pas données. Le pouvait-il sans sortir de l'ombre discrète dont il s'entoure si volontiers ?

Au vrai, la victoire de la mutualité scolaire est la victoire de la bonté, qui est encore le tout de l'homme, même au xxe siècle. Le peuple — et les instituteurs de l'école populaire sont fiers d'être peuple — a vu venir à lui, à ses filles et à ses fils, un novateur sincère et sûr qui, à notre époque réclamière, fuyait toute rhétorique et tout apparat, qui enveloppait la vérité de simplicité souriante et cordiale. Il a compris qu'il se trouvait en face d'un juste, épris de bien public, qui lui tenait le langage de la raison, qui, d'un absolu désintéressement, défendait les intérêts d'autrui, et à cet apôtre de la solidarité il a donné sa confiance et son affection.

La victoire de la mutualité scolaire est aussi la victoire du travail patient, obstiné, méthodique. Elle est due aux efforts de propagande ardente et sacrée que n'a cessé de faire M. Cavé pendant un quart de siècle. Quelle fière leçon d'initiative, de persévérance, est donnée aux jeunes qui, au premier élan, au premier échec, se laissent aller au découragement ! Cet ancien négociant, cet ancien juge au tribunal de commerce, s'est révélé, à soixante-trois ans, vulgarisateur, conférencier, homme d'action. Il a voulu être et il a été, comme Jean Macé, un « camionneur d'idées » — d'idées et de sentiments. Il a fait, aux années que d'autres consacrent au repos, à la retraite, l'apprentissage de la vie publique et, au service de la cité, il est devenu promptement professeur d'énergie et de foi sociales. Vous ne sauriez croire quelle patience, quelle souplesse, quelle bienveillance entêtée il a dû opposer aux obstacles. Que de fois l'ai-je vu recommençant une explication mal comprise, surmontant l'ennui des inévitables redites ! Que de fois, gravissant l'escalier des autres, il est revenu à la charge, pour combattre le scepticisme, pour secouer l'indifférence ! Au cours de dix années consacrées à des visites, à des démarches, à des tournées où, s'ajoutant aux fatigues, mécomptes et déboires ne lui étaient pas épargnés, jamais il n'a proféré une plainte, jamais il n'a donné une marque de lassitude. Il allait, alerte et calme à la fois, soutenu par le sentiment du devoir social, et, au charme de sa douceur vaillante, gagnait sympathies et adhésions. Au contact d'un si rare dévouement, le désir, le besoin de se dévouer naissait chez ces milliers d'auditeurs qui, aux missions du Centre, de l'Ouest, du Sud, se pressaient pour recueillir sa parole.

La victoire de la mutualité scolaire est enfin la victoire de l'Ecole nationale et républicaine, des principes solidaristes dont elle s'inspire. Il en est qui, dans l'espoir de ne pas la trouver, vont cherchant « l'âme de l'école laïque ». Elle se révèle, elle s'impose à eux, tout émue et frémissante, en ce geste, si joli et si français, de fraternité enfantine, qu'accomplissent près de sept cent mille écolières et écoliers s'aimant, s'entr'aidant, aux jours de maladie et de misère. Les directions de conscience données par les éducateurs nationaux s'extériorisent en preuves indéniables. D'ailleurs, si les institutrices et les instituteurs ont fait si bon accueil aux « Petites Cavé », c'est moins par admiration pour une ingénieuse combinaison financière que par désir d'initier leurs disciples à la vie de prévoyance individuelle et collective, d'assistance réciproque que dans le dessein d'associer l'acte aux préceptes, d'achever par le « pouvoir » des « exemples vivants » la démonstration doctrinale. Et il faut croire que la vertu de cette méthode vraiment directe est de quelque efficacité publique puisque l'école d'Eglise l'a empruntée à l'école d'Etat et qu'en outre la mutualité scolaire, franchissant les frontières, a été introduite dans l'école belge, suisse, italienne, succès dont la pédagogie française, dont on médit quelquefois en France, a quelque droit d'être fière.

L'audience des « Petites Cavé » est donc grande. Est-elle complète ? Et ne reste-t-il rien à faire ?

Messieurs, l'œuvre n'en est qu'à ses débuts, malgré ses vingt-cinq ans d'existence.

Elle ne doit pas, elle ne peut pas s'arrêter dans sa propagande.

Il lui faut ajouter plus d'un million d'enfants aux sept cent mille qui déjà profitent de ses bienfaits. Il lui faut conquérir droit de cité dans les lycées et les collèges qui ont été ouverts à son influence, grâce à l'intervention de M. Bienvenu-Martin, ministre de l'Instruction publique. Il lui faut intéresser surtout les enfants de la classe aisée aux enfants pauvres qui ne peuvent pas être exclus de la famille mutualiste, faute du décime hebdomadaire que l'indigence les empêche d'apporter à la contribution commune. Il lui faut gagner tous les conseils généraux à la cause des enfants assistés qui déjà dans soixante-cinq départements — dont Paris et la Seine ne sont pas — ont été inscrits sur ses registres. Il lui faut diriger ses jeunes troupes vers les sociétés d'adultes, qui de leur côté, ont pour devoir de fonder les sections de pupilles et de solliciter, au lieu de se borner à les attendre, les recrues destinées à renforcer et, peut-être à sauver, l'armée mutualiste. Il lui faut, dans les neuf dixièmes des communes, tant urbaines que rurales, pour réparer l'erreur criminelle commise par l'égoïsme masculin, établir des mutualités féminines, qui seront son prolongement logique et nécessaire. Il lui faut enfin, pour éviter l'accumulation des capitaux dans les caisses publiques, favoriser l'initiative des sociétés scolaires, forestières et rurales, acheter, labourer, féconder le sol en jachère, confier l'argent à la terre. C'est là, Messieurs, la tâche de demain, à quoi l'on ne saurait faillir sans que l'arrêt dans le progrès devînt un recul.

Mais ce nouvel effort est-il possible ? Les circonstances permettent-elles de le tenter, de le poursuivre pratiquement en pleine sécurité ?

Disons-le en toute franchise. La loi sur les retraites obligatoires doit-elle avoir pour effet d'enrayer le développement de la mutualité scolaire ? Est-elle menacée par elle ? Question capitale et pressante qu'il convient d'aborder nettement, car, à l'éviter, on risque de laisser l'indécision dans les esprits, de rendre hésitantes les collaborations.

L'on peut, Messieurs, affirmer en toute sincérité de convictions mûrement réfléchies que si, par l'adoption de la loi projetée, les sociétés d'adultes seront peut-être atteintes, comme elles l'ont été en Allemagne, les sociétés d'enfants recevront forcément une impulsion nouvelle. Utiles hier, elles seront nécessaires demain. La loi, loin de leur être un obstacle, leur est un adjuvant, et par la loi elles sont des aides indispensables.

Le projet Millerand-Guieysse ne saisit l'apprenti de la ferme et de l'atelier qu'à dix-huit ans. De l'enfance à l'adolescence, pendant quinze années, les écoliers mutualistes auront gagné une singulière avance sur les écoliers imprévoyants. Déjà, pour l'âge de la retraite, ils se seront assuré un droit à plus de 100 francs de rente. Vers trente ans, environ, à la ville, plutôt encore à la campagne, ils auront conquis la pension de 240 francs, impliquant la majoration de 120 francs promise aux travailleurs. Ils seront libérés de la dette qu'ils ont à payer à eux-mêmes et à la société. Ils auront satisfait aux exigences du service social comme du service militaire.

De plus, comme ils auront pris le pli de l'épargne personnelle, volontairement acceptée, ils préféreront, par esprit d'indépendance, par souci de leur dignité, la voie libre à la voie obligatoire. Ils allégeront le budget de l'État, en ne se rangeant pas sous les drapeaux de l'étatisme. Et, pour la masse de ceux qui s'abandonnent, pour les infortunés qui, soit ignorance, soit impuissance, n'ont pas songé à l'épargne, ils rendront possible une réforme qu'ils rapprochent, loin de la reculer. En réalité, si les « Petites Cavé » « avaient été fondées il y a seulement un demi-siècle, le complexe et troublant problème des retraites pour la vieillesse serait résolu » !

Continuons donc, Messieurs, de répandre parmi l'enfance et l'adolescence ouvrière et rurale l'éducation mutualiste. Issue de la liberté, la mutualité scolaire n'a rien à craindre de l'obligation.

Entre les systèmes qui s'aheurtent, elle passera triomphante.

Attachons-nous donc à faire comprendre aux pères, aux mères, — les mères surtout sont prévoyantes pour les filles et les fils — quels avantages précis, sans aléa, et dans le présent et demain, les enfants sont appelés à retirer de la mutualité scolaire, quel que soit le régime adopté. Eclairons-les. Instruisons-les.

Plus que jamais, dans le double intérêt de la démocratie, et celui de l'école et celui de la cité, l'action s'impose.

Mais la fête d'aujourd'hui, qui est joie, union des cœurs épris d'affectueuse et déférente admiration pour un homme et une idée, est travail aussi et manifestation de rayonnante propagande. Elle contribuera, dans trente mille communes, à l'expansion de l'œuvre.

Saluons donc les recrues de demain, encadrées par les recrues de la veille, et qui toutes, en rangs serrés et d'un pas allègre, sont en marche vers l'avenir ! Et puisque les circonstances nous placent sur la terre d'élection où, par une étonnante mais heureuse conjonction d'utiles destinées, Jean Macé, fondateur de la Ligue de l'Enseignement, a son monument, et notre cher Cavé, fondateur de la mutualité scolaire, a sa journée triomphale, joignons-nous tous dans une pensée de reconnaissance pour les éducateurs qui, il y a vingt-cinq ans, en un fier élan de précise et clairvoyante audace, voulurent et surent orienter dans les voies encore inexplorées de la prévoyance et de la solidarité les écolières et les écoliers de France.

L'AVENIR DE LA MUTUALITÉ SCOLAIRE

Certains esprits chagrins, frondeurs aussi, vont semant le découragement au sujet de la mutualité scolaire. On dit couramment : « Les Petites Cavé dureront tout comme les bataillons scolaires. La mode les a lancées. La mode les délaissera. D'une part, les instituteurs se lasseront d'être les collecteurs des dix centimes hebdomadaires. D'autre part, la loi sur les retraites ouvrières portera à l'œuvre le coup de mort. »

J'avoue que je ne partage pas les inquiétudes — mais au vrai ce sont peut-être pour eux des espérances ? — que professent de malicieux critiques. L'on me taxera une fois encore d'incorrigible optimisme, mais sans optimisme fit-on jamais œuvre utile ? J'ai foi dans la continuité des succès, dans l'extension des progrès en ce qui touche les mutuelles de l'école et les institutions annexes greffées sur elles.

J'y crois, invinciblement, pour des raisons pédagogique et d'ordre économique et social.

S'imagine-t-on vraiment que soixante mille institutrices et instituteurs auraient suivi M. J.-C. Cavé et son compagnon de propagande, auraient fondé des milliers de sociétés, englobant six cent mille enfants, s'il s'était agi simplement d'aider à mettre en réserve un peu d'argent ?

Sans doute le mécanisme très souple de la combinaison financière découverte par M. J.-C. Cavé et adaptée avec tant d'ingéniosité à l'enfance a séduit, certes, éducatrices et éducateurs. Mais ce qui les a surtout gagnés, ce qui les a entraînés et pris tout entiers, c'est la leçon de morale pratique et solidariste donnée par notre « Franklin français » aux écolières et aux écoliers. Leçon de faits, leçon de choses, comme on dit, et la leçon faite non par la maîtresse, par le maître, mais leçon mutuelle en vue de la mutualité.

Tous les lundis, au seuil de la semaine, comme introduction aux travaux, un geste de fraternité, un acte de solidarité sociale précèdent, préparent les paroles, illuminent l'enseignement. Le versement des deux petits sous amène les apprentis mutualistes à penser à l'avenir, à le sauvegarder par une affirmation de prévoyance individuelle, à penser au présent, à y pourvoir à l'aide réciproque. Les devoirs de la petite personne humaine qu'est l'enfant reçoivent satisfaction, et aussi, en mesure d'équilibre et d'harmonie, les devoirs qu'exige de lui la vie solidaire.

Le souci et la garantie du lendemain, la pénétration immédiate des secours, c'est ce que l'enfant s'assimile à l'aide de la mutualité, qui est école de généreux sentiments et aussi école de pratiques réalités.

Les « éducateurs nationaux » s'en aperçoivent à l'user. Ils y voient l'illustration par l'exemple des préceptes expliqués en chaire. Ils y découvrent un procédé de pédagogie individuelle et collective, complètement utile, nécessaire même, de leur prédication laïque. Ils constatent qu'ils forment, grâce aux « Petites Cavé », le sentiment — si négligé — en même temps que la raison. Et demain, ils n'auront garde de renoncer à une institution dont le caractère financier eût pu les arrêter au début, mais qui les retient par son caractère éducatif.

Et puis l'amour-propre s'en mêle. Chaque année voit s'accroître l'avoir social, ce fonds commun qu'attaque si fort l'école des mutualistes rétrogrades et chagrins, vivant dans la perpétuelle défiance de l'Etat, à qui, d'ailleurs, par un inexplicable paradoxe, ils ne cessent de réclamer, par surenchère, des subventions.

Instituteurs, parents, enfants, s'enorgueillissent de voir s'enfler le pécule amassé par l'effort de tous. Ils continuent à l'arrondir patiemment. Et ils ne sont pas près de cesser une collaboration qui leur fait honneur.

Pense-t-on aussi que l'institutrice, que l'instituteur ne s'aperçoivent pas, tant aux faubourgs populeux des villes que dans les petits centres, de l'influence acquise par eux, et à raison, par la distribution des secours de maladie ? Sans doute ils ont la peine de recueillir les fonds, de tenir les comptes, mais ils ont la joie et l'honneur de signer la feuille de paiement après l'exeat délivré par le médecin, et de verser l'argent aux pères, aux mères des petits malades. Le salaire de leur travail est dans la reconnaissance des coopérateurs. Au vrai, ce n'est pas un accroissement d'autorité personnelle qu'ils recherchent, une banale satisfaction de vanité, mais ils savent que le rayonnement de l'idée laïque s'étend: C'est là une récompense à quoi ils tiennent dans l'intérêt général. Ils ne s'en déprendront pas de sitôt.

« Cela peut être vrai, dit-on, mais que faites-vous de la loi sur les retraites obligatoires? La mutualité scolaire ne va-t-elle pas être atteinte par elle? Son essor ne sera-t-il pas arrêté? Et vos longs espoirs ne seront-ils pas vite déçus? Le recrutement de la clientèle scolaire ne va-t-il pas être entravé? Dès que les familles jugeront que, sans effort préalable de leur part, leurs filles et leurs fils seront contraints à la contribution ouvrière et qu'il y aura aide forcée de l'Etat, pensez-vous qu'elles continueront à faire preuve d'initiative, qu'elles persévéreront dans leurs sacrifices ? »

J'ai la conviction absolue que la mutualité scolaire

ne se trouvera nullement enrayée par l'adoption des lois sociales qu'élabore le parlement.

Les lois nouvelles ne saisiront l'adolescent qu'à la dix-huitième année, à l'âge où les maladies sont plus rares, moins longues, quelle avance l'enfant mutualiste prendra sur les mutualistes par obligation ? Il se sera déjà constitué une petite retraite d'au moins 120 francs. Il aura bénéficié des indemnités pour maladie. Ce sera une belle entrée de jeu avant la participation à la contribution ouvrière et patronale imposée par la future législation. Quelles familles averties par la vulgarisation des faits, des chiffres, renonceraient à de si tangibles avantages pour leurs filles, pour leurs fils ?

Mais surtout — et c'est sur quoi je me permets d'attirer l'attention des mutualistes pratiquants — les jeunes adhérents à la mutualité scolaire auront pris le pli, le goût aussi, de préférer, pour aller à la retraite la voie libre à la voie obligatoire. Les habitudes contractées sur les bancs de l'école et dans la post-école, ils les conserveront. Après avoir fourni dix, douze ans de sociétariat, ils n'interrompront pas leurs versements. Ils aimeront mieux, parce qu'ils auront le choix, se faire inscrire à une société de secours mutuels d'adultes, où ils auront voix délibérative, que de devenir passivement des numéros sur les registres d'enrégimentation par ordre.

D'où il résulte que les sociétés de secours mutuels d'adultes ont un intérêt capital et urgent, sous peine de dépérissement, à encourager les mutualités scolaires, car elles assurent ainsi leur propre existence.

Car si l'enfant, l'adolescent, ne sont pas gagnés avant la dix-huitième année à l'idée et à la pratique de l'aide mutuelle, ils seront incorporés d'office sous les drapeaux de la prévoyance officielle.

Veut-on éviter l'économie par commandement — qui certes vaut mieux que l'indifférence en face de la misère ? — Est-on décidé à maintenir, en face des droits incontestables de l'Etat, les droits de la prévoyance personnelle et indépendante, supérieure à la prévoyance légale, car elle est promotrice d'énergie et de dignité, il faut poursuivre absolument parmi l'enfance et la jeunesse l'éducation mutualiste.

Les pères et mères auront vite compris — si on le leur apprend — quels bénéfices et matériels et moraux leurs enfants ne cesseront de retirer de la mutualité scolaire, même et surtout quand la législation nouvelle sera adoptée. Eclairons-les. Instruisons-les.

Leur robuste bon sens, leur affection toujours en éveil se manifesteront utilement en faveur de la génération nouvelle, qui entrera toujours de plus en plus nombreuse dans les groupements et ruraux et urbains, fondés par l'initiative privée.

Loin de redouter un arrêt ou un recul produit par la loi que le parlement prépare, j'en augure une marche en avant, en rangs plus pressés et d'un pas plus allègre.

L'arrêt, le recul, peuvent venir non de la loi, mais de certaines hostilités sourdes, de l'interruption dans la propagande méthodique, surtout de gênes et d'entraves, que force sera bien de briser, et bientôt.

LA MUTUALITÉ SCOLAIRE PROLONGÉE

La mutualité scolaire vient d'être à l'honneur pendant le voyage du président de la République. A Nérac, dans la conférence où il a traité des retraites nationales, M. Paul Deschanel a nettement établi qu'à la base du système, tant de la liberté que de l'obligation, était la mutualité scolaire.

On peut construire des édifices au nom pompeux, on peut décorer des façades. Rien de solide, de durable, ne sera fait, si les fondations ne sont assurées, creusées profond sur un sol approprié.

La mutualité scolaire qui, en quelques mois, vient de passer de 675 000 adhérents à 725 000, qui a constitué une *union* servant de lien entre ses Sociétés, porte en elle l'avenir de la mutualité d'adultes, la solution du problème des retraites.

Dès maintenant, il faut qu'elle s'organise pour donner un lendemain à son action, limitée jusqu'à ce jour à l'école.

Là où les sociétés d'adultes ne fonderont pas de section de pupilles admettant sans stage, sans droit d'entrée, l'apprenti mutualiste, là où les sociétés d'adultes refuseront à la jeune fille, à la femme, le droit d'association, il est urgent pour les sociétés scolaires de fonder des *mutualités de l'adolescence* qui empêcheront les défections, qui continueront l'éducation solidariste de la jeunesse ouvrière et rurale.

D'ailleurs, dans vingt mille communes la chose s'impose. Là, point de sociétés d'adultes. Et, à l'école, quelques souscripteurs qui formeront le noyau de la mutuelle prolongée, de la future mutuelle d'adultes. De l'école disciplinée, organisée, sortira l'œuvre sociale qui, sans elle, pourrait attendre plus d'un siècle pour surgir.

C'est la marche à suivre, sans plus tarder, sans perdre de temps à des débats théoriques.

C'est ce que l'on va faire en Eure-et-Loir, où 5 197 enfants sont inscrits sur les registres de la mutualité et, en une seule année, viennent de verser 28 759 francs.

Comme le dit M. Danzat, inspecteur d'académie, dans son rapport annuel sur l'instruction primaire :

« La fédération départementale des mutualistes scolaires s'occupe en ce moment de la création d'un nouvel organisme permettant de continuer l'œuvre de la mutualité enfantine de la treizième à la dix-huitième année, et de conduire ainsi nos jeunes gens, garçons et filles, sans interruption dans leurs versements et les avantages qu'ils en retirent, jusqu'au seuil des mutuelles d'adultes, de créer même, au besoin, là où elles n'existent pas, des sociétés d'adultes femmes. »

Et le plan a été exposé par M. Paul Deschanel, à Nérac :

« Nous allons essayer, en Eure-et-Loir, une combinaison nouvelle, une société d'adolescents, garçons et filles de treize à dix-huit ans, par arrondissement, avec un trésorier commun, appointé par le conseil général, les enfants prenant l'engagement d'y rester jusqu'à dix-huit ans. Si l'essai réussit, la question du pont mutualiste sera résolue. Celui qui aura versé 4 francs par an de six à vingt-trois ans gardera, quoi qu'il arrive, une avance énorme et touchera une retraite de vieillesse beaucoup plus forte que le retraité par obligation. Il n'est pas actuellement, pour la mutualité française, de tâche plus urgente que celle-là. »

C'est l'évidence même.

Les associations d'anciens élèves, les patronages ne sauraient manquer de s'associer à la réalisation de ce méthodique programme.

L'*Union nationale des Sociétés scolaires laïques*, appuyée par la *Ligue de l'Enseignement*, aidera de tout son pouvoir à une propagande qui bientôt fera passer les écoliers et les écolières mutualistes au total d'un million.

Et le résultat sera double.

D'une part, la prévoyance d'Etat y trouvera cet avantage que la loi prochaine pourra être utilement, pratiquement appliquée. 360 francs de rente ne pourront être assurés aux travailleurs que si, à l'école et après l'école, on a déjà pu, pour la soixantième année, mettre en réserve de 100 à 110 francs de rentes.

La mutualité scolaire est la préface nécessaire et de la mutualité libre et de la retraite obligatoire. Elle

est un adjuvant et pour la loi de 1898 sur les sociétés
de secours mutuels et pour la loi Millerand-Guieysse,
destinée à être mort-née si la mutualité scolaire ne
lui sert de support et d'assises.

MUTUALITÉ ET ÉCOLE LAÏQUE

Je viens de prendre contact avec les sociétés scolaires de retraites et de secours mutuels à Issoudun,
Châteauroux, le Blanc, la Châtre, et, sur place, j'ai pu
constater quels résultats peuvent donner les groupements établis entre écolières et écoliers, grâce au
dévouement des institutrices et des instituteurs.

Dans l'Indre, on a commencé par des mutualités
d'écoles, puis elles sont devenues mutualités de cantons, puis d'arrondissements.

Elles aboutissent à l'heure actuelle, grâce à l'initiative prise par l'administration académique, à une
mutualité départementale, qui a pris le nom de Grande
Cavé de l'Indre.

La Grande Cavé ne compte pas moins de cinq mille
deux cents membres. Elle encaisse 28 000 francs par
an environ.

Elle établit un lien de solidarité entre des sociétés
scolaires, exerce une active propagande.

Elle montre la voie à suivre aux unions de secours
mutuels d'adultes en fournissant, sous forme d'avances
ou de prêts gratuits, les sommes nécessaires à celles
des sociétés adhérentes que les circonstances empê-
cheraient momentanément de satisfaire à leurs charges
et engagements statutaires.

Profitant des latitudes que lui donne la loi de 1898
sur les sociétés de secours mutuels, elle se propose
d'encourager, subventionner ou fonder tout enseigne-

ment professionnel utile à la région, les cours d'adultes, conférences, bibliothèques, et toutes les œuvres susceptibles de fortifier l'action de l'école pendant et après la période de scolarité obligatoire.

La mutualité scolaire confine ainsi à l'enseignement. Elle rejoint l'éducation populaire.

La Grande Cavé de l'Indre étend encore davantage son action. Elle s'élargit en institution sociale.

Ne vient-elle pas d'organiser un service gratuit de renseignements pour faciliter le placement et l'entrée en apprentissage des jeunes adhérents sortant de l'école primaire laïque?

Dans le Bulletin de l'instruction primaire du département, on peut lire cet avis :

« Offre d'emploi : Un négociant de Châteauroux serait disposé à prendre dans son magasin un jeune homme qui désirerait apprendre le commerce de l'épicerie.

« Demande : Un jeune mutualiste de la société scolaire de Saint-Benoît-du-Sault, âgé de quatorze ans et demi, désirerait obtenir un emploi de commis dans une bonne épicerie ; a déjà été employé dans une épicerie en gros. »

Mais le débutant a peut-être besoin, selon le milieu, d'aide, d'une légère avance.

La mutualité scolaire, l'Union, intervient. Elle lui procure, à titre de prêt gratuit, dit prêt d'honneur, en cas de nécessité dûment établi, tout ou partie des fonds dont il aura besoin pour commencer à travailler dans la profession de son choix.

C'est là ce que l'on peut tenter — et ce que l'on exécutera point par point, grâce à l'Union des mutualités scolaires.

Les éducateurs nationaux, les enseignants laïques sont heureux et fiers de participer à une œuvre de si généreuse et si haute inspiration.

Ils y voient une application, dans l'école laïque, de la morale laïque qui, en dehors des dogmes, peut éta-

blir entre les générations nouvelles les liens d'une
permanente et féconde solidarité. Ils restent dans la
tradition des grands conventionnels et aussi des Jules
Ferry, des Paul Bert, qui dans la foi sociale avaient
mis leur immortelle espérance. Ils s'appliquent avec
une inébranlable sincérité de conviction, à réaliser la
pensée des novateurs. Ils y parviendront.

INITIATIVE SOCIALE

Il ne faut pas s'y tromper. Il n'est pas, dans la classe
ouvrière et rurale, de discussion plus attendue que
celle à quoi donnera lieu le projet de loi sur les retraites
ouvrières. La réforme sociale qui sera la plus populaire, qui est la plus réclamée de la démocratie, en
sortira. Ce sera l'œuvre capitale de la troisième République, œuvre de concorde économique, œuvre d'humanité.

Le congrès des retraites la préparera. Mais il est à
souhaiter que partout on suive l'exemple que donna
dans l'Aisne M. Goulley, préfet, dont l'action administrative inclinait aux pratiques innovations.

M. Goulley a eu la très heureuse idée de présenter
au conseil général de l'Aisne un rapport spécial, pour
la session ordinaire de mai, sur les retraites ouvrières.
Il situe son « étude » dans le département. Il fait une
manière de monographie locale précisée et nettement
documentée.

Il se demande, à la veille du jour où la question des
retraites ouvrières est inscrite à l'ordre du jour des
Chambres, quelle est, dans l'Aisne, la situation des
ouvriers, tant industriels qu'agricoles, vis-à-vis des
retraites.

« Où en sommes-nous ? » dit-il. Et il répond que
l'Aisne, qui, en 1896, arrivait le premier, après la Seine,

par le nombre et l'importance des pensions liquidées
sur la caisse des retraites, est le 34e en 1905. Il compte
7 649 retraités. Le nombre des porteurs de livrets est
d'environ 15 000. La mutualité scolaire a fait, dans le
seul trimestre de 1905, monter le total de 719.

Mais, comme le fait observer M. Goulley : « De tous
ces livrets, il en est infiniment peu qui appartiennent
aux ouvriers agricoles, et c'est à peine si nos campagnes se doutent qu'il est possible à tous les travailleurs
de se constituer peu à peu une pension pour la vieillesse. » Il attribue le fait au défaut d'éducation économique, au manque d'organisation.

M. Goulley passe en revue les différentes modalités
que le mutuellisme met à la disposition des prévoyants.
En administrateur qui s'est employé à la vulgarisation
des *Petites Cavé* — car peu de préfets ont donné de
leur personne avec un tel dévouement — il traite de la
mutualité scolaire, montre quelle est son importance,
quel est son avenir, si l'on sait et si l'on veut utiliser
à fond l'institution. La mutuelle de l'école n'existe
dans l'Aisne que depuis 1902. Mais elle y est déjà floris-
sante. En quatre ans, 17 831 enfants y ont été inscrits,
dont 10 301 garçons et 7 533 petites filles. Le boni opéré
sur frais de maladie s'élève déjà à 113 672 francs, et ira
grossir les livrets de pension dont l'ensemble a déjà
reçu 106 864 francs. On a payé 40 000 francs pour
indemnités aux écolières et écoliers malades! Et cela
avec deux petits sous par semaine !

Mais M. Goulley, comme nous, s'inquiète du « lendemain de la mutualité scolaire ». Il écrit : « Il est
nécessaire de reprendre par la main ces enfants et de
remplacer auprès d'eux le guide qu'ils perdent en
quittant l'école. »

M. Goulley pose la question pour les enfants, comme
pour les ouvriers agricoles. Mais il ne lui appartient
pas de la résoudre. « Sur tous ces faits, dit-il, il y a
matière à des recherches et à des discussions. »

Et il se tourne vers le conseil général et lui demande

de constituer une commission chargée pour le mois d'août, après avoir institué une minutieuse enquête, de rédiger un plan d'action.

« Les comices, les syndicats, les personnalités marquantes de la culture et des industries agricoles, les spécialistes de la mutualité, les ouvriers aussi, donneront leur avis. Tous les éléments d'information seront fournis, et le conseil général, mis à même de statuer, concourra, comme il convient, à l'accomplissement d'une grande œuvre, économique et humanitaire. »

Il faut espérer que l'appel de M. Goulley sera entendu, dans l'Aisne et ailleurs, car une enquête, une étude documentaire, par départements, s'impose. En dehors des théoriciens qui soutiennent des thèses à formes générales, il convient de consulter les intéressés eux-mêmes. C'est de la décentralisation bien comprise, adaptant les moyens aux fins.

BUDGET D'ÉCOLIER

Par bonheur, la masse des projets que revisionnistes de la loi de 1898, novateurs réclamant la retraite obligatoire, partisans de l'obligation et de la liberté combinées — ce qui est mon cas — associationnistes d'Etat ou bien libres, accumulent autour de la mutualité, n'ont fait subir aucun arrêt à la propagande mutualiste dans les écoles.

La mutualité scolaire, qui s'exerce de trois à dix-huit ans, âge où la loi sur les retraites obligatoires soustrait seulement le jeune apprenti, échappe à l'influence des disputes théoriques, à quoi se livrent les docteurs ès sciences sociales. Elle sait qu'elle fait œuvre utile, quoi qu'il advienne.

Aussi ses progrès sont constants. J'ai pu constater

cet hiver, au cours d'une tournée de propagande, que, là même où l'individualisme avait répugné jusqu'ici à l'action solidariste, il se laissait gagner aux idées d'épargne, d'aide collectives.

D'ailleurs, la campagne est menée avec une méthode, une ingéniosité et aussi une compétence sans cesse accrues et affinées par les instituteurs et inspecteurs primaires qui, à l'user, constatent quelle influence donne à l'École laïque le secours de maladie attribué aux jeunes sociétaires frappés par la maladie.

Dans le Nord surtout, le succès de l'œuvre est tout simplement prodigieux.

Je prends par exemple, dans la Somme, un arrondissement, la circonscription sud d'Amiens. J'en pourrais prendre vingt autres.

Dans cet arrondissement, 5 800 enfants passent par les écoles. Or, les petits mutualistes sont au nombre de 4 250, encadrés par 700 membres honoraires.

C'est un beau résultat. Il va de soi qu'il n'a pu être atteint que par un travail incessant, systématique.

Les familles ont été éclairées, instruites à fond sur les avantages de l'institution. Des conférences leur ont été faites. Des comptes rendus leur ont été adressés après chaque assemblée générale annuelle.

Mais aucun document n'a produit, ne produira plus d'effet là — et ailleurs — qu'une feuille volante distribuée aux écolières et aux écoliers, pour être remise aux pères et aux mères, et qui a pour titre : « Un petit mutualiste fait son compte. »

M. Carton, inspecteur primaire, me paraît avoir découvert la formule simple de vulgarisation pratique, qui est destinée partout à conquérir adhésions et sympathies. Elle circulera d'école en école, la petite page si suggestive et convaincante. Elle s'adaptera à tous les milieux. Les chiffres varieront selon la date de fondation, selon le taux des cotisations. Mais elle ira portant partout la même leçon d'économie supérieure, d'altruisme agissant.

C'est le premier budget de l'enfant qu'elle contient. M. le sénateur Denoix, qui réclamait l'introduction des problèmes pratiques dans l'enseignement de l'arithmétique, aurait lieu d'être satisfait.

Le « petit mutualiste » qui est entré dans la mutualité de son école le 1ᵉʳ janvier 1900 fait son bilan à la date du 31 décembre 1901.

Il peut constater qu'il a versé 26 fr. 10, dont 13 fr. 05 pour la retraite, 13 fr. 05 pour la mutualité. Il a reçu des secours, car il a été malade. Il a payé sa « dette sociale », comme dit M. Léon Bourgeois, à ses camarades. Et, le calcul exact étant fait de ce qu'il a sur son livret individuel de retraite à capital réservé, de sa part à la caisse commune de la société, il peut affirmer qu'il s'est constitué une rente annuelle de 14 fr. 03 !

C'est probant et décisif, d'une irréfutable netteté.

Et, à l'heure actuelle, plus de 725 000 enfants peuvent ainsi établir leur compte. Et, ce qui vaut mieux encore, ils resteront fédérés à la mutualité, car ils savent bien qu'au régiment ils continueront ce qui a été commencé à l'école.

MUTUALITÉS COOPÉRATIVES ET FORESTIÈRES

L'éducation au sens social gagne de proche en proche, grâce à l'école, grâce à l'instruction populaire. J'ai le plaisir à noter, de jour en jour, les progrès qu'elle réalise. Comme disait l'autre : « Il y a là un avenir. »

Le présent le prépare, et avec précision, avec suite dans la méthode.

Les mutualités scolaires, les petites, les humbles

sociétés de secours mutuels et de retraites, constituées entre enfants, deviennent pour les coopérateurs comme un champ d'expériences toujours renouvelées.

Elles ont le droit, comme les mutualités d'adultes, de posséder. Elles peuvent consacrer une partie de leur actif en achats de terres.

Les mutualités d'adultes ne le font pas.

Les mutualités scolaires tentent l'innovation.

Elles défrichent. Elles plantent. Elles reboisent, gros travail aujourd'hui, et dépenses, mais gain assuré pour l'avenir. Les arbres grandiront, donneront résine, bois, procureront des ressources dont les jeunes associés de demain profiteront. Ceux d'aujourd'hui ne seront pas, d'ailleurs, exclus de l'aubaine. Comme ils ont dix, douze ans, ils tireront profit de la plantation vers leur trentième année. Sans compter que de ces pépinières muées en forêts la « petite patrie » s'embellira et que la verte parure due à la prévoyance des novateurs se tournera en amélioration du régime des eaux, en bien pour les cultures de la commune entière.

C'est en Avignon que l'idée du reboisement est née — en Avignon-le-Petit, dans le Jura. Presque au même moment, même tentative est faite à Saint-Haon-le-Châtel, dans le canton de la Pacaudière (Loire).

On achetait des terrains déforestés. On y consacrait quelques heures de loisir à regarnir des pentes dénudées, à lutter courageusement contre un sol rendu ingrat par la folie dévastatrice et par l'âpreté au gain des générations antérieures.

D'Avignon, de Saint-Haon, la mutualité coopérative et forestière a conquis des adeptes, d'école en école.

Dans l'Ain, à Attignat, depuis 1901, enfants et adolescents plantent chaque an, près de 10 000 plants d'épicéas et de pins noirs. Dans les Vosges, quatorze associations ayant même objet existent. L'une d'elles, à Ban-de-Sapt, a, sur 4 hectares, créé une pépinière et planté plus de 5 000 sapins par an ; une autre, celle de Lesseux, a planté 7 700 plants résineux ou feuillus et épierré certaines parties du pâturage. La plupart cultivent des terrains communaux, après obtention d'un long bail. Elles travaillent au profit de leur fonds de retraite. En Meurthe-et-Moselle, à Colombey, à Tailley, même activité. La « Prévoyance scolaire » de Bayon, qui est cantonale et s'étend à seize communes, vient de décider, le 9 août 1906, en sa dernière assemblée générale, de compléter son organisation qui comprend : tir, patronage, cours professionnels, par l'adjonction d'une coopérative forestière. La proposition a été adoptée à l'unanimité.

Mais c'est le Jura où s'est exercé l'apostolat d'un inspecteur primaire, M. Chauvet, prématurément décédé, et de M. Cardot, inspecteur des eaux et forêts, qui donne surtout l'exemple par ces innovations originales de portée sociale si haute. Huit forestières scolaires fonctionnent régulièrement dans l'arrondissement de Lons-le-Saunier et un certain nombre sont en formation. Quatorze « Forestières et Pastorales » sont en pleine prospérité dans l'arrondissement de Poligny. Sur le territoire de Saint-Claude où récemment M. Trouillot, ministre du Commerce, assistait à la pratique et poétique « Fête de l'Arbre », les « écoliers forestiers et mutualistes » de dix-huit sociétés ont pu défiler musique en tête. En 1902-1903, plus de deux cent mille épicéas ont été plantés par eux et de vastes étendues de terrain ont été défrichées.

Le Doubs, l'Ardèche suivent le mouvement, qui se généralisera.

« Nous verrons les « Petites Cavé », a-t-on pu écrire dans le *Bulletin de la Ligue de l'Enseignement*, après le reboisement, faire de la culture, de l'élevage, s'occuper de construire des habitations ouvrières ; le pays y gagnera, les jeunes mutualités aussi, et l'esprit de solidarité, né de l'association, se fortifiera chez tous. »

UNE PREMIÈRE MUTUALISTE

Les fêtes et cérémonies mutualistes se succèdent, et de nombreux orateurs se multiplient en vigoureux et méthodiques efforts de propagande. Des Unions régionales on s'est élancé vers la Fédération générale. L'interassurance triomphe. Joyeusement les mutualistes acceptent la loi sur l'assistance obligatoire aux vieillards, car ils savent bien que c'est de cinquante-cinq ans, âge où ils peuvent atteindre à la retraite librement constituée, à soixante-dix ans, âge où la retraite consentie par l'Etat sera attribuée aux ayants droit, que l'homme franchit l'étape la plus dure, la plus longue pour le travailleur, qui a bien gagné droit à un peu de repos dans le bien-être.

Discours, conférences, congrès expliquent les mille combinaisons que la loi 1898 sur les sociétés de secours mutuels autorise, d'une façon si heureuse, et si pratique.

Et voici que la vulgarisation ajoute l'aide du théâtre à l'effort que lui fournissait l'éloquence.

J'avais récemment entendu à la salle Humbert de Romans où la Fédération des associations et patronages laïques du XVIe donnait une réunion, un acte de M. Frédéric Irenard, sous ce titre : *Mutualité*. C'était une pièce symbolique, d'écriture artiste, où l'auteur réconciliait la Richesse et la Pauvreté, personnages chers au théâtre d'Aristophane.

Dimanche, au cours d'une fête qui s'est déroulée à Asnières, j'ai assisté à une première mutualiste :

L'à-propos inédit en un acte, dont la représentation a eu lieu au Gymnase municipal, est intitulé : *Merci!*

L'auteur, M. Jules Winckel, ouvrier typographe, sort de la formule antique. Il nous fait pénétrer en pleine ambiance de mœurs contemporaines. Il nous introduit dans le monde des travailleurs manuels qu'il connaît à fond, dont il sait les habitudes, les préjugés, dont il veut nous dépeindre, en les combattant, la défiante réserve à l'égard de la mutualité.

La scène se passe dans un intérieur d'ouvrier. Jean Valdier, typographe, est malade. Il tousse à fendre l'âme. Il se plaint de sa malchance. Pas ou peu de pain au foyer. Point d'économies. L'avenir est sombre. Valdier, qui est un brave garçon, un excellent père, n'a pas voulu dépenser ses derniers sous pour acheter un remède prescrit par le médecin, pour que sa fille, « la petite », ne « manque de rien ».

Sa femme, Louise — ah ! que M. Jules Winckel a compris combien l'éducation mutualiste de la femme est à faire — parle de s'adresser à l'Assistance, cite l'exemple de voisins qui ont des « bons » pour eux et pour les gosses, « et pourtant il n'y a personne de malade à la maison ».

Jean Valdier est fier. Il refuse d'avoir recours au bureau de bienfaisance.

Il ne sera pas abandonné. Entre Antoine, un de ses camarades d'atelier qui lui apporte le produit d'une collecte et qui gronde doucement son ami de ne s'être pas fait inscrire en temps utile à une « mutuelle ». Entre le « docteur », qui se fâche en constatant qu'on n'a pas fait emplette de son ordonnance, mais qui trouve son malade en meilleur état. Est-ce parce qu'il n'a pas bu la potion ? Mais peu importe. Le docteur et Jean causent. Le docteur combat vivement Louise et Jean qui croient « que les docteurs attachés au service des mutualités ne prennent guère soin de leurs sujets ». C'est un bourru bienfaisant qui montre à Louise combien elle a tort d'incliner vers l'égoïsme l'esprit de son mari. Il lui fait la leçon, pas trop, mais assez pour qu'elle porte. Et quand il part, il laisse, adroitement, de quoi payer au pharmacien le médicament dont, à nouveau, il recommande l'emploi.

Il va de soi qu'Antoine, le camarade de Jean, qui a été témoin de la scène, vaincra les répugnances du couple. Un peu prêcheur, cet Antoine, mais il a tant de foi, tant de sérieux et d'enthousiasme dans la conviction ! Il célèbre, avec une si belle sincérité, les bienfaits du mutualisme ! On l'applaudit, sans sourire, quand il s'écrie : « La base de la mutualité c'est l'honneur ; la solidarité, la fraternité, l'amour de la famille, sont le fût de la colonne, l'amour de la République en est le couronnement. »

Brave Antoine, comment ne gagnerait-il pas la partie quand il dit à Jean et à Louise :

« Le groupement réconforte ; son effet rend solide contre l'adversité.

« L'idée mutuelle s'adressait d'abord timidement à l'adulte, puis à l'enfant du sociétaire ; maintenant elle nous a conquis les écoliers par la mutualité scolaire, ces chers petits Cavé, et voici que, par la mutualité maternelle, elle protège l'enfant même avant sa naissance. »

Tout y est. L'énumération est complète.

Grand succès pour les interprètes. Succès pour l'auteur, qui est obligé de paraître sur les planches.

La littérature dramatique — à forme mutualiste — est née. Elle ne contribuera pas médiocrement au renforcement des idées solidaristes. Et Asnières prouve, une fois de plus, qu'elle rivalise avec Paris comme capitale de l'art.

***

LES ÉCHANGÉS

Vous saurez donc que depuis le commencement des vacances je suis inondé de cartes postales. Chaque courrier m'en apporte. Paysages, monuments, rues, vues générales couvrent ma table de travail. Et le tout vient d'Allemagne ou bien de France. La géographie pittoresque, de la Vistule à la Seine, se déroule au jour le jour devant mes yeux.

Et toutes les cartes postales portent la même suscription : « Respectueuses salutations, remerciements d'un « échangé » ou bien d'une « échangée » de Paris actuellement à... » suit le nom d'une ville d'outre-Rhin. Ou réciproquement : de telle ville allemande actuellement à... suit le nom d'une ville française.

Des « échangés », des « échangées », qu'est-ce que cela ? Et d'où surgit ce néologisme ?

Échangés et échangées sont des élèves de nos écoles primaires ou bien des écoles allemandes à qui leurs parents ont fait exécuter un chassé-croisé utilement habile pour la réciproque acquisition des idiomes soit franc, soit germanique. Fillettes et garçons de l'un et l'autre pays sont reçus, fêtés, choyés par les familles adhérentes à l'interéchange, à la mutuelle pénétration linguiste et morale. Point de frais autres que le paiement du billet pour le voyage. Et l'on est sûr, des deux parts, que l'enfant sera bien traité. L'hospitalité est bilatérale et n'a rien de commercial. Elle est, tout intérêt mis à part, empreinte d'une courtoisie et d'une cordialité où se mêle une pointe d'émulation.

Je sais beaucoup de gré aux échangées et aux échangés, et surtout à M. Toni Mathieu qui, avec tant de clairvoyance et de dévouement, a su réaliser sa pratique, diplomatique et généreuse idée, et qui est l'inventeur de l'*interéchange scolaire*, de n'avoir pas oublié l'ami qui les a encouragés et soutenus, qui, peut-être, a contribué à aplanir quelques difficultés, à dissiper quelques erreurs et préjugés.

Ils peuvent croire que je fais aimable accueil à leurs cartons bariolés, qui me font, en pensée, suivre échangés et échangées en leurs promenades, découvertes et apprentissage récréatifs et instructifs à la fois.

Souvent les photographies, comme par un caprice bizarre et amusant de la poste, m'arrivent accouplées.

Aujourd'hui, du Palatinat, de Kaiserslautern je reçois la carte d'un « échangé » de Paris, qui est dans la famille A..., et Mlle A..., de Kaiserslautern, me gratifie d'une carte panoramique de Paris. Et je songe aux deux foyers où l'on s'est fait confiance, où pour la conquête d'une langue étrangère, l'on a pas craint de se séparer d'une fille, d'un fils, où l'on a su s'élever à la notion de l'humanité fraternelle.

C'est par l'Allemagne qu'on a commencé. L'échange est aussi amorcé avec l'Angleterre. Les autres pays suivront, entrant, grâce à l'enfance, en rapports d'étroite affection.

Une lettre reçue à l'instant m'apprend que la section marseillaise de la société italophile *Dante-Alighieri* prépare l'interéchange avec la *Società Umanitaria* de Milan.

Allons ! Le progrès est en marche. Les idées de paix conquièrent adhésions et sympathie. L'école plus que la politique les fera triompher.

LES VACANCES MUTUELLES

Chaleur lourde, mais chaleur. Dans les petites écoles que MM. les députés ont un peu oubliées au profit des lycées et collèges, au sujet des vacances, écolières et écoliers attendent avec impatience et accablement aussi, à Paris, le 1 août, la date lointaine et libératrice !

Déjà, les colonies de vacances attendent leurs hôtes, les privilégiés que les bourses des écoles désigneront, ou bien que des œuvres particulières doteront de bourses.

J'avoue qu'entre toutes ces institutions, nées à l'initiative privée, j'ai un faible pour celle qu'a fondée l'Association des Instituteurs, présidée par mon ami A. Seignette.

Elle porte un nom qui dit bien ce qu'elle veut dire. Elle s'appelle : *l'Œuvre mutuelle des colonies de vacances.* La présidente en est Mme Charles Floquet.

Pourquoi « mutuelle » ? Parce que l'aide réciproque, la solidarité sont à sa base, la soutiennent, sont sa raison d'être, à la fois morale et économique.

La mutualité domine, pénètre toute l'organisation.

Les instituteurs qui l'ont imaginée, et avec quelle délicatesse, quelle ingéniosité, ont songé à ceux de leurs élèves à qui personne ne s'intéressait : fils de commis, d'employés, d'artisans, qui gagnent à peu près leur vie en peinant durement. Comme on ne saurait classer ses enfants parmi les indigents qui ont droit à la gratuité de la colonie de vacances municipale et qui, en partie, en profitent, la Ville ne s'occupe pas d'eux. Elle fait partir pour ses stations ou forestières ou maritimes les anémiés, tout à fait pauvres. Et c'est justice.

Mais les autres, les fils des gagne-petit ? Ils s'étiolent à Paris. Leurs parents sont disposés à contribuer pour quelque chose à un voyage, à une nécessaire cure d'air. Mais ils ne peuvent assurer tous les frais d'un séjour aux bois, aux champs, à la mer. Et comment accompagner leur progéniture? L'atelier, le comptoir, les tiennent captifs.

C'est alors que l'Association des instituteurs a tenu ce logique langage, et combien fraternel à cette clientèle demi-aisée, demi-pauvre : Confiez-nous vos enfants. Nous les emmènerons loin des squares, des rues qu'écrasent les constructions à six étages. Nous les conduirons au soleil, à l'air, vers les sommets, vers les grèves. Mais, aidez-nous, aidez-nous. Trois semaines de colonie scolaire coûtent environ 80 francs par tête de colon. Trouvez 30, 40 francs. Nous trouverons sans doute le reste.

Le louis et demi ou les deux louis découverts d'un côté, l'Association s'est tournée d'un autre, vers les pouvoirs publics, vers les Amis des écoles laïques. Et elle leur a dit : « La Mutuelle des colonies scolaires peut être fondée par votre intervention. Nous donnerons une partie de nos vacances pour la garde, la surveillance des pupilles. C'est la contribution éducative. Les pères, les mères consentent des sacrifices. Nous les aidons. Ils s'aident. Aidez-les. »

La « Triplice » — une triplice pacifique, humaine — était constituée.

Elle date de 1897. Elle a duré. Elle a même été limitée, ce qui prouve son utilité.

Elle élira domicile, en 1907, pour ses colonies mi-gratuites, mi-payantes, d'une part en montagne, à Vermondans, près de Pont-de-Roide, en sa villa des Fleurs, dont la silhouette, sur carte postale, est vraiment d'un joli effet ; d'autre part, au bord de la mer, à Berck.

Toutes les combinaisons sont possibles. Ou l'on paie la totalité des frais pour son enfant, ou l'on accepte une demi-bourse, ou l'on en fonde une demie, et il n'est pas défendu d'en fonder une entière. Ah ! combien de jeunes collégiens qui, grâce à une circulaire de M. Bienvenu-Martin, prennent leurs ébats depuis le 14 juillet, pourraient mettre leur conscience en repos, en songeant à un frère inconnu de l'école primaire, en obtenant pour lui, de leur famille, une demi-bourse de 30 francs ! Le plaisir, le repos qu'ils vont goûter, en de joyeuses et parfois luxueuses villégiatures, ils le donneraient à d'autres qui en ont besoin.

———————

MUTUALITÉ FÉMININE

L'effort mutualiste me paraît, de toute logique et de toute urgence, devoir se porter du côté de la prévoyance féminine.

Sur trois millions de mutualistes environ, qui sont soit dans les sociétés approuvées, soit dans les sociétés libres, l'on compte seulement trois cent mille femmes.

Pourquoi ? Parce qu'il y a peu de sociétés mixtes, peu de sociétés exclusivement féminines. Trop de sociétés d'adultes-hommes refusent d'admettre la femme dans la mutualité. L'égoïsme économique sévit encore dans trop de régions. On ne veut voir dans la femme, que « l'éternelle blessée ». On lui reproche de coûter trop cher aux groupements. On ne veut pas se souvenir que cette malade est toujours la « garde-malade », et, qu'en échange des soins qu'on reçoit d'elle, on lui devrait une aide fraternelle.

Le progrès des mœurs se fera peu à peu.

Mais, en attendant que la solidarité règne entre les deux sexes, il est juste de doter la femme de la mutualité.

C'est la mutualité scolaire qui peut et doit y réussir.

A seize, à dix-huit ans, le jeune homme, l'adolescent mutualiste entre dans une société de secours mutuels d'adultes.

La jeune fille, l'adolescente, qui ne sait la plupart du temps — il y a d'heureuses exceptions — où porter sa cotisation, et qui pourtant, aux termes de la loi de 1898, doit fournir ses quinze années de sociétariat, sous peine de faire cadeau de ses économies, ou plutôt des économies familiales, à l'Etat, fondera la mutualité de la femme se superposant à la mutualité scolaire.

Un article est à ajouter aux statuts en vigueur dans les écoles, qui facilite ce passage, cette évolution.

Faute d'établir une section prolongée, on amènerait les écolières dans une impasse.

Mais déjà, dans bien des villes, on innove, on s'organise, on entre dans la phase constitutive de la mutualité féminine.

Et c'est encore là une des conquêtes sociales qu'aura

obtenues l'école laïque. Son importance, on le constatera bientôt à l'user. L'indépendance matérielle de la femme en peut sortir en partie. Dès qu'elle aura renoncé à l'individualisme, qui est la marque foncière de sa nature, et se sera formée aux idées, à la pratique de l'association, elle fera de rapides progrès dans la voie nouvelle qui s'ouvre à son activité collective.

CHEZ LES APPRENTIS

LA PETITE APPRENTIE

De son triste faubourg vers les gais boulevards, dans le matin humide et froid, sur le pavé dur qui glisse, à pas pressés, en hâte, descend la petite apprentie. Sa misère va vers le luxe que ses doigts et que son goût créeront. Pour que d'autres soient belles, pour que d'autres soient parées et, le soir, sous la clarté blanche des lustres, plaisent par leur grâce relevée d'exquise coquetterie, elle se dirige vers l'atelier où, tout le jour, elle peinera, et de son labeur fera éclore et s'épanouir l'élégance de femmes inconnues...

J'ai toujours plaint la petite apprentie qui de l'aube à la nuit est la captive de la modiste en vogue, du couturier en renom. Quelle dure claustration pendant dix heures, et pour quel salaire, pour quelle absence de salaire plutôt ! La petite apprentie n'est point payée : elle doit s'estimer trop heureuse d'être initiée aux mystères de la coupe et de la couture chez la faiseuse réputée ! Il lui a fallu tenter tant de démarches pour obtenir une humble place auprès des ouvrières, pour respirer le même air que Mlles les premières, si parées, si pimpantes, si triomphantes dans leur roide costume de réclame !

Elle en a rêvé longtemps, avec sa famille, dans son étroit logis de Montmartroise ; elle en a rêvé, de l'entresol somptueux aux vitres largement ouvertes sur le mouvement de la rue, où l'on doit mener si joyeuse vie avec des camarades du même âge, du même état, dans la caresse du velours, dans la musique des froufrous satinés, dans l'harmonie radieuse des couleurs ! Quelles délices pour une gamine de Paris, à peine vêtue, habituée aux laideurs sombres des pauvres choses, quelles délices de se mêler à des riens précieux qui frissonnent et qui chatoient !

... C'est un paradis, pendant une semaine, cette salle

vivante, où robes et corsages prennent leurs formes et leurs plis, — puis c'est un enfer. Interrogez une des damnées qui, au seuil, avaient conservé toute espérance ! Presque partout les disputes éclatent, brusques, déchaînées, querelles sifflantes de femmes. Les anciennes, à l'envi, tyrannisent les nouvelles. Elles les contraignent, dans une immobilité douloureuse du corps, à d'atrophiantes besognes. Les ordres et les remontrances, drus, implacables, contradictoires, sur les martyres, pleuvent, tombent ! Rien n'est bien, le bien doit être mieux, le mieux parfait. A toujours s'agiter, la main s'engourdit ; à toujours s'affaler en un tassement lourd, les membres harassés ploient. N'importe. Point de grâce ! point de pitié ! L'ouvrage presse. Il doit être livré demain pour un bal, pour un concert ! Il faut que sans trève l'ourlet s'allonge, la couture coure invisible et, sous l'étoffe, serpente. Et l'aiguille affolée, sous le dé qui la presse, poursuit sa ronde infernale !

La petite apprentie, vite, trop vite, voit son teint se faner, ses yeux se cercler de noir et sa bonne humeur, hier encore enfantine, s'envoler ! Elle n'est pas paresseuse, certes ; elle ne demande, comme on dit, qu'à faire entrer en elle le métier, par l'accoutumance, mais elle sent qu'on l'épuise, qu'on la tue. Elle voudrait reprendre des forces. Ces jeunesses-là, malgré toute leur vaillance, ne sont jamais bien robustes ; elles ont souvent tant pâti !... Mais il s'agit bien de demander, fût-ce un jour de repos ! Les clients n'attendent pas, leurs fêtes non plus. Si l'on veut s'absenter, qu'on s'absente alors pour toujours, qu'on cède le tablier à d'autres, qui, impatiemment, le sollicitent.

Et le supplice continue. C'est à peine si, à midi, les doigts gourds cessent de tirer sur le fil et si quelques aliments sont accordés à toute cette fièvre, à toute cette nervosité maladives. Y a-t-il, par hasard, suspension de séance ? Les jalousies et les haines éclatent, débordées, hurlantes, pour un ruban, pour une boucle de cheveux, pour un regard, pour une moue, pour rien. Et les mots et les injures qui sont lâchés par les grandes, — et que la petite apprentie n'a garde d'oublier !

Voilà pourquoi je m'apitoie toujours sur la petite apprentie qui, dans la brume, passe, et qui va s'engluer aux lacs soyeux des chiffons ! Et je compatis d'autant plus à son infortune qu'elle pourrait, avec un peu d'expérience, éviter le piège que lui tendent les étalages menteurs. Et je pense que tant de souffrances physiques, que tant de tristesse n'auraient pas été son lot si, au lieu d'aller se brûler les ailes, comme un papillon maladroit, à des éblouissements meurtriers, elle avait préféré la clarté plus modeste, mais plus sûre de l'École...

Ah ! si les mères savaient ! si les mères voulaient. Je ne veux pas me faire taxer de sentimentalisme prud'hommesque, mais, vraiment, il fait bon, en certains cas, moraliser et prêcher un peu — fût-ce dans le désert !... Au lieu de gémir sur le sort de leurs filles, que ne les dérobent-elles à de malsaines influences en les confiant à des soins désintéressés, à des dévouements éprouvés !...

Loin des parents, près de compagnes parfois trop averties, la petite apprentie privée de conseils s'écarte du droit chemin ; eh bien ! faites-lui donner l'instruction manuelle dans les établissements spéciaux où, à partir de treize ans, on se charge de la former et de la munir d'un état. Conduisez-la à la rue Fondary, à la rue Bossuet, à la rue Bouret, à la rue Ganneron, ou bien à une des écoles Elisa Lemonnier, aujourd'hui municipalisées.

Et si vous ne pouvez la confier trois ans à une école professionnelle, faites-lui suivre pendant deux ans un de ces cours d'enseignement professionnel et ménager, un de ces cours complémentaires et pratiques dus à l'expérience et à l'ingéniosité de Mme Schœffer et M. Guébin.

Les leçons qu'elles recevront sont gratuites. Elles fortifieront leur caractère, à l'âge où il prend son pli, dans un milieu de bons conseils, de bons exemples. Nulle perte d'argent, au vrai. A l'atelier, au début, la fillette ne serait pas payée. Nulle perte de temps. Car on apprend un métier et l'on sera demi-ouvrière à la sortie. C'est le salut pour la petite apprentie. C'est, dans le présent, le travail joyeux et sain; dans l'avenir, le travail productif.

LA CHAIRE ET L'ATELIER

... Passé une soirée à l'Université populaire d'Angoulême. Elle mérite vraiment son nom de populaire. Ce qui y domine, au rebours de combien d'autres sociétés similaires, c'est le peuple qui travaille et qui pense.

L'U. P. d'Angoulême a cette originalité qui en précise l'esprit, d'être installée dans la Bourse du Travail. L'alliance s'affirme entre la chaire et l'atelier, entre ouvriers manuels et intellectuels.

Et les deux institutions qui fraternisent se complètent, exercent une action harmonieuse.

L'U. P. organise des conférences Tous les huit jours, elle en donne une dans la grande salle commune, et, devant les camarades venus de l'usine, de la boutique, des professeurs, des médecins, des avocats se font entendre. Qui sait va à qui veut s'instruire.

La Bourse du Travail a des cours professionnels : stéréotomie, mécanique, géométrie, langues vivantes, suivis par des apprentis qui, après s'être courbés sur l'outil, de l'aube au soir, accourent se pencher sur le livre, à la veillée émancipatrice. Ah! ces cours d'apprentis ! on ne saurait croire quel dévouement ils exigent et des maîtres et des élèves ! Ils sont conquis sur la fatigue. Ils sont obtenus par un incessant et admirable surmenage, où disciples et professeurs ouvriers sont soutenus par la foi sociale. Quel service on rendra, et à cette jeunesse laborieuse et à l'industrie nationale, en obtenant des chefs d'industrie qu'ils permettent aux débutants d'aller, le jour, recevoir l'enseignement technique qui leur est nécessaire pour se perfectionner dans leur profession spéciale ! C'est le vœu des étudiants populaires, des éducateurs volontaires.

Il va de soi qu'auditeurs des cours, auditeurs des conférences se confondent. U. P. et Bourse du Travail ont même orientation, mêmes idées directrices en matière d'instruction prolongée.

Ce soir, c'était fête à l'U. P. où se pressaient universitaires et ouvriers.

L'on donnait la première conférence avec projections. Elle évoquait les sites les plus pittoresques de l'Algérie.

Un professeur du lycée, M. Tabary, rappelait avec précision et beaucoup d'humeur aimable les souvenirs d'une excursion faite par lui récemment. Les vues prêtées par le musée pédagogique et par la Ligue de l'Enseignement, qui sont les fournisseurs classiques et attitrés des conférences populaires, obtiennent le plus grand succès !

Ah ! il est loin le temps où l'on nous appelait les « montreurs de lanternes magiques » ! A la lueur des lanternes, que d'erreurs, que de préjugés se dissipent ! La conférence illustrée, mais c'est le théâtre du peuple dans des milliers de villages ! Elle fait rayonner le progrès. Elle fait la clarté dans les intelligences subitement élargies.

L'U. P. d'Angoulême a été fondée en novembre 1900. Elle a pour président M. Delvaille, professeur de philosophie au lycée d'Angoulême. Elle est dirigée par

un comité de vingt membres, composé par moitié
d'instituteurs et professeurs d'une part, d'ouvriers de
l'autre.

APPRENTISSAGE COMMERCIAL

L'apprentissage commercial s'organise plus vite,
plus solidement, dans notre pays, que l'apprentissage
industriel. Qui veut se former à la profession si
complexe, si difficile et si haute de commerçant, le
peut aisément aujourd'hui.

Est-il riche? Les grandes écoles lui sont ouvertes,
que la République a fondées. A-t-il des ressources
moyennes? Écoles primaires supérieures, écoles pratiques lui fournissent le moyen de s'instruire.

Est-il obligé de gagner son pain dès la conquête du
certificat primaire! Faut-il qu'il se débrouille dare
dare dans « l'empire des affaires » ? Sociétés d'instruction populaire, chambres de commerce, bourses
du travail, syndicats, municipalités. multiplient à son
usage cours et leçons techniques.

Le commis, l'employé, qui ont le ferme dessein
d'apprendre comptabilité, langues vivantes, de s'initier aux problèmes que soulèvent les traités interna-
tionaux, peuvent, sous la direction de maîtres expé-
rimentés, pénétrer les arcanes de l'économie politique.

Mais, en général, les professeurs s'occupaient
surtout jusqu'ici, à Paris du moins, — car j'ai constaté qu'il en va autrement dans les ports — de
commerce intérieur. On traite, dans les chaires
instaurées par l'initiative privée, de la législation
française, du droit usuel, de la sténographie, etc. Le
but est de former de bons comptables, de bons ven-
deurs, de bons interprètes.

Une section spéciale à l'exportation manquait. L'Union française de la Jeunesse vient de la fonder, et en plein quartier du commerce extérieur.

Les cours sont organisés avec le concours de la chambre syndicale des agents représentants pour l'exportation. Ils sont placés sous des patronages de vivante activité : chambre de commerce d'exportation, chambre des négociants commissionnaires, fédération des industriels et des commerçants français, enfin société de géographie commerciale. Tous les groupements qui s'efforcent de conquérir la clientèle sur les marchés du monde se sont unis pour conseiller, guider, encourager éducateurs et étudiants populaires, s'élançant dans des voies nouvelles dans l'intérêt de l'expansion nationale.

Au vrai, c'est une université commerciale d'harmonieuse unité, qui, à partir du 4 janvier 1904, fonctionnera au lycée Lamartine dans le bourdonnant et laborieux faubourg Poissonnière.

Quel riche programme ont élaboré professeurs et négociants mettant en commun leur expérience !

Que d'innovations vont être tentées, en cet essai de pédagogie appliquée à l'interéchange !

Je signale, latéralement aux cours de langues vivantes : espagnol, portugais, anglais, allemand, des « séances de conversation ». Et, en ce qui concerne les idiomes étrangers, on visera surtout la correspondance, la connaissance des termes de banque, des expressions spéciales.

Cours de géographie commerciale, de droit commercial et maritime, de droit commercial usuel comparé, de comptabilité, d'arithmétique commerciale avec étude du change, des monnaies, des poids et mesures des différents pays, cours de sténographie, séance de dactylographie s'inséreront dans l'horaire de la section novatrice.

Chaque mercredi, des causeries, des conférences sont faites. Elles seront développées par des explorateurs, des commerçants, des administrateurs retour des colonies, des pays lointains.

Il est évident que cette petite Sorbonne du commerce, qui ouvre ses cours le soir dans un lycée de jeunes filles, a adopté le système, depuis si longtemps éprouvé avec succès, de l'instruction mixte. La coéducation professionnelle entretiendra l'émulation entre les disciples qui bientôt se presseront dans les classes nouvelles.

Mais là, comme ailleurs, ils y accourront le soir, après avoir peiné tout le jour pour tenir les écritures ou bien servir la clientèle.

Et pensant à la lassitude, au surmenage de cette élite, je me prends à espérer que l'Union et les Chambres fondatrices des cours obtiendront un jour des commerçants que commises et employés puissent disposer de deux heures pendant deux après-midi ou bien deux matinées pour acquérir un savoir nécessaire. Une entente entre patrons est-elle impossible en France — quand elle est possible en Allemagne?

CHEZ LES APPRENTIS

Ils deviennent de plus en plus intéressants, les jeunes apprentis que l'on éloigne de plus en plus des ateliers, car leur présence entraîne la diminution des heures de travail pour les ouvriers adultes. Et quand on les reçoit, on les enferme dans une spécialité, on les réduit à une besogne mécanique que d'ailleurs demain fera une machine-outil.

Pourtant il devient urgent d'en préparer, d'en former. L'industrie réclame, non pas de simples manœuvres, mais des praticiens habiles, des professionnels adroits, d'intelligence avisée, pourvus d'un savoir technique. Le producteur humain ne peut être remplacé par l'instrument, par l'appareil qui, du reste, ne sauraient se passer, et, pour l'exécution et pour la conduite, de l'artisan, maître du fer et de l'acier.

Où se fera l'apprentissage ?

A l'école professionnelle ? Oui. Là où cela se pourra.

Mais, pour prendre comme exemple Paris, si bien doté en écoles spéciales, sur quinze mille garçons qui, chaque année, sortent de l'école primaire publique, trois à quatre cents à peine peuvent bénéficier des écoles professionnelles.

A l'atelier ? Mais il devient évident, et d'une vérité navrante en sa brutalité, que l'atelier ne forme pas vraiment l'apprenti complet, l'ouvrier total de demain.

Que faire alors ?

Joindre le cours à l'atelier, l'enseignement théorique et technique au travail manuel et pratique.

C'est ce qu'a essayé, et avec succès, de faire la Ville de Paris, qui a ouvert douze cours, d'octobre à fin mai, fréquentés par onze cents apprentis, et qui a inscrit à son budget 35 000 francs environ pour frais de personnel et de matériel.

MM. Jully et Rocheron sont chargés d'orienter ces cours d'apprentissage dans le sens exact que réclame l'industrie parisienne. Ils y ont pleinement réussi.

Mais, comme le dit avec beaucoup de force M. Rocheron dans un rapport inséré au *Bulletin de la Ligue de l'Enseignement*, il est nécessaire de multiplier les cours, de les tenir avant dîner de 5 à 7 heures, car ils ont lieu le soir, cinq fois par semaine, et les étudiants populaires qui les fréquentent y arrivent surmenés.

« Actuellement, certains auditeurs des cours techniques ne sont pas couchés avant 11 heures du soir; le temps consacré au sommeil est trop court, puisqu'il est réduit à six ou sept heures, alors qu'à cet

âge il en faudrait au moins huit ; le travail du lendemain et la santé s'en ressentent. »

Mais, pour que l'horaire soit changé, il faut que les
patrons y consentent.

« En apparence, ils perdraient deux heures par
jour. Mais cette perte serait largement compensée par
les progrès de l'apprenti qui pourrait fournir plus
rapidement un travail satisfaisant. Nous ne doutons
pas que si des cours étaient organisés à l'heure indiquée, de nombreux patrons consentiraient à ce léger
sacrifice et accorderaient à leurs apprentis, sans diminution de salaire, le temps nécessaire pour s'instruire. »

La solution du problème, qui est social autant
qu'économique, est là. Elle n'est même que là.

Il faut une entente entre les éducateurs et les
patrons, entre l'école et l'atelier.

Entente nécessaire, qu'on pourrait d'abord établir
à Paris par l'intermédiaire des chambres syndicales,
des groupements tant ouvriers que patronaux.
L'exemple sera vite suivi par les cités industrielles de
France ; — à moins qu'il ne vienne de certaines
d'entre elles où la question de l'apprentissage se pose
avec une troublante acuité.

La Ligue de l'Enseignement peut y contribuer en
donnant comme mot d'ordre à tous ses cercles, à ses
trois mille cinq cents sociétés affiliées, d'organiser ce
que les Anglais appellent une *agitation* autour de l'apprentissage, des cours techniques, de l'horaire de jour.

Une campagne méthodique de conférences où
seraient convoqués patrons et ouvriers, porterait sûrement.

Elle pourrait avoir comme utile préface l'envoi
d'abord aux principaux chefs d'industrie à Paris, puis
dans les départements, de l'étude si documentée, si
probante que M. Rocheron vient d'insérer au *Bulletin*
et qui serait l'objet d'un tirage à part.

En Angleterre, en Allemagne. l'initiative privée, —
à défaut de l'État — a su organiser l'apprentissage.

Il est temps qu'en France nous voulions nous employer pratiquement et vigoureusement à donner au pays une génération d'artisans instruits « pour le plus grand bien et la plus grande prospérité de notre industrie nationale ».

POUR LES DÉBUTANTS DU TRAVAIL

Je passe quelques jours sur une plage à peu près inconnue, à Coutainville, en face des Chausey, de Jersey, au nord de Granville. Nulle part, la vague n'arrive si largement développée, le rivage ne se découvre sur un plus vaste espace, aux grandes marées. Sur 10 kilomètres de long, promenades et rêveries peuvent s'étendre.

Deux colonies de vacances y sont installées, s'y blottissent, loin des louanges réclamières. Et ces colonies sont franchement originales.

L'une est mixte. Elle contient fillettes et garçons, un peu grandets. C'est la Maison Bleue, fondée par Mmes Franck Puaux et Siegfried.

L'autre, due aussi à l'initiative privée, a pour clientèle des adolescents qui fréquentent le cours complémentaire ou bien le cours d'adultes d'un joli bourg sis dans la banlieue parisienne. Elle est installée dans la villa aux toitures de chaumes, fleuries de joubardes et de mousses jaunâtres, que possède un doux ami des écoles. Pendant dix jours, les colons sont reçus chez lui, mangent à sa table. Et la joie est égale chez l'amphitryon et chez ses hôtes. Lui donne sa fortune, son cœur ; eux, leur joie reconnaissante.

« Maison Bleue » et « Libre Colonie » sont ouvertes à des écolières, à des écoliers déjà avancés dans leurs études, ou bien qui déjà travaillent aux magasins, aux comptoirs, aux ateliers.

Là est l'innovation et très heureuse, dont l'ébauche est à préciser, surtout à étendre.

Apprentis, demi-ouvriers, petites mains, trottins : tout ce monde des débutants-travailleurs qui, peu ou point payés, mal nourris et si souvent surmenés, sont entassés aux boutiques, aux entresols malsains, qui vivent dans une atmosphère confinée, tous ces candidats à l'anémie, à la phtisie, ne devrait-on pas se pencher vers eux, pendant une trêve de deux ou trois semaines, s'appliquer à les fortifier, à leur donner santé, sang nouveau, renaissance d'énergie ?

N'y aurait-il pas intérêt pour les patrons à organiser des colonies où seraient dirigés, pendant la quinzaine, le mois de vacances qui leur sont accordés chaque année, les plus faibles de ces jeunes collaborateurs.

Au lieu de continuer à s'affaiblir quand vient le temps de liberté, au lieu de transformer le repos en fatigue dans un milieu urbain, ils iraient, ces jeunes gens, vers la « grande régénératrice », comme l'appelle Michelet, vers la mer dont la « richesse nourricière » leur verserait « alacrité vive et féconde », ce je ne sais quoi de gai, d'actif, de créateur, ce qu'on pourrait appeler un héroïsme physique ».

Syndicats patronaux, syndicats ouvriers, bourses du travail, chambre de commerce fonctionnant aux grandes agglomérations ont le devoir de songer aux « vacances » des jeunes travailleurs. Des sociétés doivent être établies qui fondent des stations à l'usage de l'adolescence épuisée, pliée, courbée par la lutte pour la vie, qui, pour elle, est trop souvent lutte pour la mort.

De ma fenêtre j'aperçois, répandu sur le rivage, l'essaim des colons bénéficiaires de libéralités intelligentes. Ils pataugent dans les flaques d'eau, pêchent aux crevettes, aux lançons. Ils s'enivrent de grand air, d'effluves salées, de liberté. Ils refont richement leur sang rouge. Appétit, sommeil, équilibre des nerfs : ils conquièrent tous ces biens par l'exercice. Et quel franc, quel heureux oubli de la claustration industrielle ou bien commerciale ! Quelle halte sur la route de misère !

Demain, ils rentreront à Paris, reprendront leur tâche avec un renouveau d'entrain, des forces rafraîchies.

Mais ce qui est récompense pour une élite, plaisir d'exception, je le voudrais régularisé, généralisé.

L'effort exaspéré qu'exigent les duretés de la concurrence économique doit avoir pour correctif, surtout chez celles et chez ceux qui font l'apprentissage du labeur, la détente, le réconfort scientifiquement pratiqués.

Il y faudra des institutions coûteuses sans doute. Mais ce sont œuvres de construction sociale qui finiront par l'emporter sur les œuvres de destruction humaine.

ÉTUDIANTS ET APPRENTIS

L'idée que si souvent nous avons soutenue, que M. Briard, au conseil supérieur, a défendue à la suite de son enquête sur l'apprentissage, que MM. Baudrillard et Rocheron ont fait adopter sous forme de vœu, à Amiens, au congrès tenu par la Ligue de l'Enseignement (1904), est enfin passée en réalité, au moins à titre d'expérience.

Un certain nombre d'apprentis, au lieu de venir, le soir, la rude journée de labeur finie, au cours technique d'adultes, sont admis à bénéficier de l'horaire de jour. Ils ne se remettront pas au travail le corps brisé, la tête lasse. Ils pourront profiter, l'esprit libre et dispos, des leçons que des maîtres volontaires donnent aux étudiants volontaires.

Un essai vient d'être tenté, à Paris, qui sera imité.

Rue Falguière, à Grenelle, à l'école Bréguet — une école théorique et pratique d'électricité fondée par l'initiative privée, — l'innovation s'est produite, sans bruit, simplement entre éducateurs de l'adolescence ouvrière.

L'école Bréguet, sollicitée par la Société de patronage des apprentis, et en particulier par M. Alfassa, prête ses locaux, ses machines pour permettre aux novateurs de réaliser leur projet.

La salle où a lieu le cours, dont l'inauguration est toute récente — 25 novembre — ne manque ni d'originalité ni de pittoresque. C'est une partie de l'ancienne chapelle d'un couvent de dominicains. Les prie-Dieu sont remplacés par des établis, le maître-autel et le chœur par des machines-outils, des wagonnets, des rails qu'on installe, pose et monte en grande hâte.

Derrière des tables à dessin, vingt apprentis de quinze à vingt ans, pourvus d'une planche, d'un crayon, d'une règle, d'une boîte à compas fournis par la Société, sont prêts à prendre des notes, à recevoir le complément d'instruction dont ils ont besoin.

Il est 5 heures du soir. A 4 heures et demie, leurs patrons les ont autorisés — même engagés — à se rendre au cours qui complète l'atelier, qui achève l'apprentissage.

Pour la plupart ce sont des précisionistes, des électriciens, qui sont employés dans des maisons où l'on fait de la petite mécanique, des appareils d'optique, de géodésie. La Société industrielle des téléphones a donné dès l'abord son adhésion. Six patrons ont suivi. Dans quatre établissements la question est à l'étude. Trente-cinq disciples sont déjà inscrits.

Le programme dressé par le directeur de l'école Bréguet et des cours de « *demi-temps* », M. Schneider, professeur au lycée Buffon, comprend deux séances par semaine, tous les mardis et vendredis, de 4 heures et demie à 6 heures et demie. Il comprend, sans entrer dans le détail, le dessin à main-levée d'après modèles, la mécanique élémentaire, l'arithmétique, l'algèbre, des notions de géométrie.

Des conférences seront faites sur la législation du travail et sur des sujets scientifiques par MM. Bagnol, député, membre du conseil supérieur du travail; Fournière, professeur à l'École polytechnique, etc.

Nulle cérémonie, nul apparat pour l'inauguration. Quelques professeurs, quelques industriels, partisans de la méthode nouvelle, sont présents.

Et M. Biraud, ingénieur, professeur de cours ouvriers à la Bourse du travail, qui a la pratique de la pédagogie s'adaptant à un auditoire de quasi débutants, commence sa leçon sur les notions du trait, dessine et parle à la fois, vise à la simplicité du tracé et de l'explication.

Humble leçon, inglorieuse et obscure, autour de laquelle on ne fera pas grand bruit comme autour de la leçon de rentrée donnée par un professeur à la mode devant une chambrée de belles Madames, mais leçon qui marque une date dans l'histoire de l'éducation populaire.

Cette chaire de jour ouverte rue Falguière donnera, dans les grandes cités industrielles, à nombre de syndicats patronaux et ouvriers, la pensée d'en ouvrir d'autres.

L'atelier et l'étude se prêteront un mutuel concours. L'apprentissage servira vraiment à l'instruction du futur ouvrier qui, aux années d'adolescence, ne connaîtra pas le surmenage de la veillée pour s'initier aux secrets de son métier. La théorie achèvera l'œuvre de la pratique.

Certes, dans ce temple d'où la foi s'est exilée, ce n'est pas, en cette après-midi du 25 novembre, la faillite de la science et du progrès qui a été prononcée.

———

POUR L'APPRENTISSAGE

L'adoption de l'horaire de jour — comme en Allemagne — pour les cours destinés aux apprentis devrait faire l'objet d'une campagne activement menée. Des hommes dévoués, comme MM. René Leblanc, Baudrillard, Rocheron, Guébin, Briard, Alfassa, éducateurs, sociologues, industriels, réclament du monde patronal que, deux fois par semaine, sans prélever de retenue sur le salaire du débutant, on permette aux jeunes gens travaillant à l'atelier d'aller recevoir, l'après-midi ou bien le matin, les leçons d'enseignement scientifique complétant la formation pratique et manuelle.

Quiconque a visité des classes du soir s'est rendu compte de l'état de fatigue, de demi-sommeil, où se trouve la future élite ouvrière, qui, après s'être penchée sur l'outil, vient à la soirée éducatrice, se pencher sur le livre, sur la planche à dessin. Le labeur est pénible pour ces étudiants populaires, et l'on comprend que nombre d'apprentis soient rebutés par ce double surmenage physique et intellectuel.

A certains indices, il semble que les réformateurs soient décidés à passer de la théorie à l'acte, à faire une propagande méthodique et précise.

Une circulaire a été adressée par la commission de l'apprentissage instituée par la Ligue de l'Enseignement. La question est recommandée à l'étude des cercles, des sociétés affiliées.

D'autre part, la fédération des associations amicales des anciens élèves des écoles professionnelles de Paris, sur l'initiative d'un ex-« Estienne », a formé le projet de faire une exposition des œuvres dues aux anciens et anciennes disciples de Baille, Diderot, etc. Elle veut prouver l'utilité des études faites par les « camarades » dans les grandes écoles d'apprentissage.

Elle a, en outre, conçu le dessein, pour former un faisceau plus fort d'influences, de s'élargir en fédération nationale des sociétés d'anciens élèves des écoles professionnelles de France.

Ligue de l'Enseignement, fédération, ont une belle, une nécessaire tâche à remplir.

Des circulaires, des appels, il faut qu'elles passent à l'exécution d'un plan nettement arrêté.

Le monde ouvrier, le monde patronal, ont à gagner à l'urgence de solutions qui s'imposent en ce qui concerne l'apprentissage.

Il faut, par des conférences dans les syndicats, dans les bourses du travail, dans les chambres de commerce, leur montrer dans quelle situation inférieure la France se trouve vis-à-vis de l'étranger ; les amener à offrir, dans leurs diverses organisations corporatives, l'ouverture de cours diurnes adaptés aux besoins de chaque région.

Il convient que, promptement, des séances soient tenues où les données du problème, qui est social autant qu'économique, soient clairement posées.

De leur côté, les sociétés d'instruction populaire, tant à Paris qu'en province, devraient exercer une action appuyant celle des groupements spéciaux, faire des essais d'horaire de jour.

Il ne s'agit pas de clamer sans cesse à tous les échos : « L'industrie sera demain en péril. On ne fait plus d'apprentis ! » Mieux vaut fournir aux familles des moyens utilisables de tourner les enfants vers un apprentissage raisonné, façonnant le cerveau comme des doigts, formant un ouvrier sûr d'avoir un solide gagne-pain et dotant le pays d'artisans habiles, ouverts et prompts au progrès.

L'APPRENTISSAGE OBLIGATOIRE

Une « agitation », à la manière anglaise, semble se produire, et dans le monde ouvrier dans le monde patronal, au sujet de l'apprentissage. L'université technique — côté gauche de la rue de Grenelle — l'université classique — côté droit de la même rue — s'émeuvent. Le conseil municipal se met de la partie, organise une enquête à l'étranger, et, retour de mission, étonné des progrès que réalise l'atelier-école en Allemagne, en Suisse, conclut à l'obligation. La Ligue de l'Enseignement, avec ses rapporteurs, MM. Baudrillard et Rocheron, arrive aux mêmes résultats. Le Sénat lui-même bouge. Et M. Paul Strauss réclame l'enseignement technique obligatoire, après avoir poussé, dans un essai magistral, ce cri d'alarme renouvelé des Oraisons funèbres : « L'apprentissage se meurt, l'apprentissage est mort ! »

Il se meurt. Il est mort ! Mais il y a urgence et nécessité, dans l'intérêt de l'industrie nationale, à le faire revivre.

Et sa résurrection est possible — car il n'est qu'en léthargie.

Comment peut-elle être obtenue ? Comment peut-on transformer en apprentis sérieusement, scientifiquement éduqués et formés, à côté des 19 000 élèves des écoles professionnelles, des 45 000 jeunes gens suivant les cours techniques du soir, les 600 000 adolescents des deux sexes qui sont occupés dans le commerce et dans l'industrie ?

École-atelier, atelier-école, peu importe. Les deux systèmes sont excellents en soi.

Ce qu'il faut, c'est qu'on les utilise, c'est qu'on « oblige » les intéressés à en tirer parti.

, Comme il est dit dans l'exposé des motifs du projet de loi, déposé à la Chambre le 13 juillet 1905 : « Depuis plus de vingt ans, notre législation de l'enseignement primaire assure à tous les jeunes Français le minimum d'instruction générale jugé indispensable. Il devient urgent aujourd'hui de garantir à tous les jeunes gens qui se destinent au commerce et à l'industrie un minimum d'enseignement professionnel. »

Ce minimum, M. J. Boison, ancien fabricant, président du patronage industriel des Enfants de l'ébénisterie, dans une étude sur l'enseignement technique, indique nettement en praticien averti, quel il devra être, comment on le doit mettre à la portée de la jeunesse ouvrière.

M. Boison, qui est chef des travaux à Boulle et partisan des écoles professionnelles, reconnaît qu'il n'en saurait exister partout. Il réclame la fondation de cours diurnes qui éviteront le surmenage inhérent aux cours du soir, après la rude journée passée à l'atelier.

L'enseignement technique, écrit-il, devra :

« Donner dans la même journée, pendant la durée légale du travail, l'enseignement théorique et l'enseignement manuel.

« Il devra être obligatoire pour tous les apprentis et organisé dans tous les centres industriels, en admettant que, dans les régions où l'apprentissage dans l'atelier privé subsiste, il pourra n'être que théorique ;

« Mais que là où l'apprentissage dans l'industrie diminue et disparaît, les cours devront s'adjoindre des ateliers d'application, donner un enseignement complet des métiers et devenir ainsi de véritables écoles d'apprentissage réunissant, sous une même direction, l'enseignement théorique et l'enseignement manuel. »

C'est la solution industrielle. Elle complète la solution scolaire donnée par M. René Leblanc.

Mais ces solutions, il faut qu'on les applique.

Municipalités, sociétés d'instruction, syndicats patronaux, ouvriers, conscients de leurs devoirs, sauront adapter programmes, horaires, méthodes au milieu économique et social. Et, sur la nécessaire variété des moyens, l'Etat mettra la non moins nécessaire unité de l'obligation — que la concurrence étrangère rend obligatoire.

ENQUÊTE SOCIALE

La question de l'apprentissage serait-elle à la veille de recevoir une solution ? Un courant d'opinion se dessinerait-il en faveur de la jeunesse ouvrière, qui n'est pas apprise aux métiers d'une façon rationnelle et méthodique et qui ne fournira à l'industrie nationale que des ouvriers inexpérimentés ?

La publication du rapport rédigé par la délégation qui a visité, en 1901, quinze villes de Suisse, d'Autriche-Hongrie et d'Allemagne pour étudier sur place l'organisation de l'enseignement professionnel, est la marque de l'intérêt qu'on commence à attacher à un problème dont la difficulté croît avec les années.

La délégation était composée de MM. Chausse, président ; Marsoulan, Pierre Morel, Rebeillard, Henri Turot, et Baudrillard, inspecteur primaire, rapporteur. Elle s'est livrée à une enquête sérieuse, précise. Elle a su regarder de près, et elle s'est documentée.

Souvenirs des « choses vues » et lectures sont résumés en un travail qui fera secousse sur les esprits.

L'état d'infériorité où nous sommes vis-à-vis de nos voisins, de nos concurrents victorieux, apparaît avec une navrante netteté.

L'introduction qui sert de préface aux rapports ne

laisse aucun doute à ce sujet : « C'est dans la préparation de l'ouvrier ou de l'employé qu'éclate la supériorité des pays que nous avons visités. Comme il
s'agit pour eux, non de former *artificiellement* et chè-
rement quelques unités, mais *tous* les ouvriers ou
tous les employés, on n'a que très rarement réalisé
des *écoles* d'apprentissage. La solution qui a prévalu
a été le cours de perfectionnement, l'apprentissage se
faisant à l'atelier ou au comptoir. »

Les rapporteurs insistent sur l'organisation suisse
et allemande, qui comporte l'obligation : « A une
œuvre de longue haleine, disent-ils en parlant de
l'Allemagne, elle a apporté la méthode, la précision,
la ténacité qu'on lui connaît. Et de même que le service *obligatoire* caractérisait son organisation militaire au moment de nos revers, de même un
enseignement *obligatoire* complémentaire caractérise
sa préparation économique. »

Les rapports se rapportent d'abord à la Suisse, où
les enquêteurs ont étudié ce qui se faisait à Genève,
Lausanne, Neufchâtel, Bienne, Berne, Bâle, Brientz,
Saint-Gall, Zurich, Winterthur.

Je détache des « généralités » quelques lignes qui
sont à méditer : « Le peuple suisse n'a pas manqué
de considérer l'école comme la pierre angulaire de
tout l'édifice social. Il a fait pour elle les sacrifices
les plus considérables. Les nouvelles installations
scolaires sont splendides. Les traitements font de la
profession d'éducateurs une des plus lucratives et des
plus désirables qu'ils soient.

« Et, parallèlement, l'obligation de fréquenter
l'école est poussée plus loin que partout ailleurs.

« Veut-on savoir quelle est, dans beaucoup de
cantons, la vie du jeune Suisse de classe ouvrière,
au regard de l'école, de six à vingt ans ? De six à
quatorze ans, à quinze ans dans quelques cantons, il
fréquente obligatoirement les classes primaires. A
partir de quatorze ans et pendant toute la durée de

son apprentissage, dans un nombre de cantons de plus en plus considérable, il doit suivre obligatoirement des cours complémentaires d'apprentissage, s'il ne fréquente pas une école technique. A dix-sept ans et jusqu'à dix-neuf ou vingt, il suit, toujours obligatoirement, des cours d'enseignement général préparatoire à l'examen des recrues. »

En Allemagne, l'enquête résume ce qui a trait à l'organisation berlinoise, aux cours institués à Cologne, Munich, Dresde, Leipzig. Elle révèle l'importance donnée à l'enseignement pratique de l'électricité, à l'industrie du bâtiment, le rôle que jouent les municipalités et les associations corporatives. A noter surtout les cours ouverts à Cologne, et qui sont obligatoires. Outre les « métiers », on y professe la « coopération » ; on y initie l'auditoire au mécanisme des coopératives de consommation, de production, de crédit.

En Autriche-Hongrie, l'enquête porte sur l'enseignement professionnel à Vienne et à Budapest.

Dans un résumé suivi de conclusions pratiques, adaptées au commerce, à l'industrie de Paris, les enquêteurs, profitant des exemples données par l'étranger, indiquent les réformes qui s'imposent.

Ils proposent, en échange des subventions accordées aux œuvres existantes fondées par les grandes associations d'instruction populaire et les syndicats, un régime « d'entente réglée ». Les sociétés conserveraient leur autonomie, mais pour contrôler travail et résultats, mettre ordre et harmonie dans les efforts souvent aheurtés et contradictoires, des représentants de la Ville seraient introduits dans les comités de direction.

Enfin la délégation demande qu'on divise les établissements d'enseignement professionnel en trois grands groupes : 1° Cours complémentaires et ménagers ; 2° écoles professionnelles ; 3° enfin cours de perfectionnement avec ou sans atelier.

LES ÉTUDIANTS PROFESSIONNELS

Et voici une concurrence qui se dresse commercialement, et scientifiquement, en face des écoles supérieures de commerce. M. Bienvenu-Martin, ministre de l'Instruction publique, approuve la délibération du conseil de l'université de Nancy instituant un diplôme des hautes études commerciales, un certificat d'études commerciales (1905).

L'enseignement aura une durée normale de deux années. Trois groupes d'études sont prévus, avec programmes qui y correspondent : groupe de sciences économiques, juridiques, géographiques ; — groupe de la comptabilité commerciale ; — groupe des langues vivantes (allemand et anglais).

Il va de soi qu'un examen de sortie sera exigé pour l'obtention tant du diplôme que du certificat final.

L'innovation est intéressante. Elle précise le caractère pratique qu'a revêtu depuis quelques années l'université de Nancy, où déjà, en des chaires spéciales, on s'occupe des industries locales, notamment de la brasserie, et où l'on forme des « étudiants professionnels. »

Je ne serais pas étonné qu'ailleurs, sous la poussée d'un mouvement décentralisateur devenu nécessaire, on imitât l'excellent exemple donné par Nancy.

Il devient urgent, dans l'intérêt de la production régionale qu'on adapte partout le haut enseignement aux besoins de chaque pays. Le temps est passé de la séparation de la culture générale, de la science pure, avec les applications au travail productif. Le laboratoire, de plus en plus, doit tendre à se rapprocher de l'usine.

L'université de Nancy passe de l'industrie au commerce. Elle étend, et à raison, l'aire de son influence. Elle veut fournir aux entreprises commerciales de l'Est les générations pratiques, éprises de progrès sérieusement et précisément instruites, qui sont réclamées pour leur développement.

On ne saurait qu'applaudir à son initiative.

D'ailleurs, si l'intérêt général y trouve son compte, l'intérêt de l'université nancéienne — et de toutes autres universités — en retirera des avantages.

Demain, la clientèle des étudiants en droit, ès lettres, ès sciences, en médecine, des étudiants pour carrières libérales, pourrait bien baisser : le service de deux ans va couper court, et heureusement, à des vocations de circonstance qui rétablissaient, au profit de privilégiés, le volontariat, sous une forme déguisée.

Une autre clientèle qui voudra tirer parti pratiquement du travail supplémentaire, des études spéciales, faits après la sortie du collège ou du lycée, est à découvrir, puis à drainer. La vie matérielle des universités ne sera peut-être assurée que par ces nouvelles recrues, qui, plus tard, encadreront l'armée industrielle et commerciale.

Il faut l'espérer à tout le moins.

Car de certifier que les théories des étudiants commerciaux, des étudiants industriels, s'allongent en files serrées, nul de ceux qui connaissent l'état d'âme de la jeunesse contemporaine dans une certaine classe de la nation n'oserait s'y risquer.

En ira-t-il de la tentative de l'université nancéienne comme de l'essai tenté par les écoles supérieures de commerce, qui passent par une crise indéniable ? Voudra-t-on se livrer à des études d'abord désintéressées en vue d'un intérêt prochain ? Nulle exonération de service n'étant attachée à l'obtention du parchemin officiel, voudra-t-on du diplôme, du certificat ?

L'avenir l'apprendra. Mais ce que le présent révèle, c'est que des aptitudes commerciales, apparaissant hier encore à des néo-bacheliers riches comme impérieuses et exigeant le passage par des écoles supérieures de commerce, sont subitement tombées. Même, une école, à Paris, a dû se transformer, faute d'amateurs, en école à études et à ambitions réduites, pour pouvoir durer.

Mais je ne serais pas étonné qu'on fût à la veille d'une évolution. Peut-être l'université commerciale ou bien industrielle — l'université de demain — sera-t-elle préférée, par mode, par genre, à l'école de commerce.

Et elle pourra l'être sûrement si la pratique est jointe à la théorie, si le cours est suivi de visites, de démonstrations, de voyages d'études, de stages même, si le professeur — qui pourrait être un spécialiste diplômé — lie partie avec le commerçant, avec l'industriel, si l'usine, si le bureau s'associent pour l'enseignement à la chaire magistrale !

NOTES ET IMPRESSIONS

MARI D'INSTITUTRICE

C'est un nouveau type qui, des bas-fonds villageois, émerge dans la société et qui mérite d'être fixé. Il existe encore à l'état d'exception, mais il pourrait s'étendre. Tout métier qui a du bon ne trouve-t-il pas preneur, en notre âge de concurrence intensive, quand les risques sont seuls, l'apprentissage inutile, les profits certains ?

Le « mari d'institutrice » devait logiquement, historiquement, apparaître. L'arrivisme contemporain ne prend-il pas toutes les formes ? Il y a l'arrivisme de haut vol, qui vise et conquiert les dots opulentes. Il y a l'arrivisme « côtier », l'arrivisme de petite envergure, qui court les petites pensions de l'État sous forme de traitement touché par la femme fonctionnaire en attendant les petites retraites pour les vieux jours. On fait ce qu'on peut, selon la capacité et l'audace. L'important est de s'assurer un gagne-pain de tout repos.

Le « mari d'institutrice » guette fatalement la jeune brevetée qui, déracinée du village natal, de la famille, envoyée dans une école perdue aux bois, aux montagnes, ne rencontre pas sur son chemin un travailleur digne d'elle, un bon cultivateur, un instituteur, à qui unir son sort. Elle est faible, sans appui. Elle connaît, la classe finie, de longues heures d'ennuis, d'isolement. Elle ne peut fréquenter chez les voisins. Elle éveillerait des jalousies, provoquerait des racontars.

On me contait récemment que l'une d'elles, une abandonnée, une pauvre fille expédiée dans un poste reculé, tenait un journal intime de sa vie, où, heure par heure, elle notait l'emploi de son temps. On y pouvait lire : « Quatre heures de l'après-midi. Les élèves sortiront. Je pleurerai. » Ce « je pleurerai » dit l'angoisse, la détresse d'une âme. Quel cri de douleur en ces mots !

Comment reprocher à cette institutrice de village qui n'a vécu que dans les livres, qui est fraîchement sortie de l'école normale, des brevets, de chercher où se ressaisir ?

Parfois elle rencontre bien. Trop souvent elle accepte d'épouser un bellâtre madré qui a connu les plaisirs faciles des villes, qui préfère la « demoiselle » aux manières aimables et distinguées á une rude paysanne et qui, surtout, flaire une bonne aubaine.

La « demoiselle » souvent est avertie. On lui dit qu'elle n'est recherchée en mariage que parce qu'à chaque fin de mois elle passe chez le percepteur. On lui fait voir que son « futur » est paresseux, qu'il ne rapporte rien à la ferme paternelle. Neuf fois sur dix les conseils ne portent pas. Le mariage a lieu.

Et les déceptions suivent. Le « mari d'institutrice » s'affirme vite, se révèle, souvent en pleine lune de miel, sous ses traits caractéristiques. C'est un « lève-tard » qui engraisse dans la chambre du premier étage, pendant que la femme, au rez-de-chaussée, peine et maigrit à enseigner l'enfance rustique.

Quelques mois à peine après la noce, l'exploitation commence. Le « mari de l'institutrice» est volontiers flâneur, buveur. Il demande, il réclame de la monnaie de poche pour faire.le faraud aux foires et marchés. Les enfants viennent. Vient aussi la misère. Il faudrait double paye pour nourrir la nichée, qui se trouve en face d'un salaire écorné par les exigences du « père de famille », et en face aussi, trop souvent, d'une huche vide. Et l'institutrice doit s'estimer heureuse quand M. son mari ne potine pas et, par des bavardages et des confidences clamés au cabaret, ne lui crée pas des « difficultés » ou avec les parents d'élèves, ou avec « l'administration ».

Vous croyez que je force le portrait, que j'écrase de noires couleurs et l'en surcharge? Combien ai-je vu d'originaux en chair et en os, dont je m'efforce de rassembler les traits ! Et combien ai-je vu aussi de malheureuses traînant une existence vouée aux regrets et aux larmes !

Mais alors, c'est le célibat qu'il convient de prêcher ? Oh ! que non pas ! L'institutrice est d'autant plus éducatrice qu'elle est femme et mère, qu'elle accomplit, à côté de sa mission sociale, sa mission familiale et humaine. Mais il faut, quand elle débute, la mettre en garde contre des dangers, des surprises du cœur, contre des intérêts surtout, qui la trouvent désarmée.

Certes, le sujet est délicat. Il n'a rien d'une matière inscrite à un programme officiel. Mais, dans les écoles normales, même dans la dernière année des écoles primaires supérieures, pourquoi, devant une élite féminine qui se destine à la profession enseignante, pourquoi, en quelques entretiens abordés avec prudence, avec tact, ne donnerait-on pas certains conseils qui rendraient ces « jeunesses » averties ! Ce n'est certes pas de la pédagogie. J'en conviens. C'est plus et mieux. Et, au vrai, si l'école doit préparer à la vie, pourquoi n'y préparerait-elle pas les « femmes d'école » ?

MÉNAGES D'INSTITUTEURS

Ce sont ménages généralement heureux : la communauté des origines, des goûts, des professions, les cimente. Mais s'ils assurent leur bonheur, ils ne font pas toujours celui des inspecteurs d'académie, qui, souvent, sont en peine pour découvrir des postes conjugaux et conjugués. Combien de fois il faut, à la veille du « mouvement », se pencher sur l'échiquier ! A quelles combinaisons savantes le « chef de service » n'est-il pas obligé de se livrer pour rapprocher à l'école des collaborateurs que la mairie a unis !

L'union est contractée, la plupart du temps, de bonne heure. On est parfois du même village, plutôt du même canton. On se connaît de famille à famille. Ou bien l'on s'est vu au chef-lieu, pendant le séjour à l'école normale. L'école des demoiselles a beau, le plus souvent — je me suis demandé pourquoi? ou plutôt je l'ai observé avec regret — être construite à l'extrémité de la ville qui est opposée au point, généralement terminus, où a été édifiée l'école des Messieurs, les promotions parallèles, contre toute loi géométrique, se rencontrent. Les promenades permettent de se voir, les sorties aussi, les départs, les retours en gare — bien que des précautions administratives soient gravement et inutilement prises. Au vrai, je ne verrais aucun mal à ce qu'on rapprochât ces ouvriers de la même œuvre éducatrice, à ce qu'on s'invitât entre maisons universitaires. Mais le règlement s'y oppose. D'ailleurs, par bonheur, l'Amicale, amicalement, achève ce que l'école a ébauché bien malgré elle. L'assemblée générale est suivie d'un banquet que couronne un bal. Et au bal, des sympathies se nouent, des promesses parfois s'échangent.

Le hasard de la rencontre n'a pas le monopole du coup de foudre matrimonial. Parfois des étincelles ont précédé, à courant intense et continu. Des amitiés d'enfance, nouées sur les bancs de l'école mixte, se changent en sentiments plus forts. Ou bien l'on a fait connaissance, aux primes années, dans la « petite patrie ». Même il arrive que des idylles pédagogiques — n'en sourions pas trop — s'ébauchent. Ne m'a-t-on pas parlé de tel normalien qui, à peine nommé instituteur, d'adjoint voulant devenir conjoint, a patiemment et gentiment préparé sa fiancée au brevet supérieur, le lui a fait conquérir — et a conquis sa main! Elle est bien forcée de devenir sérieuse, la jeunesse populaire. Les temps changent. Paul aidait hier Virginie à passer un ruisseau, de pierre en pierre. Il l'aiderait aujourd'hui à passer des examens, de piège en précipice. C'est moins poétique. Mais qu'y faire? Les mœurs évoluent. Du reste, la communion des intelligences ne détruit en rien le lien des cœurs.

La preuve en est que les ménages d'instituteurs sont le plus souvent fort unis. Côte à côte, les époux travaillent, ayant mêmes intérêts dans la vie, même idéal. Ils se conseillent, s'entr'aident, allègent mutuellement la besogne commune. L'étude à deux devient joie. Elle perd de sa monotonie. Et nuls soucis matériels. La jonction des deux traitements permet de réaliser quelques petites économies, de fonder une famille, d'élever convenablement des enfants qui font honneur au père et à la mère. J'ai connu beaucoup de filles, de fils d'instituteurs. J'ai remarqué qu'ils réussissaient, par leur savoir, leur ardeur au travail, à se faire leur place au soleil. A relever les noms de fils d'instituteurs qui marquent dans les lettres, dans les sciences, dans l'industrie, on dresserait une riche nomenclature. De plus, il faut croire que le métier d'éducateur public a du bon. Car institutrices et instituteurs font souche d'instituteurs et d'institutrices. Dans certains départements, il y a comme des dynasties d'enseignants dont les brevets sont les parchemins.

Il est rare que les ménages scolaires ne résident pas un long temps dans le village ou la ville où la nomination officielle les a placés. Le foyer fixe à l'école. Stabilité, durée, suite dans le travail, dévouement, lui sont dus. Plus de « déracinement », d'instincts nomades, plus d'humeur changeante. Les « ménages » prennent à cœur les intérêts de cette commune où ils ont aimé, où leurs enfants sont nés et, à leur tour, se sont attachés au pays natal.

Ils voient grandir les promotions d'élèves qu'ils ont formés. Ils sont entourés d'estime, de déférente affection. Pourquoi iraient-ils ailleurs — sauf ceux qui aspirent aux grandes « directions » dans les agglomérations urbaines — recommencer leur vie, modifier leurs habitudes, s'adapter à un milieu économique et social dont la connaissance exigerait de nouveaux efforts ?

Ils préfèrent, et à raison, « l'avancement sur place », et aussi l'autorité acquise par la persistance des services et qui, avec les années, revêt un caractère grave et touchant. Ils deviennent les conseillers avertis et écoutés dans les circonstances sérieuses. Ils apaisent des différends. Heureux, ils font du bonheur autour d'eux. Ils prennent, au jour le jour, un ascendant moral que les circonstances ne cessent de fortifier et qui, sans secousse, insensiblement, de la cure passe à l'école, au presbytère... laïque. Cette influence, j'en sais qui ne peuvent la pardonner à ces « intellectuels » du pays rural. Mais elle est, et elle sera demain davantage encore. D'ailleurs, si elle ne s'exerçait point dans le sens franchement démocratique, les critiques deviendraient louanges, et bientôt.

NÉOLOGISME

J'ai souvent pensé à feu Francisque Sarcey, depuis quelque temps, en constatant avec quelle rapidité, quel succès de mauvais aloi, des néologismes laids, rudes, et surtout inutiles, envahissent et encombrent la langue française. Il se serait fâché tout rouge, notre Oncle. De sa bonne encre, il eût rédigé nombre de ces chroniques, de ces ordonnances grammaticales où il excellait et où il défendait, à raison, le parler de notre pays contre l'invasion de termes barbares.

La mode se perd de ces entretiens, de ces analyses, de ces causeries écrites, qui entretenaient dans le public le goût des curiosités littéraires, de la correction dans le langage, des choses de l'esprit. C'est grand

dommage que le journalisme contemporain s'en dé-
prenne, car, faute de s'y intéresser, il se laisse submer-
ger lui-même par le flot montant des vocables hirsu-
tes. Même, on l'accuse, d'ici, de là, d'accorder à la
marée qui déferle d'étranges facilités d'accès en abais-
sant toute digue, en creusant des chenaux et des abris.

Ces belles réflexions, à qui l'on fera peut-être frais
accueil, je m'en doute bien, me viennent à l'esprit en
ouvrant les gazettes du jour !

J'y trouve, depuis quelque temps, des verbes, des
substantifs, qui, par hasard, surgissent un jour sous
la plume d'un improvisateur amusant et amusé, puis
qui sont empruntés par un voisin en mal de copie,
enfin qui, au grand dam des lettres françaises, sont
imprimés couramment.

C'est ainsi que vous et moi nous avons vu naître :
émotionné, qui est lourd, long, cacophonique, quand
ému existait, qui vivement disait ce qu'il voulait dire.
« J'ai été ému par un spectacle », écrivait-on hier. On
remplace aujourd'hui « ému » par « émotionné », et
l'on croit que l'on a ajouté à la force du sentiment
éprouvé !

Il y a seulement dix ans, une fille finissant une lettre
adressée à son père mettait aux formules de respect : Votre fille affectueuse. Tout d'un coup, dans
l'épître de quelque exagérée à l'oreille peu musicale,
« affectionnée » a fait son apparition. Et plats imita-
teurs d'employer à l'envi ces cinq pesantes syllabes,
en s'imaginant qu'affectionné comporte un degré de
plus d'affection qu'affectueux.

Et la presse, — oui, nous tous — est la grande cou-
pable.

N'êtes-vous pas frappés, agacés aussi, depuis environ trois mois, par l'intrusion du participe « agressé »,
qui figure dans tout fait-divers se rapportant aux
« Apaches » — encore une insupportable et lancinante
trouvaille ! Agression existait, était de la bonne langue
Agressé fut employé en... Belgique et adopté par

nous. Remarquez qu' « attaqué », qui est aussi significatif, exprimait la même idée, le même geste. N'importe. Agressé l'emporte. Agressé a renversé son
rival.

Et « inchangé », qu'en pensez-vous ? On avait
« même », que tout le monde comprenait. On disait :
« même situation », « même état ». Aujourd'hui, pom-
peusement, on traduit en lettres moulées « inchangé ».
C'est la nouveauté du jour.

Passe encore si à la Belgique nous avions pris
subsidié, qui vaut mieux que subventionné, mais
inchangé, mais agressé !

Mais à quoi bon « agresser » ce qui demeurera
« inchangé » ? Autant en emporte le vent.

PHYSIOLOGIE DU CONGRESSISTE

Le congressiste doit se lever tôt, se coucher tard,
supporter discours, visites aux monuments, banquets,
veillées, discuter en séance et hors séance intrépide-
ment. Il doit être de bonne santé, de pied alerte,
d'esprit agile. Il doit, huit jours avant l'ouverture de
la réunion, faire provision de bonne humeur, d'entrain, de patience, s'entraîner à sa mission méthodiquement.

Le congressiste doit avoir dépouillé, lu, médité,
comparé, rapports, mémoires, brochures, publiés
pour son instruction et son édification. Sa préparation doit être telle que, sur les matières les plus
diverses, les plus disparates, il doit avoir l'air de
posséder la compétence d'un spécialiste, et, en tout
cas, l'affirmer énergiquement.

Le congressiste vraiment digne de ce nom doit
arriver armé de motions, amendements, propositions,

vœux et desiderata pour chacune des commissions chargées d'étudier les questions mises à l'ordre du jour. Plus il en fera adopter, plus il en glissera dans la discussion, et mieux il aura rempli son mandat.

Au vrai, il y a autant d'espèces, de catégories de congressistes, qu'il y a de personnes : d'où impossibilité d'une classification scientifique.

Il y a le congressiste... à côté, partisan du moindre effort, qui évite les délibérations, qui parcourt les musées et édifices publics, qui se consacre à l'examen des productions gastronomiques du pays, qui fait acte de présence au début et qui prend du bon temps en musant à travers une ville qu'il découvre. C'est un bon garçon qui ne veut pas se fatiguer les méninges à chercher la solution de problèmes parfois terriblement complexes. C'est un sceptique et un raffiné qui n'est pas convaincu que l'acte suivra la parole, que l'exécution des vœux sanctionnera leur adoption, et qui ne sacrifie pas les certitudes du présent aux hypothèses de demain.

Il y a le congressiste travailleur, consciencieux, qui est désolé de n'avoir pas le don d'ubiquité et de ne pouvoir, à la même heure, assister à des controverses différentes dans des sections diverses. Il a pâli sur les livres, Il a réfléchi. Il a des idées. Généralement, il est enfermé dans une Commission où on le nomme rapporteur, et très justement, d'une des matières inscrites au programme.

Il y a le congressiste qui a reçu un mandat impératif. C'est un homme redoutable. On ne l'a envoyé représenter la Société dont il fait partie que pour se faire le champion de la thèse dont s'est épris son groupe. Chaque année, je le revois qui monte à la tribune, obtient satisfaction, car il fait voter considérants et article final, et chaque année, bien que le désir de ses collègues ne soit pas, dans la pratique, devenu réalité, il recommence inlassablement son allocution suivie du même succès platonique.

Il y a le congressiste à idée fixe, le solitaire qui poursuit sa chimère, son utopie, et qui, d'ardeur infatigable, distribue des papiers, recueille des signatures, provoque dans les couloirs une « agitation ». Il mérite de réussir, ce chercheur d'idéal qui va promenant son rêve désintéressé, le charme aimable de ses illusions.

Et combien de congressistes encore pourrait-on noter au passage, à mesure qu'ils défilent, parlent, s'agitent ! Celui-ci, c'est le congressiste à ressort et à surprise, d'ardeur combative, qui, tout à coup, profitera d'un moment d'agitation, de confusion, pour lancer une « déclaration » qu'il croit sensationnelle et qui, le plus souvent, tombe à plat dans l'indifférence générale. Celui-là, c'est l'auditeur calme et froid, de sens rassis, qui se contente d'écouter, de peser, et qui retiendra la leçon donnée par le heurt des opinions.

Et tous sont de braves gens, des hommes utiles, en très grande majorité, des convaincus, des sincères, des vaillants qui, demain, après s'être vus, avoir échangé idées et impressions, après s'être concertés, se remettront à la tâche, s'emploieront au progrès social.

VOEUX PLATONIQUES

« Le congrès émet le vœu... » Suit la teneur du vœu qu'en séance plénière le président met aux voix. A mains levées, ou bien au moyen de bulletins, après des discussions souvent acharnées, le vœu est émis. Le défilé des vœux continue. Le congrès, pendant cinq, six heures, émet des vœux.

« Le congrès émet le vœu... » Formule qui revient trop souvent, mélopée dont on abuse. Le congrès aurait tout intérêt à émettre moins de vœux, souvent contradictoires et qui font, par leur accumulation, tintamarre de cervelles. Si vraiment un congrès a le ferme dessein d'aboutir, il doit limiter son effort à réclamer deux ou trois réformes possibles. A vouloir, en deux ou trois jours, opérer une rénovation totale dans une quelconque institution, il s'expose à se lancer dans l'irréalisable.

« Le congrès émet le vœu... » Une fois le vœu émis, une commission est nommée — généralement celle qui préparera le prochain congrès — pour donner « une suite » aux vœux de l'assemblée. La commission nomme un bureau. Le bureau demande audience à qui de droit, et par qui de droit est reçu d'une façon charmante, le jour où l'interminable liste des desiderata est transmise dans un compendieux mémoire. Le document remis, la commission a fait son devoir. Elle s'occupe du prochain congrès qui émettra des vœux, qui seront soumis à qui de droit, et ainsi jusqu'à la consommation des siècles. Je sais des vœux à qui l'on a donné « la suite » classique, depuis déjà dix ans, et que, dans chaque congrès, je salue au passage comme de vieux amis. Dans dix ans, je les reverrai encore, et toujours avec un nouveau plaisir.

« Le congrès émet le vœu... » Un malicieux ami me souffle à l'oreille : « Mais si les vœux émis par le congrès recevaient une solution, à quoi serviraient les congrès? Il y a, dans chaque congrès, des spécialistes qui sont plus heureux, chaque année, d'émettre le même vœu que de le voir réalisé. Que deviendraient ces excellentes gens? Croyez-vous qu'ils pourraient, une fois l'an, inventer une innovation, faire les frais d'un exposé des motifs, de considérants, d'une oléagineuse improvisation? Pourquoi désespérer des vaillants, des convaincus qui s'entêtent, et à juste raison, d'autant plus dans leur opinion qu'elle rencontre plus de résistances? Exaucer les vœux des congrès, c'est tuer les congrès mêmes... »

« Le congrès émet le vœu... » Je fais taire mon
malencontreux et paradoxal interlocuteur, qui se
console de tout par des épigrammes, et je songe aux
travailleurs modestes, compétents, qui s'imposent la
fatigue d'un voyage, qui étudient à fond une question, et qui, avec conscience, émettent des vœux
dans l'espoir que le progrès bénéficiera de leur labeur,
de leur bonne volonté. Il faudrait si peu de chose
pour que des vœux, marqués souvent au coin du sens
le plus pratique, et dont le pays profiterait, fussent
adoptés. L'application suivrait de si près et si utilement la théorie, si un office central, où seraient
représentées, d'un côté, les diverses administrations,
de l'autre l'initiative privée, était organisé !

Souvent par une simple démarche, par la pénétration de deux ou trois services une amélioration serait
obtenue. L'utopie serait écartée, le sérieux, le solide
seraient retenus. Du temps, de la peine seraient éco-
nomisés. Les novateurs sociologues seraient encouragés, et une belle émulation serait entretenue parmi
eux... Mais je me lance dans un rêve.

« Le congrès émet le vœu... que l'on tienne compte
de ses vœux... » Quel est le congrès qui émettra ce
vœu plus platonique encore que les autres ?

———

LA MORT DU LIVRE

Le livre se meurt. Le livre est mort. Des profanes
et des barbares portent sur lui des mains criminelles,
l'écartèlent, le démembrent; lui ôtent vie, forme et
couleur.

Le livre, le beau livre à images du xviiie siècle
surtout, le livre qui s'enorgueillit des Eisen, des
Gravelot, des Moreau, devient la proie de collec-

tionneurs bizarres qui, morceau par morceau, le dépècent.

Les marchands d'antiquités, dans les ventes de châteaux, de bibliothèques, achètent des volumes à gravures qu'ils arrachent aux libraires. Ils ne se soucient pas, s'ils sont dépareillés, de les compléter; de les revêtir d'une reliure protectrice, s'ils menacent d'être gâtés. Ils s'arment de ciseaux, les bourreaux, et ils découpent, hors texte et en plein texte, vignettes, culs-de-lampe, planches entières. Les volumes sont débités au poids du papier, vont au pilon. Dans des cartons s'ensevelissent les chefs-d'œuvre dus aux maîtres du burin, et, pièce par pièce, au hasard du choix, vont se plonger dans d'autres cartons. Là, les étiquettent des maniaques épris de curiosités disparates, des amateurs iconoclastes qui sacrifient l'harmonie et l'unité d'une édition rare à la mode stupide de coller sur des feuilles d'album, lambeaux de manteaux d'arlequin, des spécimens de compositions décoratives, des scènes ou familiales, ou rustiques, ou galantes, surtout galantes.

Cette folie destructive a commencé par s'acharner sur les *ex libris*, puis on a passé aux « firmes » des imprimeurs célèbres. Après avoir pris le livre en tête et en queue, on l'a attaqué par le flanc, par tous les côtés ; on a consommé son supplice, on l'a achevé. Tout y passe : la ruine est complète !

Nos belles madames ont leur part de responsabilité dans ce déchiquètement sauvage. Ne se sont-elles pas avisées, après avoir aquarellé pendant un certain temps des parties d'abat-jour, de les enrichir de portraits, de dessins coloriés d'illustrations « louis-quinzième ou seizième » ?

Et c'est ainsi que s'en vont des trésors que, par amour-propre national, par admiration pour la beauté artistique, nous devrions conserver jalousement, entourer d'un culte pieux. Il y a eu une admirable époque où, peintres, et écrivains ont contracté une alliance

qu'ils ont cru durable, où leur pensée s'est fondue, fortifiée par un noble effort de talents soli-
daires, où la lettre moulée a su fournir au crayon, au
pinceau et à la pointe une inspiration que seuls les
romantiques ont en partie retrouvée. Ce moment unique dans l'histoire du goût français, il faut en avoir
l'orgueil, il faut en disputer les productions aux
ravages du temps, au lieu d'en hâter la disparition.

J'ai grand'peur qu'il n'en aille pas ainsi.

Hier, ne m'a-t-on pas offert le beau frontispice de
l'Encyclopédie, par Cochin, pour quelques sous ! N'ai-
je pas vu défiler devant mes yeux des gravures empruntées aux *Fables de la Fontaine,* illustrées par Ou-
dry, et toutes dépareillées, prises dans une « suite »
mise au pillage !

Et comme je demandais au marchand s'il n'aurait
pas avantage à vendre ensemble texte et gravures,
s'éclairant mutuellement, ne m'a-t-il pas répondu :
« Monsieur, on ne lit plus, surtout les écrits d'autrefois. On ne me donnerait pas des volumes le prix qu'ils
valent. Je détaille les gravures. Je les vends cinquante
centimes, un franc pièce. J'y trouve un bénéfice. »

Il a raison, mon marchand. On ne lit plus. Et voilà
pourquoi le livre se meurt ; le livre est mort

MUSÉES DE PROVINCE

Le jeudi, quand les classes vaquent l'après-midi,
j'ai pour habitude, dans les calmes et lentes cités que
je traverse, d'aller passer un moment au musée.

Neuf fois sur dix, je suis déçu dans mon attente.
Sauf dans quelques grandes villes, le musée d'art est
un musée Tussaud, où l'horreur s'étale en un décor
officiel.

Le musée de province est en proie à de redoutables fléaux.

La « copie » y sévit. Les faux « Titien », les « Raphaël » erronés, les « Velasquez » supposés, s'offrent aux regards avec effronterie. L'on a six, sept salles à meubler, un demi-kilomètre de parois à couvrir, et l'on se croit forcé de cacher le mur sous des imitations maladroites, sous un bariolage qui déshonore la classique demeure. Et, la plupart du temps, nul n'a la pudeur d'écrire, à côté du nom de l'auteur, qui reluit en lettres d'or, un honnête : « attribué à... ».

Le « don de l'État » s'ajoute à la « copie », enchérissant sur le laid et le grotesque. Des toiles, généralement très grandes, dissimulant tout un panneau, et qui sont déchet, rebut du salon annuel, sont achetées chaque année à des débutants, et, sous prétexte d'encouragement à l'art, servent à le décourager en province. Monarchie, Empire, République ont donné dans cette erreur et contribué, à l'envi, à l'encombrement anti-esthétique qui fait défiler, devant les yeux du visiteur, tout ce qu'a produit de factice, de convenu, de faux, l'École française, depuis les pompiers de David jusqu'aux anges déchus de Bouguereau.

Le spectacle est complet quand les « dons d'un particulier » renforcent les libéralités gouvernementales.

Sans doute, de-ci de-là, dans une collection, deux ou trois tableaux ou tableautins ont leur prix, mais le donateur veut avoir sa « salle », et sa « salle » portant son nom, sa « salle » affligée de son buste. Et, pour découvrir le morceau curieux, intéressant, il faut subir la fatigue que fait peser, sur les yeux, l'insignifiance des cadres inutilement exposés.

Parfois il arrive qu'un peintre, qu'un sculpteur célèbre est né dans une petite ville à musée. Pauvre ville, pauvre musée ! Ils ont rarement la chance d'être traités comme Montauban par Ingres, qui légua à sa cité natale la merveilleuse suite de ses dessins. Ils reçoivent par testament les rognures d'atelier, dont n'ont pas voulu les marchands, même sud-américains.

Il y a pourtant une compensation. La petite ville, le petit musée sont sûrs qu'en une vitrine spéciale seront assemblées toutes les pièces de la ferblanterie honorifique que les cours européennes ont attribuées au glorieux défunt qui, de son vivant, a soigné les effets du trophée savamment composé pour être proposé à l'admiration de ses concitoyens.

Et pourtant ces musées pourraient avoir leur raison d'être, devraient se constituer une originalité, une physionomie spéciale, s'ils devenaient asiles, conservatoires de traditions, de mœurs locales.

En Flandre, en Poitou, l'on a commencé à réunir les éléments de collections où mobiliers, costumes d'autrefois sont pieusement exhumés. Tout concourt à une résurrection qui peut avoir pour collaborateurs tous les chercheurs, tous les amateurs de la région.

Le musée devient ainsi vraiment attirant, instructif. Il évoque les temps évanouis, au moyen de tous les « monuments » qui sont dus aux bons ouvriers de tous les arts, car il n'en faut exclure aucun, sous prétexte d'infériorité. L'Histoire apparaît dans la différenciation qu'apporte, à l'ensemble des événements, le passé de chaque région. Le Musée, fier des richesses que fournit le terroir, peut alors être utilement visité. A ses hôtes d'une heure il donnera une leçon à toujours.

L'ÉPIGRAMMATIQUE ÉPREUVE

Ah ! qu'il a de l'esprit, qu'il manie finement l'épigramme et sait la décocher au bon endroit, en plein ridicule, en plein vice social, le pince-sans-rire qui, dans l'académie de Lille, a obtenu de ses collègues du jury le tour de faveur pour le sujet suivant, donné aux jeunes filles concourant pour le brevet élémentaire :

« Sur le point de subir les épreuves de l'examen, vous avez écrit à un personnage pour le prier de vous recommander aux examinateurs. Le personnage ne veut point accéder à votre demande. Il vous développe les raisons de son refus. Composez sa lettre. »

L'inventeur de ce « style », comme on dit dans les pensionnats de demoiselles, — mérite d'être béni. Je réclame son nom. Il a droit à une juste célébrité.

Quelle vengeance il a tirée des lettres dont on l'avait assailli depuis qu'on savait qu'il faisait partie du jury ! Quelle revanche, et pleine d'à-propos, et amusante et française !

Et, avec lui, il a vengé le « personnage », cette synthèse vivante, cette personnification du Monsieur qui a de l'influence et que l'on persécute pour qu'il intervienne en faveur des candidates !

Car on ne criera jamais assez haut combien sévit la recommandation. Elle se glisse partout et sous toutes les formes. Elle se ramifie à l'infini. Je n'ouvre jamais mon courrier — le courrier des œuvres — sans trouver une bonne demi-douzaine d'épîtres où X... que je connais fort peu appuie auprès de moi J... que je n'ai jamais vu, afin que je lui donne un coup d'épaule auprès de Z..., entr'aperçu une fois ou deux par votre serviteur. C'est le piston par intermédiaires, le piston par ricochet ! Il va de soi que je ne m'en fais pas le moteur.

La recommandation, le piston, on est convaincu qu'ils jouent un rôle prédominant pour l'obtention des diplômes, des places et des emplois. Ils hantent les rêves des quémandeurs, et, plus peut-être qu'au temps de Molière, font « gronder le mérite et rougir la vertu ».

Mais la lettre vengeresse, la lettre des « Mille regrets » pédagogiques, comment les « Jeunesses » ambitionnant le parchemin sacro-saint l'ont-elles tournée? En ont-elles compris l'ironie savante? Ont-elles su exprimer de belles et fortes indignations?

Ah! que non, certes. Elles sont de leur temps, ces demoiselles! Elles sont terriblement positives (1).

Il paraît, au dire d'un correcteur, M. Forfer, inspecteur d'académie de l'Aisne, qu'elles ne mettent nullement en doute l'efficacité de la pression qu'exercerait la lettre de recommandation si elle était adressée à un membre du jury par le protecteur signataire du refus imposé par la commission d'examen.

M. Forfer écrit, en parlant des « chères enfants » dont la mentalité l'effraie :

« Elles admettent fermement, avec ingénuité même, et comme une sorte d'axiome, l'efficacité décisive de la recommandation! Voici, en raccourci, le raisonnement que les trois quarts d'entre elles prêtent au correspondant fictif : « Certes, je pourrais peser « avec succès sur ton jury. Et tu aurais donc le di- « plôme souhaité. Mais qu'est-ce qu'un diplôme obtenu « par faveur? Et tes compagnes qui n'ont pas le bon- « heur de posséder un parent de grande marque, ni, « donc, la possibilité de mettre en action son influence, « qu'est-ce qu'elles deviennent au milieu de tout cela? « Elles n'auront pas le brevet. Toi, tu le recevras. « Tu leur causeras du tort. Et tu n'en as pas besoin, « toi, du brevet. Et elles en ont besoin, elles. Et pa- « tati, et patata! » C'est innocent à faire pleurer, cette dialectique de charité bébête.

Passe encore si, à la malice des examinateurs, la malice des candidates avait répondu avec verve, dans une prose vive et preste, aux saillies aiguisées, mais point.

Écoutez encore M. Forfer, qui ne parle que des copies fournies par le département de l'Aisne :

« Et en quel français ces choses-là furent mises,

(1) Voir page 115 la Notice consacrée à M. Forfer.

c'est ce qu'on peut supposer et deviner... Mais, après
tout, j'aime encore mieux ne pas laisser ignorer
que ce français était, en général, du charabia, et
ajouter que, si ce n'eût pas été du charabia, nous
aurions oublié un peu la pauvreté de l'idée pour
nous rattraper sur le style et l'illustrer de la cote
« d'amour ». Mais c'était du charabia, j'en prends à
témoin le procès-verbal, où je relève 133 notes au-
dessous de la moyenne — 133 sur 163 ! »

O juré génial ! O toi qui t'es chargé de la vin-
dicte collective, quelle joie ta misanthropie a dû
savourer en constatant que tes jeunes contemporaines
étaient inaptes à envelopper un refus de raisons
probantes !

ÉVOLUTION ORTHOGRAPHIQUE

Si « l'homme absurde est celui qui ne change
jamais », je suis resté absurde en politique et sociologie, mais je me suis singulièrement dégagé de
l'absurde en matière orthographique.

Si je me reporte à quelques années en deçà, que de
lances je rompais en faveur de la tradition orthographique ! Je voulais mal de mort aux novateurs, aux
« trublions » qui réclament des réformes. J'écrivais :
« A rompre avec des habitudes sages et envieillies, à
tout bouleverser, on risque de tout réduire en poussière sans rien édifier. » Je montrais combien sont
utiles les difficultés dont se hérissent les vocables
pour la rétention du vocabulaire. Je plaidais la cause
du pittoresque. Je faisais chorus avec ceux que je
tenais pour des délicats, des raffinés... Bibliomane,
je m'insurgeais contre tout ce qui porterait atteinte à
la physionomie des « lettres moulées » dont s'illustrent
les belles éditions.

J'étais alors professeur de lycée. J'enseignais « l'art d'écrire » à la future jeunesse dite dirigeante.

Depuis lors, j'ai changé de chaire et de milieu. Je suis allé à l'enfance, à l'adolescence ouvrière et rurale, à la jeunesse du travail si souvent douloureux.

J'ai vu, dans les écoles du soir, dans les cours d'adultes, aux salles de classe et parfois aux casernes, des milliers de pauvres diables qui soufflaient et pâlissaient sur les petites lettres, faisant les premières dictées. Ils s'initiaient, les infortunés, avec quelle peine! aux mystères sacro-saints de l'orthographe, de la droite « écriture ».

J'ai vu aussi, dans les écoles élémentaires, la grouillante armée de celles et de ceux qui, entre onze et douze ans, conquièrent le certificat d'études primaires. J'ai constaté combien d'heures on les faisait consacrer aux règles des participes, aux « exceptions », aux curiosités de la syntaxe.

Et j'ai acquis la conviction que les quatre cinquièmes de ces « étudiants populaires » perdaient à l'acquisition de connaissances inutiles beaucoup d'un temps qui devait être consacré par eux à s'assimiler des notions pratiques, propres à l'obtention du gagne-pain.

J'ai donc penché vers des accommodements et concessions qui économiseraient un peu de travail à ceux qui, demain, aux fermes, aux ateliers, peineront, régentés bien plus par la nécessité que par la grammaire.

D'ailleurs, que l'Académie se relâche ou non de sa sévérité, que M. Paul Meyer et M. Barès triomphent ou non, une demi-réforme est en train de s'opérer en fait, en attendant que la théorie l'accueille. La circulaire sur les « tolérances orthographiques », lancée naguère par la bienveillance avisée de M. Léon Bourgeois, n'a pas eu le sort de tant de circulaires officielles dont la circulation ne se fixa pas en action. Elle a porté. Elle a fait œuvre effective.

MM. les écoliers ont pris les devants. Les licences qu'on hésite à leur accorder, et par bribes et fragments, ils ont su les prendre en bloc. Voyez-vous, les révolutions, — celles des mots comme celles des choses, — le peuple les réalise sans l'agrément des maîtres, car il pourrait les attendre longtemps. Quand le verdict des spécialistes (il paraît qu'il y en a) sera rendu, il sanctionnera le fait accompli.

LA VOIX

Que de fois, quand je visite, dans une Ecole Normale une Ecole annexe, et que la semainière, le semainier ont fait la classe, ai-je posé cette question aux futures institutrices, aux instituteurs prochains qui sont de service depuis quelques jours déjà : « Quand le soir arrive, éprouvez-vous beaucoup de fatigue? Comment supportez-vous l'apprentissage de la parole? »

Généralement, les débutants répondent qu'après la sortie des élèves ils sont harassés, que la dernière heure de travail est très pénible.

Et généralement, je remarque que les néo-enseignants tendent trop, enflent trop la voix, qu'ils ont un ton monocorde, qu'ils donnent dans des notes criardes, fatigantes pour eux, fatigantes pour les enfants. Le surmenage provient de l'effort que, par excès de zèle, ils s'imposent.

Sans doute, — et les carnets de préparation en témoignent, — on leur prodigue les conseils sur la préparation des leçons, sur les méthodes pédagogiques usitées par telle ou telle démonstration spéciale. On surveille leur langage, on les guide dans le choix des mots à employer, dans l'adaptation des termes à l'âge et la mentalité des écolières, des écoliers.

Mais prête-t-on assez d'attention, dans la formation des élèves-maîtres, des élèves-maîtresses, à l'éducation de la voix? Essaye-t-on d'assouplir les organes trop rudes, de donner quelque vigueur à ceux qui sont faibles? Habitue-t-on les jeunes gens à proportionner le son au volume, à la disposition d'une salle? Leur montre-t-on l'art de tirer le meilleur parti possible de leurs cordes vocales qui sont leur richesse, leur moyen d'action, de persuasion, d'où souvent proviendra pour eux, et sans qu'ils s'en doutent, ou l'échec ou le succès?

Comme il faudrait leur apprendre, de façon expresse et méthodique, à donner, sans entamer le métal, variété vivante à la voix! Que ne leur montre-t-on comment l'on peut et l'on doit, grâce à la netteté de l'articulation, éviter tout éclat; comment, sans viser à l'effet, on peut tenir l'attention en éveil; comment, tout en utilisant son larynx, on peut, on doit le ménager?

Que de maux on éviterait, si l'hygiène de la voix était pratiquée, si la voix était cultivée, si l'on donnait aux institutrices, aux instituteurs de demain le pli d'obtenir avec la moindre usure de l'instrument le meilleur rendement possible!

Je sais des éducatrices, des éducateurs qui doivent leur fâcheux état de santé à ce fait qu'ils ne savent pas maîtriser leur voix, qu'ils se laissent conduire et emporter par elle au lieu de la diriger. Ils se laissent griser au bruit qu'ils font, puis ils retombent comme rompus. De bonne heure ils ont faussé, éraillé l'organe.

A supposer qu'ils durent dans le métier, ils donnent, à grand ahan et à grand'peine, un enseignement qui ne porte guère. Je sais par contre d'autres professeurs qui, de courte haleine, avec un mince filet de voix dont ils se servent en perfection, — tel feu Dupré, le classique ténor, — fournissent sans lassitude une utile carrière, et longue aussi.

J'ai été l'élève d'un maître pédagogue : A. Vessiot,

l'auteur de ces deux beaux livres : *l'Enseignement*, *l'Éducation à l'École*. Il donnait tous ses soins à la culture de la voix chez ceux de ses disciples qui se destinaient au professorat. Il avait accoutumé de dire, quand notre parole confinait au grondement ou bien au cri : « N'enflez pas vos pipeaux. »

Instituteurs, mes amis, bergers d'un troupeau remuant, si vous voulez faire œuvre durable : « N'enflez pas vos pipeaux. » C'est hygiénique, c'est prudent, et, parfois, dit-on, c'est sage et politique.

LA VRAIE DICTION

C'est un fait dont la constatation peut se faire chaque jour : l'art de dire les vers s'en va.

C'est à peine si une demi-douzaine d'artistes, aux Français ou à l'Odéon, peuvent faire sonner le vers classique ou bien romantique. Le ton imposé par les Conservatoires officiels est gourmé, apprêté. Il sent la manière et le convenu. Les acteurs frais émoulus de leçons quintessenciées et précieuses «artialisent» trop la prononciation, se défient de la nature. Ils font un sort à chaque mot, traînent les vers sur un mode de lente mélopée, endorment leur verve. Plus d'élan, de spontanéité. Chaque nuance du débit, chaque geste sont prévus, réglés, étiquetés.

J'ai la conviction que bientôt les professionnels ignoreront, par contrainte doctrinale, les belles audaces qui emportaient le succès dans l'interprétation de Molière, de Hugo.

Ils fignolent la diction comme les poètes contemporains cisèlent le vers, à l'excès. La Muse, chargée de trop d'ornements, apparaît étriquée et gênée. Le marbre qui fut vivant tourne à la figurine en biscuit.

Quel contraste entre ces raffinements, cet enseignement étroit et factice et la largeur d'exécution qu'obtient en son École improvisée Maurice Bouchor, le bon poète, fondateur des *Lectures Populaires* se déroulant aux faubourgs devant des auditoires d'ouvriers! Il faut voir comme Bouchor et ses disciples lancent le vers de Molière, en sa gaieté débridée.

Quelle netteté d'articulation! Quelle sincérité d'accent! Comme ces professeurs, ces étudiants qui sont de vrais lettrés, qui aiment, qui « entendent » vraiment l'auteur dont ils vulgarisent l'œuvre, disent le vers dans le sens de la pensée qui l'inspira! Ils sont initiés à ce que fut le milieu où se déroula l'action. Ils sont entrés dans la psychologie des personnages, dans la vie des mots, dans l'âme même du texte. Ils n'ont pas appris un rôle, ils l'ont compris. Ils savent que Molière veut être présenté non comme une peinture de chevalet, mais, par grands traits, à fresque.

Et ce qu'ils font pour Molière, ils le font pour Racine, pour Corneille, appliquant à chaque écrivain la méthode d'interprétation qui s'adapte le mieux à son génie.

Là est la vraie diction que l'imitation, le psittacisme ne donnent pas. Il y faut de fortes études, l'amour des Lettres — et, avec cela, le don — que ne remplace pas le cabotinage. Le métier, loin de corriger les défauts, les accentue.

JUGE DE PAIX ET ÉCOLE

Les deux congrès relatifs à l'instruction, qui ont marqué les vacances de 1907, ont été fort différents, et comme inspiration, et comme composition et comme ordre du jour.

A Besançon, hommes d'Ecole et amis de l'Ecole ont fraternisé, se sont occupés de questions concernant l'enfance, l'adolescence.

A Clermont, seuls les instituteurs et les institutrices s'étaient donné rendez-vous, et ils ont traité de questions corporatives.

Et pourtant, à Besançon comme à Clermont, dans des milieux différents, et dont l'esprit ne laissait pas d'être dissemblable, on est tombé d'accord, et sans concert préalable, et par la logique même des choses, pour réclamer la suppression des commissions scolaires.

A l'est et au centre, parmi les éducateurs de métier et les volontaires de l'instruction populaire, on a signalé les pauvres résultats, et si souvent négatifs, produits par ces fameuses commissions qui, comme la jument de Roland, ont toutes les qualités, mais à qui manque l'existence.

En Franche-Comté comme en Auvergne, les congressistes venus de tous les points du pays ont demandé la mort officielle d'une institution dont la mort naturelle est constatée dans les deux tiers et demi des communes.

La manière forte l'a emporté, après vingt-cinq ans de patience improductive, sur la manière douce.

C'est le juge de paix vers qui l'on se tourne, lui à qui l'on veut, directement, adresser les délinquants qui favorisent la non-fréquentation scolaire.

C'est le juge de paix qui sort grandi des débats et que l'on veut armer en guerre contre pères et mères de famille violant la loi.

C'est le juge de paix, doublé du gendarme et bardé d'amendes, de verdicts d'emprisonnement qui a triomphé à Besançon comme à Clermont.

On se défie des maires qui ménagent leurs électeurs. On a confiance dans le magistrat qui n'a pas d'attaches politiques dans le pays, qui n'a pas d'intérêts à ménager.

Et la rencontre est curieuse qui s'est opérée entre tous les amis de l'École, amis officiels et officieux, pour avoir recours à la force, à la sommation avec frais, à la geôle.

Qui insinuait donc qu'il y avait en France une crise de l'autorité, qu'on prenait plaisir à secouer tous les jougs, toutes les chaînes?

L'autorité? Qui en allège son dos, se réjouit de la voir peser sur le dos du voisin. C'est humain, c'est de tous les temps, et c'est parfois utile. Car le voisin en fait autant pour ceux d'à côté. Et c'est ainsi que la société a duré et durera, dans l'octroi mutuel des ordres et commandements nécessaires, et, dit-on, des indispensables sanctions et châtiments qu'on rejette pour soi, mais dont on exige le cruel bénéfice pour autrui.

———

LES PETITES BREVETÉES

35° de chaleur à l'ombre. Pas un souffle d'air. Et dans X..., petite cité provinciale du Midi, chef-lieu académique, on passe le brevet élémentaire.

Elles sont cent dix-sept, les infortunées qui abordent les épreuves par cette température sénégalaise. Elles courent au supplice et y condamnent un jury qui s'éponge et, dans des salles surbondées, risque l'apoplexie finale.

Par groupes, à 8 heures du matin, elles déambulent dans les rues étroites. Elles ont, ces jeunesses, un air déjà vieillot. Elles ont pâli, maigri sur les manuels. Elles arrivent exténuées à la date ou libératrice ou fatale. Leur démarche est comme tassée. Les dos ont pris le pli de se courber sur les pupitres. Combien de mois faudra-t-il pour que ces tailles se redressent, pour que, de ces adolescentes efflanquées, sorte la femme? Et parfois la sève n'est-elle pas épuisée, le surmenage n'a-t-il pas tué le fruit dans la fleur?

Des directrices de pension, des maîtresses particulières, conduisent les escouades dolentes, les encadrent, essaient de les enlever pour que vaillamment la bataille soit livrée. Des conseils sont donnés fiévreusement. Des poignées de main s'échangent, des vœux s'entre-croisent.

La journée se passe. Dictées, problèmes sont remis aux correcteurs. De l'hôtel de ville vers les hôtels, pour qui ce jour de supplice est jour de fête et de recette, un peu plus éreintées, un peu plus inclinées vers la terre, les victimes, toujours par petits pelotons, toujours sous l'œil surveillant des professeurs, se rendent processionnellement.

Le hasard, au dîner, me place non loin d'une table où Mlles les aspirantes sont censées refaire leurs forces. Elles ne font pas honneur au menu que leur sert le Vatel du lieu. Oh! non, elles ne sont pas dans leur assiette, Mlles les aspirantes. De la pâleur, mais pas d'appétit. Un flacon de sels anglais circule. Du reste, en temps ordinaire, elles ne feraient pas davantage honneur à l'excellent vin qu'on verse dans leurs verres. Elle sont apprises à boire de l'eau ; ce sont des abstinentes totales, par serment.

Et quel silence! Quelle tristesse, quelle anxiété pèsent sur ces blondes et brunes têtes! L'affre de l'échec à l'écrit les tient. Des réminiscences leur viennent des copies signées par elles et sur quoi des hommes graves mettront une note. Parfois, quelques mots sont échangés entre ces convives hantées par l'examinomanie : « Fallait-il mettre deux *f* à *beffroi?* — Comment as-tu écrit de *plain-pied?* » Et, selon les réponses de la voisine, selon surtout le verdict rendu par la présidente du triste banquet, qui, elle, ne perd pas une bouchée, ce sont des sorties précipitées, ou bien des rougeurs subites de satisfaction dont s'empourprent les visages de cire.

Et demain ce sera l'affichage de la liste, et des évanouissements, et des crises de nerfs. Et ici on n'a pas, comme à Mabillon, hôtel des examens dont s'enorgueillit Paris, un docteur attaché spécialement aux candidates.

Puis viendra l'oral, la succession des questions où forcément l'aléa domine...

Je songe à tout cela, au mal dont souffrent tant de milliers de jeunes filles par ce jour suffocant. Je m'en vais, roulant des pensées attristées sur l'examinomanie dont les ravages vont toujours s'étendant.

Je me dis que, l'examen passé, le brevet conquis, on croira avoir droit à une place, on fera agir conseillers généraux, députés, sénateurs, pour obtenir un poste d'institutrice, perdu aux bois, aux montagnes. Que de mécomptes encore en perspective, que de déboires ! Ne vaudrait-il pas mieux cent fois que ces forces vives du pays rural ne lui fussent pas arrachées ? Une autre instruction ne conviendrait-elle pas à ces jeune filles qui pourraient enrichir par des connaissances pratiques la ferme paternelle ? Et l'erreur économique et sociale commise par les familles ne sera-t-elle pas payée un jour par le pays tout entier !

―――――

PRÉJUGÉS

Il y a des préjugés terriblement tenaces. Ils enfoncent dans la mentalité leurs racines pivotantes, enlacées à l'intérêt, emmêlées avec la vanité. Comment les extirper ?

J'en sais un qui survivra aux préjugés de naissance,

de religion, de fortune même. De toute évidence, il est nuisible à qui le cultive en soi. Et pourtant rien n'en vient à bout.

Vous demandez dans nombre d'écoles féminines, où l'on se livre à la préparation intensive aux examens : « Évidemment, les jeunes filles aiment à s'occuper d'économie domestique, d'enseignement ménager ? Sûrement, on les forme à leurs fonctions de futures épouses ? On les habitue à connaître la valeur des aliments, à les apprêter ? Elles font leurs robes, leurs chapeaux ? »

La réponse, dans les neuf dixièmes des cas, est la même : « Nous ne demanderions pas mieux que de leur rendre ce service. Mais le marché, la cuisine, la coupe et l'assemblage prendraient trop de temps. L'examen, le brevet avant tout ! Si l'on avait des échecs en juin ! La maison péricliterait ».

Vous insistez. Alors la réplique est souveraine. On s'arme contre vous du préjugé, cause de tout le mal :

« Mais, Monsieur, nous avons, vous avez contre vous toutes les mères. Elles ne cessent de nous répéter, quant nous leur parlons d'innovations dans le sens pratique : « Nous envoyons nos enfants à l'école « pour apprendre. Nos filles tenir un balai, faire la « cuisine pendant le temps des classes ! Il faut qu'elles « étudient. Le reste, elles l'apprennent à la maison. »

Mais, à la maison, mères illogiques, vos filles n'y sont pas ! L'entraînement au brevet vous force à vous en séparer. Elles sont pensionnaires. Vous les condamnez à l'internat, pire pour les filles que pour les garçons, et qui trop souvent perd leur santé. Or, si elles ne sont pas au foyer maternel, où feront-elles l'apprentissage de ce que, d'ailleurs, Mesdames, vous faites mal et par routine, ne l'ayant jamais appris vous-mêmes ? Et ne comprenez-vous pas que ce que vous tenez pour quantité négligeable, ce que vous traitez d'accessoire est le principal, l'essentiel, le « noble de l'ouvrage » pour la femme ?

Vous n'avez pas souffert de l'ignorer ? Peut-être. Mais vos maris en ont souffert, et mille contrariétés qui vous ont atteintes viennent, sans que vous vous en doutiez, de ce que la vraie science du ménage — qui est un peu la science du bonheur conjugal — vous est inconnue.

Mais on aurait devant soi l'armée des mères assemblées, on leur prouverait par A+B qu'elles font fausse route, qu'elles ont tort de croire qu'on vole leur argent quand on initie leurs filles à autre chose qu'à l'algèbre et à la littérature de manuel, elles ne vous contrediraient pas, par politesse ; mais cinq minutes après, voyant les candidates, en temps de vacances, écumer le pot ou donner la main aux poules, elles leur diraient : « C'est notre affaire. Allons. Vous flânez. Repassez l'histoire ; vite, plongez-vous dans vos livres. Gare aux mauvaises notes. Il faut arriver ! »

Et elles arrivent, ces demoiselles. Elles arrivent, surmenées le plus souvent, l'estomac mal en point, quand ce ne sont pas les nerfs, quand ce n'est pas la poitrine. Ah ! les tristes recrues que l'on prépare à la névrose, parfois à la phtisie ! Et n'est-il pas temps que l'on vienne en aide, par des réformes radicales, à ces inconscientes, victimes — et aux jeunes filles et aux mères ?

L'IMPASSE

On ne saurait trop le répéter aux familles : la carrière de l'enseignement est encombrée par les jeunes filles.

Les Écoles Normales, grâce à leurs promotions annuelles qui ont été accrues, et aux auditrices s'ajoutant aux élèves, sont à la veille de fournir tout le personnel féminin utilisable dans les départements. Les quelques suppléantes qui sont en fonctions rempliront, et au delà, les vides qui pourraient se produire. Il ne faut pas compter que démarches, recommandations puissent procurer un poste.

A passer le brevet supérieur, avec l'espoir d'obtenir une place d'institutrice, on risque mécompte, erreur d'aiguillage, regrets tardifs.

Le temps est passé où, grâce aux laïcisations, des chaires étaient données facilement aux candidates brevetées. Aujourd'hui, sauf sur quelques points du territoire qui deviennent, d'ailleurs, de jour en jour plus rares, les classes sont pourvues de maîtresses qui, en pleine force de jeunesse, feront attendre longtemps l'ouverture d'une succession retenue par les normaliennes.

C'est une idée à répandre, une vérité à propager. Car il est douloureux de constater que sur la foi d'informations erronées, des jeunes filles se portent par centaines, par milliers, vers une profession qui ne s'entrebâillera que pour quelques-unes d'entre elles.

La perte de temps, de travail, d'activité est évidente pour celles qui ne forceront pas la porte.

Que devenir, quand on a perdu toutes ses espérances dans la poursuite d'un gagne-pain qui échappe à une prise mal assurée et vaine? Combien est désolante l'attente, le plus souvent déçue, d'une nomination qu'on essaie d'arracher par mille influences sollicitées, mises en branle pour une fin stérile?

Il faut que l'ingéniosité féminine trouve à la ville, à la campagne, d'autres débouchés que l'école, car l'école ne peut suffire à contenter les promotions qui aspirent à l'occuper.

Il faut que l'instruction soit orientée de telle sorte qu'elle ne façonne pas les jeunes filles en vue de la seule instruction. Il faut que l'école ne se propose pas comme objet à peu près unique, dans les trois quarts des villes provinciales, de préparer à l'école.

Nous sommes en pleine erreur économique et sociale.

Bientôt les conséquences s'en feront sentir.

Déjà un malaise existe, qui demain tournera à la crise.

Sans doute, il convient de former de futures institutrices, de choisir parmi l'élite les éducatrices qui, par vocation, parfois, enseigneront l'enfance.

Mais il est nécessaire de ne pas oublier que la partie n'est pas le tout, que la vie économique attend ses recrues, qu'à la maison, qu'à la ferme paternelle, la jeune fille instruite, bonne ménagère, de sens pratique, peut et doit rendre des services qui ne sont pas au-dessous de son mérite, et qui se traduisent en bien-être, en économie, en plus-value.

Je sais bien ce que l'on peut me répondre : « Mais nous n'avons pas de maison, pas de ferme où appliquer des innovations, où réaliser des améliorations. Nous sommes sans dot, sans ressources. »

Cela est exact. Mais, je le répète, l'école, qui a été l'asile de combien d'infortunées, ne peut plus offrir ce qu'on lui demande, tenir ce qu'on attend d'elle.

C'est donc vers d'autres métiers que la profession enseignante, que la masse des adolescentes doit se tourner, et d'urgence.

Le commerce, les travaux de modes, de couture, les postes et télégraphes, sollicitent l'activité de la jeune Française. Qu'elle cherche sa voie en ce sens pendant quelque temps. Qu'elle délaisse un peu une route menant à une impasse.

LA PROFESSION DE MÈRE

C'est une profession à la fois très répandue et très mal pratiquée. Il y faut un apprentissage. Et pourtant l'improvisation règle tout. De là tant de maladies qui atteignent l'enfance mal défendue par des mères ignorantes, de là tant de décès, surtout dans les grandes villes.

La mortalité des jeunes enfants s'ajoute à ce que l'on a appelé — ô le néologisme hirsute — la « pauci-natalité », qui est, paraît-il, un fléau.

Usage des remplaçantes, alimentation artificielle, mal conduite, envoi de bébés à la campagne dans des intérieurs mal tenus, loin de toute surveillance : toutes ces causes déterminent des hécatombes de jeunes existences.

Et ces causes seraient en partie évitées, si les mères étaient mieux instruites, si elles étaient préparées, dès l'adolescence, à leurs devoirs augustes et sacrés, si elles étaient mises en garde contre des erreurs et des préjugés qui font filer trop de « comètes » vers les cimetières suburbains.

Cet « enseignement maternel », qu'il est nécessaire de donner, par mesure de salut public, à celles qui assumeront l'honneur et le devoir de fonder une famille, la Ligue de l'enseignement vient d'en tracer le programme, d'en fixer les lignes et l'orientation, au congrès de Besançon (août 1907).

C'est Mme le docteur Edwards-Pilliet qui avait été chargée, par le comité des Dames institué au sein de la Ligue, de le définir, de le préciser, d'établir où et comment il peut être introduit dans l'instruction féminine.

Mme Edwards-Pilliet s'est acquittée de sa tâche avec une très heureuse compétence. Elle a agi avec méthode et prudence. Et le congrès s'est rangé à son opinion.

Il a été convenu qu'on donnerait des notions d'en-seignement maternel — ou de puériculture, pour employer l'expression chère au docteur Pinard — aux futures institutrices, surtout aux élèves de troisième année dans les écoles normales, et que ces cours pourraient être suivis par les institutrices en exercice.

Au vrai, ces cours sont prévus par les nouveaux programmes qui sont appliqués depuis un an.

Mais où Mme Edwards-Pilliet et le congrès ont innové, c'est en arrêtant le plan de douze conférences qui comprennent l'ensemble des connaissances indispensables aux éducatrices qui, à leur tour, élèveront les générations prochaines.

Les douze causeries commencent par les soins aux nouveau-nés, continuent par l'hygiène de la fillette au moment de la formation, se terminent par des conseils sur les exercices, sports, promenades, excès sportifs, l'hydrothérapie. Elles forment un tout complet, harmonieux.

Le congrès a adopté plan des conférences et commentaire.

Il a aussi approuvé deux vœux dont l'administration universitaire devrait tenir compte, partout où il sera possible de le faire :

« L'enseignement maternel qui suppose des connaissances très précises de la physiologie et de la pathologie de l'enfant et de la jeune fille, ne peut être donné que par un médecin.

« Le congrès estime que la délicatesse des questions à traiter, et la difficulté qu'il y aura à vaincre les préjugés de fausse pruderie, rendent nécessaire de confier cet enseignement exclusivement à des femmes docteurs ! »

Oui. Là où il y en a. Et il n'y en a pas dans la plupart des quatre-vingt-six villes où sont des écoles normales d'institutrices.

Il est vrai que chaque année les Facultés de médecine forgent sur leur classique enclume des femmes docteurs qui forgeront les institutrices — éducatrices des mères.

LA GÉNÉRALISATION

La généralisation, la fausse, me paraît être la grande maladie du temps présent. La foule a la manie de généraliser à tout propos. Elle prend un cas particulier, un être d'exception ; elle bâtit, en hâte, avec une féroce injustice, une formule compréhensive, absolue.

Un employé des postes, derrière son classique grillage, a-t-il été quelque peu désagréable à un questionneur qui avait besoin d'un renseignement, lisait-il son journal pendant qu'on l'interrogeait ? Tous les fonctionnaires des postes, des télégraphes et téléphones sont taxés d'humeur contrariante, de paresse. Et, de proche en proche, le jugement s'étend, s'enfle, grossit : il s'applique à tous les fonctionnaires de France.

Le verdict ainsi généralisé devient expression courante. Il est adopté par l'opinion qui n'en vérifie pas l'exactitude. En notre âge, non pas actif, non pas agité, mais trépidant, ne faut-il pas qu'elle ait un avis aussi définitif qu'inique sur toute chose, sur toutes gens, qu'elle tranche de haut, en phrases toutes faites et vite, car elle est pressée, sollicitée par mille objets nouveaux ?

C'est raison de plus pour s'attacher, avec une obstination vaillante, à arracher l'enfance à cet entraînement vers la généralisation — préjugé, — vers la généralisation — couperet de guillotine.

Dès le début, rien n'importe plus, dans l'école, que d'habituer l'écolier, l'écolière, à bien voir, à bien entendre, à comparer, à se faire un jugement personnel et motivé, à décider « par espèces ».

Montrons à ces esprits, que n'a pas encore faussés la vie intense, que chaque individu doit être pris en soi, ne doit pas encore être responsable de son milieu, ne doit pas être englobé dans la réprobation, parfois faussement traditionnelle, qui frappe un métier, une race. Ne cessons de répéter aux enfants qu'avant de se prononcer sur une collectivité, il est nécessaire d'avoir des éléments d'information pris à bonne source. Apprenons-leur à se défier des on-dit, des intentions prêtées à autrui, — et par un prêt plus qu'intéressé.

Je me rappelle qu'à une réunion présidée par mon maître Jean Macé, un homme encore jeune émettait des plaisanteries sur les femmes. Il généralisait par imitation. « Ne dites pas *les femmes*, interrompit Jean Macé. Dites *des femmes*. »

Disons comme lui : des fonctionnaires... des... — on peut mettre qui l'on voudra. Combattons le « les » qui sème la division, la haine, qui répand l'erreur, le fanatisme.

L'ÉCOLE DE DEMAIN

Il est permis de rêver d'une école qui ne fera pas peser sa rigide uniformité sur les villes et les villages, sur les centres industriels, comme sur les ports de mer, comme sur les régions agricoles ; qui aura souplesse, variété ; d'une école qui, celle-là, sera fréquentée car elle sera recherchée, désirée, aimée, car elle sera vraiment l'école populaire et s'adaptera aux conditions économiques, sociales, de chaque « pays de France ».

Je la vois, cette école fleurie, cette école ornée d'images d'art, s'ouvrant le matin à des heures variant avec les saisons, aux écolières, aux écoliers qui apprendront certes à lire, écrire, compter ; qui recevront les leçons élémentaires d'histoire, de géographie, de morale, de sciences usuelles que l'État est en droit d'exiger de l'enfance, pour que, dans l'adolescence et dans l'âge adulte, l'ignorance ne soit pas totale et pour que les « petites études » puissent s'étayer sur des bases solides.

Mais les leçons, très simples, très pratiques, viseraient à l'utile. Dictées, problèmes, exercices de mémoire, la part, et très large, étant faite à la culture générale, s'ajusteraient à la connaissance exacte de la nature, de l'ambiance, s'adapteraient aux métiers locaux, fortifieraient dans les cœurs l'amour de la « petite patrie ». L'enseignement serait national par ses parties les plus hautes, mais régional, provincial, par une directe et étroite appropriation à l'activité du milieu.

L'après-midi, partout où il y aurait possibilité de le faire, serait consacrée tout entière, dans les écoles rurales : pour les filles, à l'enseignement domestique, avec application graduée et pratique à la tenue du ménage, du rucher, du poulailler, de la comptabilité rustique, etc. ; — pour les garçons, à l'amorce, à l'ébauche de l'apprentissage ou agricole ou nautique ou commercial, selon les localités.

Non qu'il faille prétendre à la préparation au métier. Mais il convient de faire l'éducation de la main, de l'œil, d'entraîner l'enfance à mieux comprendre ce qui demain sera son gagne-pain.

Il est expédient de l'amener à vivre utilement la vie humaine — qui est courte et où il y a peu de temps à perdre. L'humble atelier annexé à toute école de ville, le jardin scolaire joint à toute école de village, doivent être comme le nécessaire complément, et obligatoire, de la classe. Il va de soi que l'éducation sociale, la pratique de l'association, de « l'entr'aide » sous des formes multiples se mêleraient au travail intellectuel et manuel, le pénétreraient profondément.

Cette école, où la « Caisse des écoles », devenue enfin réalité légale et vivante, où l'Association des anciennes ou des anciens élèves viendraient en aide à l'enfance malheureuse, organiseraient elles-mêmes :

cantines, patronages, etc., pour en décharger institutrices et instituteurs et revendiqueraient la part de collaboration qui revient à l'initiative privée, vous pouvez croire que pères et mères de famille auraient à cœur de la rendre véritablement obligatoire pour leurs enfants. Elle serait vraiment et la Maison d'amitié et la Maison d'utilité publique.

Elle serait en partie l'œuvre de tous pour tous. Programmes, horaires de la demi-journée expérimentale et locale seraient arrêtés par un comité d'éducateurs professionnels : inspecteurs, instituteurs, etc., et d'éducateurs volontaires : amis de l'instruction, spécialistes constitués dans chaque arrondissement, même dans chaque canton, désireux de satisfaire aux nécessités, aux aspirations de l'habitat où les générations ascendantes sont appelées à se mouvoir.

Cette école serait à la fois fortement centralisée, car les idées directrices qui doivent être communes aux citoyens d'une même patrie y seraient maintenues ; et largement décentralisée, car elle ferait sa place à l'initiative provinciale étouffée à l'heure actuelle.

Cette école ne compromettrait pas l'unité nationale et elle aurait l'avantage d'associer à ses progrès, à ses succès, les forces vives du pays, d'exciter l'émulation entre les compétences et les dévouements qui s'emploieraient pour elle, qui s'attacheraient à elle avec un intérêt passionné.

L'ART DU REPOS

Combien peu de personnes savent vraiment se délasser. Avez-vous remarqué que trop souvent on est brisé de fatigue après les jours dits « de repos » ?

Le lundi matin, au temps où j'étais professeur, je luttais, avec un succès intermittent, contre devoirs bâclés, leçons ânonnées que le repos dominical semblait introduire dans la classe. Les élèves s'étaient surmenés la veille à quelques jeux violents tels que le football, que la course en vélo, car les sports comme les entend la jeunesse détraquent la machine humaine sous couleur de l'entretenir en bon état.

Que de fois, congés, vacances sont mal employés ! On abuse de la liberté avec une sorte d'ivresse. Nulle règle, nulle méthode dans l'horaire des marches, des excursions. Les sédentaires deviennent non pas actifs, mais agités, mais emportés.

Voyage-t-on ? On veut tout voir à la fois et vite. C'est une course folle à travers sites, rues, monuments. Economie de temps et d'argent ? Soit. Mais dépense de force vitale. Les nerfs sont à l'état de perpétuelle tension.

J'ai renoncé à voir du pays en tournées collectives, en caravanes organisées, depuis qu'on m'a bousculé, tel qu'un colis humain, de plaines en forêts, de bois en montagnes, de lunchs en banquets, de toasts en discours, pendant trois trépidantes journées, en parcourant en vingt-quatre heures deux ou trois villes aperçues comme au kaléidoscope. Les touristes étaient harassés, fourbus.

Et l'on appelle cela une diversion au travail accoutumé, une distraction nécessaire ! De ce prétendu repos il faut huit jours pour se reposer.

Non que congés et vacances ne soient pas nécessaires, non que l'Etat-patron doive réclamer des dérogations. Mais il faut savoir user des jours de liberté comme d'une halte entre deux étapes, comme d'une détente entre de dures épreuves.

L'art du repos qui se double d'une science vaut la peine d'être cultivé. Il demande une préparation méthodique. Il mérite que philosophes et médecins s'y intéressent, combinent en juste mesure d'équilibre et d'harmonie la part convenant à l'activité et à l'oisiveté, — qui, chez les intellectuels, ne peut être qu'occupée, — au monde et à la solitude, où La Fontaine, qui, faisant des chefs-d'œuvre, sut « ne rien faire », trouvait une douceur secrète ».

Qui dosera les quantités de veille et de sommeil réclamées par la moyenne des femmes, des hommes d'école qui ont trop réfléchi, trop parlé pendant toute une année et à qui repos de la pensée, repos de la parole, s'imposent à intervalles réguliers, et non tout à fait pourtant. Car il ne faut rompre absolument avec le pli pris pendant de longs jours. Calculs de proportions, loi de mélanges combien complexes, subtils et délicats ! Qui dégagera la formule du repos reposant, à l'usage des enseignants ?

Et quand vient l'heure de la retraite, qui découvrira le secret d'en jouir longtemps, de durer en se déprenant peu à peu d'occupations que l'on regrette après les avoir taxées d'excédantes ? Qui apprendra aux libérés du fonctionnarisme le moyen de faire rendre à l'État les retenues opérées sur le traitement ? Qui leur enseignera comment il faut continuer à exercer son activité tout en se ménageant, de façon à retarder le repos final, le repos d'où l'on ne sort plus « dans les ténèbres où l'on dort » ?

QUESTIONS TROUBLANTES

... Dans une école primaire de petite ville industrielle. Au cours des interrogations adressées aux enfants, je remarque les réponses faites par un écolier à la figure ouverte, à l'air éveillé, qui, avec sérieux, avec réflexion, et aussi avec je ne sais quoi de primesautier, d'à la fois très juste et très spontané, d'une voix nette et vive, fait front aux questions de difficulté graduée dont je l'enserre. Il possède bien ses cours. Il récite avec goût. Il sait mettre une anecdote, un fait dont il a été témoin, sous une maxime de morale. Il a, dans le ton, de la vérité, de l'émotion. Ce bonhomme, de toute évidence, est doué. Et avec cela rien d'un petit prodige, névrosé, surmené : la santé physique vaut la santé intellectuelle. Tout est pondéré dans ce petit inconnu qui aime le travail, qui est né pour les études, qui prend plaisir à observer, et à lire, et à réfléchir.

Je félicite l'enfant, qui reçoit les éloges avec plaisir, certes, mais sans rien dans le regard, dans la contenance, qui dénote orgueil ou bien fierté vaniteuse. Et je demande à l'instituteur qui est à côté de moi : « Que fera cet élève? On va le pousser, j'espère ; il y aurait lieu de le faire passer par l'école primaire supérieure ou bien par le lycée? Il aura une bourse facilement. » Nulle réponse, en classe, du maître, qui, à la sortie, m'explique son silence :

« J'y ai bien pensé. Ce serait juste. Jamais une bourse ne serait mieux donnée. Mais impossible. L'enfant est l'aîné de sept frères et sœurs. Le père est ouvrier tourneur. Dans quelques mois, le petit entrera à la fabrique. Il faut qu'il gagne cinquante centimes par jour. Le pain n'abonde pas à la maison.

— Et la municipalité ne peut rien faire? Elle ne peut, pendant la durée de l'apprentissage scolaire, donner le montant de la demi-journée qu'aurait rapporté l'enfant?

— Inutile de le lui demander. Elle est hostile à l'école. D'ailleurs son budget est obéré. »

Donc, rien à faire. Donc, un sujet d'élite sera détourné de sa voie, arraché à sa vocation réelle, faute d'un peu d'argent. Sans doute, il sera bon ouvrier tourneur. Mais son intelligence pourrait, devrait être mieux employée. Nul moyen de s'élever. Sans doute il y a le cours d'adultes. Mais il ne remplacera pas les belles, les fortes années d'études qui ouvrent l'accès des professions libératrices.

Et je rapproche le fait d'autres faits identiques, observés sur ma route, combien de fois, depuis dix ans ! Combien de fois, dans mes tournées, ai-je assisté, en spectateur impuissant et attristé, à la même scène ! Combien de fois ai-je entendu les mêmes explications ! Parfois, j'ai pu faire lever quelques obstacles, intervenir avec succès ; mais la chose est rare.

Il y a là une lacune. Une erreur d'organisation existe qui consacre une injustice sociale.

On ne peut pourtant pas attendre des instituteurs que, sur leurs faibles traitements, ils prélèvent une part pour sauver un sujet d'élite, pour donner une compensation à la famille qui consent à se priver d'une aide escomptée à date fixe !

C'est pure utopie que de rêver de « Bourses familiales » attribuées aux pères et mères qui, ayant besoin de leurs enfants, ne s'entêteraient pas à sacrifier l'avenir au présent. Ni les villes, ni l'État ne voudraient ouvrir la porte à une innovation qui, dans la pratique, pourrait devenir abusive.

Mais les associations d'anciens élèves, les mutualités scolaires, les sociétés d'instruction populaire n'ont-elles pas le devoir d'ouvrir des enquêtes sur ces cas, d'ailleurs très rares, sur ces « espèces » très clairsemées ? Ne pourraient-elles constituer un fonds de réserve pour subventions attribuées à des parents indigents, quand le « soutien de famille », dont le mérite aura été reconnu de façon indéniable, sera hors du foyer pour « service scolaire » ? Ne pourraient-elles consentir des « prêts d'honneur », des avances remboursables, dette sacrée dont s'acquitterait le pupille enfin arrivé ?

Car ce n'est pas tout que d'instituer des bourses ou municipales ou nationales, que de les attribuer aux plus dignes ! Il faut encore que la misère familiale n'empêche pas les meilleurs d'en profiter — et surtout par dévouement filial.

Ah ! que le problème est complexe et malaisé ! Que de questions troublantes se posent à la conscience, quand on se penche sur l'école et l'écolier !

LES ILLETTRÉS

Il n'y a pas moins de treize mille illettrés dans l'armée, sur un contingent de trois cent vingt mille hommes. La constatation est navrante. Elle donne lieu à des plaintes, à des doléances sans fin.

Agir vaut mieux.

Voici un geste qui portera.

Un colonel m'informe en effet que frappé, lui aussi, du nombre des illettrés qui va s'accroissant à l'entrée au corps, il a pris une mesure pour « armer les préfets vis-à-vis des commissions scolaires, les délégations cantonales et les parents ».

Et la mesure est à connaître, à propager, à généraliser, par voie de circulaire officielle.

Le colonel du ...e régiment, mon honorable correspondant, a constaté que, sur 759 jeunes soldats de la classe 1901, 148 ne savent ni lire ni écrire. Il ne s'est pas contenté de s'en étonner, de se lamenter sur un résultat si navrant, après vingt-cinq ans d'obligation et de gratuité scolaires.

Il a agi avec méthode et suite. Il a fait établir par département d'origine des tableaux sur lesquels, d'après le témoignage même des intéressés, il a inscrit :

1º Le domicile et la situation des parents ou tuteurs quand les « délinquants sociaux » avaient de sept à douze ans ;

2º La distance de l'école par rapport au domicile;

3º Les raisons que les malheureux supposent avoir été la cause déterminante de leur non-envoi à l'école.

L'enquête a porté, en 1905, sur des départements de l'Ouest et un de la région du Nord.

J'ai pu consulter les tableaux scolaires et régimentaires.

Que de tristes constatations! Que de déceptions qui poignent le cœur!

Neuf fois sur dix, la situation des parents est plus que précaire. Abandonnés, orphelins sont nombreux dans la dolente nomenclature.

L'éloignement de l'école est souvent à mettre en cause.

Souvent, parmi les raisons invoquées, on retrouve la classique réponse : « Je gardais mes petits frères »; « Je gardais les vaches »; « J'étais en service à sept ans »; « Ma mère, veuve, n'avait pas le temps de s'occuper de moi ».

Je note aussi que la plupart des conscrits bretons ont été entretenus systématiquement dans l'ignorance de la langue française. Je remarque, d'après des réponses piquantes, que l'on a été à l'école, mais que l'on a oublié ce qui a été appris aux primes années.

Et comme j'ai le dossier de 1905 pour la « rentrée militaire » de 1904, j'ai le plaisir de voir que, pendant l'année, nombre d'illettrés ont été initiés à la lecture et à l'écriture.

Mais le colonel éducateur du ...ᵉ régiment ne s'est pas borné à une platonique enquête et à faire organiser une classe méthodique pour la « classe ». Il a utilisé pour autrui, pour « qui de droit » les résultats de sa consultation sociale.

Ses tableaux — qui sont de vrais tableaux de honte, de désapprobation civique — ont été adressés, par la voie officielle, aux préfets des départements ou sévissent l'absentéisme scolaire et l'ignorance.

Il est à souhaiter que les préfets les transmettent

aux maires des villes et villages d'où sortent les conscrits illettrés, et qu'au Bulletin des communes ils fassent imprimer, comme sanction, les noms des localités où la non-fréquentation scolaire produit de si tristes conséquences.

Et il est à désirer que l'exemple donné par le colonel du ...ᵉ régiment soit imité et que la Nation — car aujourd'hui l'armée est la nation — fasse entendre sa protestation contre ceux qui ont pour tâche de n'amener au régiment qu'une jeunesse instruite, apte à s'assimiler l'instruction militaire.

EXAMEN NÉCESSAIRE

Si le congrès tenu par la Ligue de l'enseignement à Besançon s'est déroulé dans le calme le plus complet, sans à-coups, sans délibérations tumultueuses, il s'est élevé pourtant, et en commission, et en séance plénière, une discussion grave, émue, passionnée, — et quelque peu attristée, — au sujet de la fréquentation, de l'obligation scolaires.

Des chiffres ont été produits qui ont jeté un jour cru sur la troublante question des illettrés.

On a fait connaître que le contingent incorporé en 1906 comprenait : 11 014 hommes complètement illettrés, 5 086 sachant lire seulement, 73 001 ne sachant que lire et écrire.

Ces 73 001 sont des demi-illettrés, de toute évidence. Ils n'ont rien retenu des éléments qu'on leur avait appris à l'école primaire, aux années où ils la fréquentaient avec une régulière irrégularité.

La statistique a été admise en gros. Elle est de source officielle. Elle émane du ministère de la Guerre.

Mais dans le détail on a contesté des chiffres qui répartissaient les « inalphabétiques » par départements.

On a jugé qu'il était difficile, pour ne pas dire impossible, à l'autorité militaire d'établir une statistique vraiment probante, car les examens variaient avec les régiments. Ici l'on se rend compte vraiment du savoir que possède ou non le conscrit, là on se borne à le faire signer, à lui faire lire et écrire quelques lignes. Les notes n'ont rien de méthodique, d'uniforme.

La critique est juste qu'ont formulée nombre de délégués, et fort compétents.

Au vrai, on est en présence de l'inconnu. Sur les résultats que publient les feuilles militaires, on ne peut asseoir un jugement ferme et motivé. La situation n'est pas nettement dégagée.

Elle ne le sera et l'opinion ne pourra se prononcer en connaissance de cause que le jour où, en France, — comme on le fait en Suisse, — les recrues passeront un examen spécial, aux conditions fixées par la loi, et où officiers et représentants de l'Université feront partie du jury.

J'ai, par autorisation spéciale, assisté récemment à Neuchâtel à l'examen des recrues. J'ai vu combien il était populaire, accepté dans un esprit de joyeuse discipline.

Seul cet examen fixé à la vingtième année permet de se rendre compte de ce que sait le futur soldat, seul il détermine la valeur de l'enseignement primaire pour le pays tout entier. Et il établit une juste émulation entre les cantons qui concourent entre eux et qui tiennent à honneur de figurer en tête de la liste qui, chaque année, est publiée par la presse et qui fait connaître le degré d'instruction où atteignent les candidats.

J'ai pu constater avec quel sérieux, avec quelle conscience, cet examen national et patriotique est organisé chez nos voisins. J'ai enregistré aussi les résultats qu'il donne pour la marche progressive des études.

J'ai la conviction qu'il doit être importé en France, et que l'éducation populaire en recevra une vigoureuse impulsion.

L'on saura où il faut faire porter l'effort, l'on saura où les maîtres se dépensent, se dévouent le plus. Une saine émulation s'affirmera entre les départements, entre les villes et les villages. La fréquentation sera encouragée davantage, et à l'école du jour, et à l'école du soir. Et l'ignorance reculera, au grand profit de la nation républicaine qui se doit à elle-même d'abolir cette honte et ce déshonneur : « l'analphabétisme. »

CEUX QUI SE FONT TUER...

S'il y a, paraît-il, des morts qu' « il faut qu'on tue », et qui résistent à la mort, dans le tombeau même, par la survivance d'une personnalité plutôt fâcheuse, il y a, sûrement, de par le monde, des vivants paradoxaux qui se livrent à la course à la mort : il y a « ceux qui se font tuer ».

J'en vois une bonne douzaine par semaine, à chaque séance, cérémonie, conférence, auxquelles m'entraîne ma journée de repos hebdomadaire.

« Ce sont toujours les mêmes qui se font tuer » : telle est la formule classique autant que lapidaire par quoi, depuis bientôt quinze ans, ils me font accueil invariablement.

Et ils se plaignent qu'on les abandonne, qu'ils ne sont pas « soutenus », qu'ils font à eux seuls toute la besogne, qu'ils forment à eux seuls une petite phalange point renouvelée de gens se connaissant de vieille date, toujours fidèles au poste. Et, comme antienne, se place le sempiternel « qu'ils se font tuer ».

Or en revenant les voir, au cours de mes pérégrinations, je remarque qu'en effet j'ai affaire à des visages connus, que l'activité est toujours remuante, le dévouement toujours en éveil de « ceux qui se font tuer ». Ils sont toujours « les mêmes », en effet, les mêmes physiquement, les mêmes moralement, socialement.

Je finis donc par me demander si « ceux qui se font tuer » n'ont pas trouvé avec la raison de vivre le secret de vivre. « Se faire tuer », se dévouer à une idée, à une cause, ne serait-ce pas l'art d'assurer sa longévité ? Consacrer ses forces à un travail désintéressé, revendiqué par foi civique, accompli vaillamment, joyeusement, ne serait-ce pas les retremper, les renouveler ? Se donner tout entier à l'enfance, à la jeunesse, ne serait-ce pas signer un bail avec le printemps de la vie ? O Jean Finot, ô Metchnikoff, grands découvreurs de méthodes destinées à prolonger l'existence, ô Fontenelle, toi qui recommandais aux candidats à une verte vieillesse de se tenir les pieds chauds et le cœur froid, « ceux qui se font tuer » en savent plus que vous, en leur instinctive sagesse, sur les moyens d'échapper un long temps à la mort.

Au vrai, quand j'entends les doléances de « ceux qui se font tuer », regrets d'une élite qui voudrait voir d'autres travailleurs se faire tuer avec elle, je ne puis m'empêcher d'y répondre par un « Mais je remarque que ceux qui se font tuer se portent toujours bien. Ils ont teint frais, lèvres vermeilles, joie au cœur. Mes amis, continuez donc à vous faire tuer ».

D'ailleurs, « à raconter ses maux, souvent on les soulage ». — et on les prolonge, avec bonheur.

Ses maux ? Non, ses enthousiasmes, ses élans vers le bien, et ses espérances, et l'optimisme toujours triomphant, et l'amour plus fort que la mort.

CEUX DE DEMAIN

Dans une classe d'école primaire supérieure, une trentaine d'adolescents, gars râblés et solides, écoutent avec une attention active une leçon de mathématiques. Ils sont un peu frustes. On les sent près de la nature, de la terre. Ce sont fils de rudes paysans qui ont conquis, en peinant, quelque aisance. Ils savent le prix du temps et travaillent, désireux de se faire leur place au soleil. En leurs cerveaux neufs, prompts à l'invention et à la réceptivité, point surmenés comme ceux des pâles éphèbes qui portent le poids de la fatigue ancestrale, ils construisent leurs raisonnements avec une ferme logique.

Demain, où qu'ils tournent leur activité pratique, prompte à l'attaque, ils emporteront tout, de haute lutte, sur des rivaux affaiblis par une longue sédentarité aux villes, amollis par une possession déjà ancienne de la richesse, de l'influence. Je pressens l'irrésistible poussée de ces hommes nouveaux qui, forcément, seront les maîtres.

Mais, me penchant en spectateur mélancolique sur ces générations, que je sens hardies et frémissantes, et qui portent en elles l'avenir, je me demande, saisi d'inquiétude, si elles sauront effacer la vigueur sous la bonté, si, outrancières de justice, elles sauront échapper à l'injustice qui marche de pair avec l'absolu des jugements et des actes, couronner la raison de sentiment, si, après avoir pris leur point d'appui dans les initiatives de l'individualisme, elles voudront se hausser à la fraternité de l'entr'aide.

Elles se refusent volontiers, ces générations qui montent dans l'école populaire, et qui sont l'élite ouvrière et rurale, à la caresse et aux paroles berceuses des lettres qu'elles excluent comme un passe-temps inutile et négligeable. Elles sont munies d'un

savoir surtout scientifique, aux formules rigides.
Elles sont simplistes et visent à l'utilitarisme.

Comme il est nécessaire de s'ingénier, de s'employer
à les incliner aux nuances, à la mesure, de les induire
à la douceur, à la tendresse indispensables et à elles-
mêmes et à leurs compagnons de route pour que la
vie vaille d'être vécue « au dur siècle où nous
sommes » ! Eprises de leurs droits, tenaces à en
réclamer le paiement strict, il ne faut pas qu'elles
ajoutent à l'horrible férocité de l'arrivisme contemporain par la rudesse native des attitudes, par l'in-
transigeante roideur du geste.

Ah ! jeunesse, jeunesse, qui grandis, de sève puissante et vivace, et demain domineras, jeunesse qui
représentes tant de forces comprimées pendant tant
de siècles, en réclamant ta part de bonheur, mets ta
joie à faire du bonheur autour de toi. Pare ton inévitable triomphe de douceur discrète et souriante,
dissimule et ton effort et ta victoire sous le charme
attirant d'une allégresse utile à tous, surtout aux
vaincus. Fais refleurir sur la terre la fleur exquise,
si rare aujourd'hui, si oubliée, de l'amabilité qui est
à la bonté ce qu'est la grâce à la beauté.

LE SENTIMENT

Le rationalisme kantien triomphe à l'École. Il faut
s'en réjouir, car à la lumière de la raison s'enfuient
erreurs, préjugés, routine. L'esprit de l'enfant se
fortifie qui est trempé aux leçons de la Morale scientifique, s'inspirant du vrai, visant au vrai.

S'adresser à l'entendement, ramener les faits à des
principes, à des règles solides : c'est l'objet qu'on se
propose, et très justement.

Mais que de déceptions, que de déconvenues cet enseignement, irréprochable en théorie, entraîne dans la pratique ! Il est net et direct, mais combien froid dans sa classique rectitude !

Que de fois j'ai pu constater, en interrogeant des écolières, des écoliers, qu'on me récitait des formules, empruntées à un livre, à un Cours de morale, qui étaient à peu près comprises, mais qui sortaient de la mémoire sans que l'enfant en eût reçu le coup au cœur. Le précepte était su. Mais à ses propres paroles le récitant ne portait qu'un médiocre intérêt. Nulle vie. Nulle étincelle. Rien qui prouvât que le devoir prescrit, l'acte commandé par la « Raison » eussent, au profond de l'âme, remué la fibre de l'émotion.

Ne pourrait-on procéder autrement, au moins en partie ? On fera toujours sa place à la Raison. Ne pourrait-on pas faire au Sentiment sa part ?

Sans crainte du ridicule, il est nécessaire d'exciter, dans une âme neuve, douceur, pitié, reconnaissance, amour de l'entr'aide. La petite fleur de sensibilité qui est en elle, cultivons-la précieusement, entourons-la de soins délicats pour donner durée à son éclat et à son parfum. Ne tuons pas sous de faciles railleries l'élan de la spontanéité affective. Faisons l'éducation de la bonté, que, certes, il faut garder de la faiblesse, mais qui adoucira la roideur logique de l'intelligence, qui tempérera l'effort, la tension de la volonté. Donnons dès le début à la vie la vraie raison d'être vécue qui est dans la raison sans doute, mais qui surtout est dans le cœur.

Il avait autrefois dans les écoles un bon vieux livre qui s'appelait *la Morale en action*. Il était rempli de belles et naïves et touchantes histoires arrivées à de braves gens : marins, paysans, soldats, etc. Il était bréviaire d'héroïsme, de dévouement. Il incitait l'enfance à l'imitation des petites et des grandes vertus. Il a été aboli, car il était d'inspiration fidéiste. Et cela est fort bien. Mais ne pourrait-on laïciser ce précieux volume? Les braves gens ne manquent pas, les héros non plus, qu'on peut proposer en exemples parmi les travailleurs qui n'ont point reçu l'empreinte confessionnelle.

Quel beau recueil on pourrait composer avec le récit des traits admirables fournis par la vie d'artisans, d'ouvriers, de savants qui ont payé plus que leur dette sociale, qui ont su aimer l'humanité! Cette Anthologie de la bonté, qui la rédigera? Il y a là de quoi tenter un moraliste croyant à l'union pour la vie, voulant assurer son triomphe.

IDÉAL NÉCESSAIRE

Supposons que dans un quart de siècle toutes les réformes dont l'opinion publique a le souci et l'espérance soient réalisées, que toutes les promesses faites au peuple aient pu être tenues. Faisons un rêve social dans le genre de ceux qu'aimait Sébastien Mercier. Mais n'attendons pas l'an 2440 pour l'échéance.

Donc en 1930, — date romantique, par commémoration, — la loi sur les retraites ouvrières étendue aux travailleurs agricoles bat son plein. Le home stead est établi. Chaque cultivateur a son « coin de terre » incessible et insaisissable. A la ville, les habitations à bon marché abritent des milliers de familles. La coopération, la participation aux bénéfices ont répandu partout un bien-être moyen. Le travail qui crée le capital est largement rémunéré. Le repos plus qu'hebdomadaire est assuré à tous les ouvriers de l'Œuvre humaine, car, après le labeur de chaque jour, chaque homme a sa part de loisir et de repos. La femme est devenue l'égale de l'homme, ayant conquis mêmes droits que lui. La dette sociale tout entière, dette matérielle, dette morale, est payée par chaque sociétaire de la Société enfin organisée. L'arbitrage règne entre les nations et fait fleurir la paix. La Cité de Justice — comme on l'appelle dans les affirmatives prophéties des politiques — est fondée.

La Cité d'Amour restera encore à fonder.

Car la conquête des satisfactions matérielles ne suffit pas à l'homme. La bête humaine rassasiée, restera encore inapaisée la faim d'idéal dont souffre l'âme humaine. Les intérêts ne sont pas tout. L'esprit, le cœur ont leurs aspirations, comme les sens leurs besoins, — et qui réclament leur part d'aliments.

Ces foules, heureuses, ou plutôt moins malheureuses, car elles auront le pain et l'abri, car elles connaîtront moins l'envie et la haine, il faut que dès maintenant, pour qu'elles connaissent moins la misère intérieure inhérente à l'homme, on les prépare à remplir en elles le vide que laisse la mort des dieux, des légendes, des mystères détruits, et à raison, et avec une logique brutalité, par la sociologie scientifique.

L'éducation du peuple est incomplète et de douteuse efficacité, si rien n'est fait pour remplacer ce qui tombe, si des principes, non pas seulement compris, mais sentis, aimés, si des doctrines empreintes de douceur et de réconfort, consolantes et poétiques, ne sont substituées aux idées et aux sentiments dont les dogmes qui s'en vont ont bercé l'humanité.

Notre tâche est immense, troublantes sont nos responsabilités. Nous avons à fonder, sur les ruines de la foi religieuse, la foi sociale. Nous avons à sauver, à fortifier dans les âmes, pour contre-balancer la fureur des appétits, les sentiments nobles et généreux, le sens du dévouement, la bonté, à transformer l'idéal divin en idéal humain. Sous peine d'aller droit à l'anarchie des âmes dont ne nous préserverait pas l'organisation des intérêts, il est nécessaire que l'égalité s'épanouisse en fraternité.

Forgeons des âmes dès l'École. Élevons des volontés.
La Cité les attend. Mais tempérons les caractères de
sentiment, de douceur. Même dans la société moderne
qu'on réclame, qu'on obtiendra, il y aura place encore
pour la souffrance physique, pour la douleur morale,
et place pour la pitié.

TABLE DES MATIÈRES

Autour des petites Cavé.

Chez les apprentis.

Notes et impressions.

Paris. — Imp. A. Picard et Kaan, 192, rue de Tolbiac. — 9-1907.